Pedagogia da Esperança

Paulo Freire

パウロ・フレイレ

希望の教育学

里見実……………訳

パウロ・フレイレ 希望の教育学

里見実 訳

Pedagogia da Esperança
by Paulo Reglus Neves Freire

Japanese translation rights arranged
with Ana Maria A. Freire
c/o Freire Rangel Advogados Associados, São Paulo, Brazil
through Tuttle-Mori Agency, Inc.,Tokyo

目次

★、★★……原著者注
☆、☆☆、☆☆☆……訳者注

パウロ・フレイレ Paulo Freire

一九二一年、ブラジルの東北部に生まれた。一九六〇年代初頭の「民衆文化運動」に参加、その卓越した成人識字教育の実践によって、広くブラジル内外の注目を集めた。六四年、軍部のクーデタで祖国を追われ、以後十五年間、チリ、スイスなどで亡命生活をおくる。その間に『被抑圧者の教育学』などの著作と第三世界各地での民衆教育プロジェクトへの参画を通して、伝達中心の「預金型教育」を批判、被教育者の主体性を重んずる「対話的教育」の必要を説きつづけた。八二年帰国、八九―九一年はサンパウロ市教育長として公教育改革にとりくむ。一九九七年に急逝。その思想と方法は、死後、ますますその重要性が明瞭になりつつある。

希望の教育学

第0章

はじめに

だれもかれもがプラグマティックな言説を唱え、既成事実への適合を説くこの時代に、こともあろうに『希望の教育学』などという本を書くのは、なにがしか珍奇なことと思えるかもしれない。今日、多くの人びとは「夢」を、「ユートピア」を排撃する。そんなものにはなんの実利上の利点もないし、さらには厄介ごとを引き起こしかねない邪魔な要素だ、というのだ。夢やユートピアを語れば、必然的に、支配的な虚構のヴェールを剥ぐ教育実践につながっていかざるをえないからだ。

逆にぼくにとっては、進歩的な立場で教育実践をおこなうことは、大胆に真実を暴きだすこととつねに一体のこととしてあった。いつもそう考えてきたから、ぼくはしばしば、かれはそもそも教育者なのか、と疑われている。つい先だっても、パリのユネスコ会議で、その種のことが起こった。参加者の一人がぼくに向かって、ラテンアメリカの代表は教育者とはいえない、と述べたてた。もちろん、他の代表を指して言ったのではない。批判の対象は、ぼくであった。ぼくがあまりにも政治にコミットしすぎていると、かれには思えたのである。

しかしあまりに政治的だから、ということでぼくの教育者としての資格を否認することは、ぼくのそれに劣らず政治的な行為なのであって、ただ本人はそのことをまったく自覚していない。いうまでもなく、かれの政治的な立場は、ぼくとは正反対のものだ。なんびとも、ことほど左様に政治的に中立ではないし、中立たりえない。

一方で、こんなことをいう人も、数かぎりなく多い。ぼくの友達の大学教師だけれども、かれは呆れたようにぼくの顔を覗き込んでいったものだ。「おやおや、パウロ！　希望の教育学だって？　おれたちはいま、腐った腸《はらわた》のなかにいるんだぜ。この厚顔無恥と酸欠のブラジルで希望の教育学とはね！」

たしかにこの国で政治の舵を取ろうとしているのは、なんでもありの利権屋たちであり、かれらのお手盛りの「民主化」である。公共性はコケにされ、不法が大手を振って罷り通っている。この状況は今後もますます深まり、一般化していくだろう。とはいえブラジルの国民も立ち上がって、抗議の声をあげはじめている。大人も子どもも街に出て、政治批判をするようになった。かれらは政治の清廉さと、透明性を要求するようになった。汚職者たちの偽証にたいして、民衆は怒りの声をあげている。広場は再々、たくさんの人波で溢れている。ここに希望があるのだ。行動の形は重要ではない。希望は街頭のデモのなかにだけあるのではない。われわれ一人ひとりの身体のなかに、それはあるのだ。なりふり構わぬ巨悪をまえにした国民の大部分は、もう押さえ切れなくなって、おなかのなかの忿懣《ふんまん》を吐きだしているのだ。

ぼくは一方で、なんらかの形で具体的に発現している絶望を否認することはできないし、それをそうあらしめている歴史的・経済的・社会的な根拠に目を塞ごうとも思わない。それでもなお、ぼくは、希望と夢を抜きにして、人間の存在を理解することはできないのである。希望というものを抜きにしたら、よりよく生きようとする人間の不断のたたかいは、理解できないものになってしまう。希望は人間の存在論的な必要条件なのだ。絶望、すなわち行方を失った希望は、この必要条件にゆがみが生じている、ということなのだ。絶望がプログラムとなれば、われわれは行動するバネを失って、宿命論に屈従することになる。さまざまな力を結集して世界をつくりなおすためにたたかうことは、もう不可能になってしまう。

ぼくはたんに意地をはって、希望、希望と叫びたてているわけではない。存在論的にも、歴史的にも、それは人間の生にとっての至上命令なのだ。

希望を重要視するとはいえ、ぼくは、希望がそのまま現実を変える力になるなどと言うつもりはない。所与の具体的・物質的条件などはお構いなしに、信ずる希望だけを頼りに猪突猛進するとすれば、それは妄動だ。希望は必要条件だが、十分条件ではない。希望だけでは、たたかいに勝てない。だが希望がなければ、たたかう士気は萎えて、ぼくらの足下はふらついたものになってしまうだろう。ぼくらが批判的な希望を必要とするのは、さかなが濁りのない水を必要とするようなものだ。

希望だけで世界を変えることができると考え、思慮なしに行動に突き進むことは、失望、ペシミズム、宿命論に陥っていく人間のおきまりの誤りだ。とはいえ、よりよい世界を追求するたたかいにおいて希望がはたす役割を否定し、あたかもたたかいが純粋な計算の行為、たんなる科学的操作の遂行のように思い込むとすれば、それもまた軽薄な妄想というべきだろう。希望というものは事実だけではなく、たたかいの倫理的質に根を下ろすものであって、希望を切って捨てることは、たたかいの大黒柱の一つを否定することに等しいのだ。重要なことは、後々この『希望の教育学』の本文で詳説するように、人間の存在論的必要条件であるとはいえ、希望は、すべからく実践のなかに錨を下ろさねばならぬということである。存在論的必要条件である希望が、歴史のなかで具体化されるためには、実践という媒介が必要なのだ。たんなる願望のなかには、希望はない。たんに願っているだけでは、願っているその当のものに到達することはできない。ありゃまあ、こんなはずじゃなかったに、というわけだ。

最小限の希望なしには、われわれはたたかいを開始することができない。だがたたかいがなければ、希望もまた挫折し、行くてを見失って、ついには絶望に変質してしまうだろう。絶望が肥大して、悲劇的な自暴自棄にいたることもしばしばだ。というわけで、何か希望の教育といったようなものが必要なのである。個人という次元でも社会という次元でも、人間存在において希望はきわめて大きな重要性をもつものであるから、それを誤った仕方で経験したり、絶望や自暴自棄に変えてしまったりしてはならない。絶望・自暴自棄は、無為と怯懦《きょうだ》の結果であり、同時にまた原因なのである。

人間は限定された状況のなかにおかれているが、その限界をこえた彼方には「未然の可能性」[1] inédito viável が広がっている。未然の可能性は目に見えることもあるし、そうでないこともある。希望と絶望という二つの立場が生ずる理由はそこにあるのだ。進歩的教育者の課題の一つは、誠実で正しい政治的分析をとおして、希望の可能性を明らかにしていくことである。あれこれの障壁はあるだろうが、そこに近づいていくことのできる希望。そういう希望がないと、ぼくらがたたかいに立ち上がることはたいへん難しい。立ち上がったとしても、そのたたかいは一種自殺的なたたかいになってしまう。怨念に満ちた「目には目を」のたたかいになってしまうわけだ。とはいっても、希望に導かれたたたかいのなかにだって、刑や罰はある。正義を求める歴史的・倫理的な感覚にささえられたたたかいである以上、それが悪にたいして刑罰を要求するのは当然である。政治には教育的な性格があり、たたかいはそれを表現する。不正にたいする刑罰要求もその一つだ。不法、いじめ、強奪、不正利得、収賄、個人の利益のための職権の乱用——いうまでもなく、われわれは当然の怒りをもって今日のブラジルのこうした厚顔無恥とたたかっているわけだが——、もしもこれらもろもろの不正が正されず、罪を犯したと目される連中が厳罰を免れて涼しい顔をしているとしたら、そんなことは公正とはいえないだろう。厳しい罰とは、もちろん法に従った厳罰でなければならないが。

そんなものは第三世界の政治家の「特権」だよ、というないなし文句を承認してはいけない。よくそういうことが言われるのだが、それは誤った議論なのだ。第一世界はつねにあらゆるスキャンダルの見本市だったし、強奪と残虐行為のお手本だった。植民地主義を、侵略先での無辜《むこ》の人民の虐殺を、二〇世紀の数々の戦争を、醜悪で卑劣な人種差別を、掠奪行為を、そのどれか一つを考えてみよう。冗談じゃないのだ。不実は第三世界の専売特許じゃない。だが、われわれはもはや折り合いをつけることはできないのだ。自分たちの誇りのもっとも深い部分を傷つけてきた数々の不祥事とは。

あれもこれもと、いくらでも例をあげることができるが、ある種の政治家たちのとことん世間を小馬鹿にした言動は、なんとも言語に絶するものだ。議会のなかで何がおこなわれているのか、なぜそうするのか、有権者にはそれを知る絶対的な権利があるはずだが、そんなことは選挙民には隠しておけと、かれらは主張するのだ。ピューリタンも顔負けのそぶりで、民主主義の名をもちだし、かれらは秘密投票の権利とやらを主張する。大統領の弾劾にたいして一人ひとりが賛否を示さねばならなくなったときも、かれらは秘密投票を要求した。身体に危害がくわえられる危険などは皆無なのに、なおかつ、自分の行動を隠蔽するのはなぜなのか。大統領は清廉潔白だと主張するのなら、非の打ちどころのない大統領だと思うのなら、なぜそれを表す自分たちの投票行為を隠したがるのか。その一票は、はたして世間に顔向けのできる一票なのか。すべては見え透いた欺瞞である。かれらは擁護すべくもないものを擁護しているのだ。

そう、ぼくは怒りをこめて『希望の教育学——ふたたび被抑圧者の教育学と出会う』を書いた。だが同時に、ぼくは、愛をこめてこの本を書いた。愛がないところに希望はない。この本は寛容を、ラディカルさを、擁護する。寛容は馴れ合いではない。ぼくはセクト主義を批判した。進歩的なポストモダニズムに理解を示し、保守的なそれを、すなわち新自由主義を拒絶した。

まず最初に、ぼくは幼年時代から青年時代、そして壮年期のはじめに、ぼくの人生を横切ったさまざまな出来事について語りたいと思う。この本で「再会」する『被抑圧者の教育学』の着想は、そのなかで浮上し、徐々に形をなしていったものだ。はじめは声の言葉で、やがては文字に記されて。

この物語の一部は、ついにはぼくを亡命生活に導いて、終わりを告げた。亡命生活にはいったばかりのぼくのからだは、歴史と、自らの文化の刻印と、追憶と、不安と、破れた、とはいえ解体したわけではない希望と、故郷への郷愁と、あの南国の空と、大西洋の静穏な海と、「過てる人民の言葉、定かなる人民の言葉」★に

★——Bandeira, Manuel, "Evocaçáo do Recife" in Poesias, 6° ed, Rio de janeiro, josé Olympio, 1955, P.191.

どっぷりと身を浸したぼくのからだであった。そんなふうにして、ぼくは亡命生活にはいった。そして自分のからだとともに運んできたあのたくさんの思い出、あのたくさんの経験に、さらに新しい事実が、新しい知見がつけ加わって、そこに新しい物語を織りあげていったのである。

これらの経験のすべてから『被抑圧者の教育学』が形づくられていった。これからこの書物について語るのだが、本を書く過程で何を学んだか、ということのほかに、最初は口頭で自分の思想をしゃべっていたぼくが、それを本に書くことを学んでいった経過についても、このさいお話ししておきたいと思う。

第二部では、もう一度、『被抑圧者の教育学』にたちかえって、そのいくつかの問題点、とりわけ一九七〇年代にぼくの本にくだされた諸批判を検討しておきたいと思う。

最後の第三部では、『被抑圧者の教育学』そのものをいわば主人公に見立てて、この本によって開かれていったぼくのその後の歩みを存分に語ってみよう。いわば、この書物とともに生きたぼくの生の軌跡を、あらたに呼びおこすかのように。――ほんとうに、ぼくはいまもって、この書物の提起する主題を生きているといっても過言ではないのだ。そうすることで、『被抑圧者の教育学』に伴われて四つの大陸をめぐり歩くことになったぼくの数奇な半生について、あらためて考えなおしてみたい。

しかしつぎのことを読者のまえに明らかにしておかなければならないだろう。『被抑圧者の教育学』に立ちかえるからといって、そして七〇年代の出来事について語るからといって、ぼくはべつに懐古にふけっているわけではない。ぼくは掛け値なしに『被抑圧者の教育学』と再会しているのであって、過ぎ去った昨日について語る者の情調は、そこにはない。語っているのは、すぐれて今にかかわる事柄なのだ。

七〇年代にぼくがかかわったさまざまな出来事と経験、多くの討論と論争、プロジェクトや実験、そして対話——そのすべての中心軸として『被抑圧者の教育学』はあったのだが——、それらのもろもろは、ぼくがいま読者として想定している八〇年代以降の若い世代の人びとにとっても、じゅうぶんにアクチュアルなものであると思っている。

ここでブラジルの内外にわたる一群の友人たちに謝辞を呈したい。この『希望の教育学』の執筆にとりかかる以前から、ぼくはこの本の企図について、かれらと大いに語りあい、貴重な示唆を得た。以下の人びとである。

アナ・マリア・フレイレ。マダレーナ・フレイレ・ウェフオール。マリア・ジ・ファティマ・フレイレ・ドコール。ルガルデス・フレイレ。ラディスラウ・ドボール。セルソ・バイジーゲル。アナ・マリア・サウル。モアシール・ガドッチ。アントニオ・チソッチ。アドリアノ・ノゲイラ。マルシオ・カンポス。カルロス・アルゲーロ。エドアルド・セバスティャニ・フェレイラ。アダン・J・カルドーゾ。ヘンリ・ジルー。ドナルド・マセドー。ピーター・パーク。ピーター・マクラレン。アイラ・ショアー。スタンリイ・アロノヴィッチ。ラウル・マガーニャ。ジョアン・バティスタ・F・ピント。マイケル・アップル。マドゥレーヌ・グルーメ。マーティン・カーノイ。カルロス・トレス。エドアルド・ハッシェ。アルマ・フロール・アダ。ジョアキン・フレイレ。スザンヌ・メベス。イラシー・オルネリャス。クリスティーナ・フレイレ・エイニガーとアルベルト・エイニガー。

とりわけ、妻のアナ・マリアに感謝を。彼女のひじょうにすぐれた注によって、ぼくのテキストのいくつかの点に注意が向けられ、その重要性が明らかにされた。

ぼくと一緒にゲラを校正してくれたスシエ・ハルトマンの忍耐強い献身にも深い感謝を捧げなければなら

ない。

それからエルナー・リンツに、ぼくの感謝の気持ちを伝えないでおくことはできない。この本の企図について、手紙で、また面談で、ぼくたちは情熱的に語りあった。それは二十三年まえのニューヨークで、できたばかりの『被抑圧者の教育学』の原稿をまえにして、編集者のかれが示した熱狂を思い起こさせるものであった。

最後に、今日のブラジルのすぐれた編集者中の最良の出版人の一人、マーカス・ガスパリアンに賛嘆をこめた友愛とぼくの大いなる感謝の抱擁を。来るべき書物『希望の教育学』の構想について、かれはときを惜しまず、ぼくと熱心に論じあった。

サンパウロ　　　　　　　　　パウロ・フレイレ
一九九二年九月

第1章

最近はじめたばかりの弁護士稼業を、今日かぎりできっぱりとやめたしだいを、ぼくはエルザに物語った……

一九四七年。ぼくはレシーフェのオスワルド・クルス校のポルトガル語教師だった。[2] この学校はぼくの母校で、校長のアルイシオ・ペソア・ジ・アラウジョ[4]の特別な計らいで、ぼくは第二学年からの編入を許され、中等教育課程と当時は法科予備課程とよばれていたポストグラデュエート・コースを、そこで履修したのであった。[3]

新米教師だったぼくのところに、ある日、できたばかりの産業社会事業団［ＳＥＳＩ］[5]のペルナンブコ支部で働かないかという誘いが舞い込んだのであった。SESIというのはブラジル産業連盟の下部機関で、この連盟は、大統領令にもとづいて正式に認可された法人組織であった。

話をもってきたのは、オスワルド・クルス校の同級生であったぼくの大の友人で、政治的な性向のちがいにもかかわらず、かれとの深い友情は今日まで変わらずにつづいている。政治的な立場のちがいは、どうしても、世界観や人生観のちがいとなってあらわれてくるものだ。二人ともきわめて問題の多い人生の局面をくぐり抜けてきたのに、ぼくらはあまり労することもなくお互いの不一致を融和させてきた。政治的・イデオロギー的な立場は異なるのだが、それをこえた友情を維持する権利と義務を、ぼくらは大切にしてきた。自覚していたわけではないが、ぼくらは、ぼくらなりのやり方で、このポストモダンの時代を生きてきたのだと思う。相互の尊敬を手放すことなく、ぼくらは、じつはおなじ政治の岩盤をたたきつづけていたのだ。

友人というのは、パウロ・ランゲル・モレイラ。いまは高名な弁護士であり、ペルナンブコ連邦大学の法学教授である。[6] レシーフェのある晴れた日の午後、パウロ・ランゲルはカーザ・フォルテ地区リタ・ジ・ソウザ街二二四番地のぼくらの家にやってきて、例の屈託のない楽天的な笑顔で、ぼくと前妻のエルザに、SESIのこと、われわれがそこで働くことの意義を説くのであった。社会福祉の分野で働かないかとかれに誘いをかけたのは、製糖工場主で実業家のシッド・サンパイオで、パウロ・ランゲルはすでにこの誘いを受け入れていた。とはいえ、かれがこの機関の法律関係の部署に就任するであろうことはだれが見てもあきらかなところで、専門や能力の点からいって、かれもそれを望んでいた。

ぼくとエルザは大いに関心をそそられながら、しかし疑わしげに、おし黙ったままパウロ・ランゲルの楽天的な議論に耳を傾けた。エルザとぼくのなかには、いささかの恐れがあった。たぶん、新しいものへの恐れであったのだろう。しかし同時に、ぼくらは心を動かされてもいた。危険をおかして思いきったことをしてみたくもあったのだ。

日が「暮れようと」していた。いや、日はもう「暮れて」いた。レシーフェでは夜は唐突にやってくる。太陽は、自分がまだ輝いていることに「驚い」て、そそくさと「鎧戸をおろす」のだ。

灯をともしながらエルザはランゲルにきいた。「で、その組織でパウロは何をするの？　何をパウロに提供できるのかしら？　ええ、給料のことだけじゃなくて、好奇心にこたえるというか、なにか創造的な仕事ができるかどうか、ってことなんだけど。かれ、大好きだった教師の仕事を懐かしがって、泣きごとを言ったりするんじゃないのかしら」。

ぼくらは大学の法学部の最終学年に在学中だった。もう学年の半ばであった。この誘いをうけた時点で、ぼくはすでに一つの失敗をやらかしていた。ぼくの人生のなかではけっこう重要な出来事であって、それについてはすでにいろいろな本や雑誌のインタビューや自伝のなかで言及ずみである。これもエルザの笑いをかった事件であった。結婚以来、エルザは自分の予想が的中して、ぼくが何かをやらかしてしまうと、きまって噴きだすのであった。蔑《さげす》んだ笑いではないのだが、なんとも可笑《おか》しくてならぬといったふうに、笑い転げるのだ。

ある日の夕方、ぼくは、あやまりを清算した、と言わんばかりのサバサバした表情で家の扉をたたいた。エルザは扉を開いて、多くの妻にとっては判で押したようなねぎらいの言葉でしかない質問をぼくに向ける。エルザにおいては、それは正真正銘の質問であり、気になってならない関心事なのであって、紋きり型のあいさつ言葉ではないのだ。

「いかがでしたか？　お仕事は」

　最近はじめたばかりの弁護士稼業を、今日かぎりできっぱりとやめたしだいを、ぼくはエルザに物語った。ぼくは、ほんとうに話したかったのだ。ほんの先ほど、法律事務所と称するぼくの執務室で、目のまえの若い歯医者に向かって言った自分の言葉を、そのままもう一度、口にだして反芻したかったのだ。歯医者は、おどおどとして落ち着かなかった。両手は不意に精神から、意識するからだから遊離して自動し、しかし何をしたらよいのか、何を言ったらよいのか皆目わからずに宙を彷徨《さまよ》うのだ。こういうことがあると、ぼくはエルザに、そのときのやりとりを話して聞かせずにはいられないのだ。そのときも他のときも、彼女との結婚生活のあいだは、つねにそうだった。ぼくは話したこと、話されたこと、話されなかったこと、聞いたこと、聞かれたことを、もう一度、話したくてならなかったのだ。言われたことを言うことは、じつは言われたことをもう一度言うということではない。それは生きられた経験をもう一度生きなおすということであり、言われたことをくりかえして言う時間のなかで、言葉はあらたに生みだされていくのだ。自分が言ったことを、相手が話したことを、もう一度口にだして言うことは、ぼくらが言ったこと、相手がそれにこたえて言ったことを、あらためて、意識的に聞きなおす、ということだ。

「今日はずしんと来てしまってね。たったいましがたのことなんだが」と、ぼくはエルザに言った。

「弁護士は、もう廃業だ。君も知ってのとおり、ぼくは弁護士という仕事に、特別の魅力とか、どうしても、という気持ちとか、使命感とか、そんなものを感じていたわけじゃない。倫理にかなって、能力が発揮できて、まじめで、人間を尊重する仕事なら、何だってよかった。しかし、ぼくがしたいのは、どうも弁護士ではないらしい」

それからぼくは、その日おこった出来事を、交わされた言葉を、意味深い沈黙を、ぼくが言ったこと、ぼくが聞いたことを、縷々《るる》、彼女に語ったのだった。ぼくのまえに座っていた若い歯医者のこと、ぼくは債権者の代理人として、かれを呼び寄せて一談判しようとしていたこと。歯医者は診療室を増築したものの、借金を払えなくなってしまったのだ。「大失敗でした。甘く考えすぎて、履行できない契約を結んでしまいました。支払うお金がないのです。でも……」と、かれはつづけていうのだった。弱々しげな、誠実な口調だった。「法律でいくと、ぼくは仕事道具なしでやっていかなければなりませんね。仕方がありません。あなたは、ぼくの不動産を差し押えることができます。――ぼくらの食堂も、応接室も」。それから気弱そうに微笑んで、つけ加えた。自嘲というよりはユーモアのこもった笑いだった。「でも、ぼくの娘はもっていかないでくださいね。今年で一歳半になるんですよ」。

ぼくは押し黙ってかれの言葉をきいた。こちらがつぎにいう言葉が、ぼくのあたまを去来した。「あと何日かは元のままで大丈夫ですよ。あなたも、あなたの奥さんも、それから子どもさんたちも。あと何日かはいまの生活がつづきます。食堂も応接室も。みんな抵当にはいってはいますけれどね。ぼくが債権者と会うのは、来週です。ぼくはかれの依頼を返上します。でも一週間もしたら、たぶん、かれはあたらしい弁護人を頼むでしょうね。いずれ差し押えにはなるでしょうが、まあ、ほんのちょっとの間、息をつくことはできますね。ありがとう。あなたのおかげで、ぼくはあたらしい仕事を、スタートするまえにとりやめることができました」。

ぼくと同年代の若者のほうは、おそらく何を言われたのかもよく理解できないままに、事務所を立ち去っていった。静かに握手した手がつめたかった。家に帰ってかれがどうしたかは知る由もないが、何が理由であの弁護士があんなことを口走ったのか、首を捻って考えあぐねたに相違ない。

この一部始終をエルザに話したとき、何年もたってから、自分が『被抑圧者の教育学』を書くことになろうなどとは夢にも思わなかったが、この本が提起した議論は、そのときの経験とどこかでつながっている。それよりも何よりも、パウロ・ランゲルをとおしてのシッド・サンパイオの申し入れを、ぼくが受諾したということは、この事件の影響なしには考えられない。あの日の夕方、エルザがこういうのを聞いて、ぼくはきっぱりと弁護士への道を断念したのだ。「わたし、そう思っていたわ。あなたは教育者なんだって」。それからのなりゆきは、レシーフェの夕陽にも似てつるべ落としだった。ぼくはSESIの召喚にたいして諾とこたえ、その「教育文化部」に赴任することになった。そこでの経験と研究、実践と省察が、『被抑圧者の教育学』の酵母になっているのである。

『被抑圧者の教育学』の構想の成熟にとってSESIでの経験は決定的であった……

どの事件、どの事実、どの行為、あるいはどんな怒りや愛の仕草でも、またどんな一編の詩や映画、歌や本であっても、その背後には、けっして一つには還元されない成立理由というものがある。事件、事実、行為、歌、仕草、詩、本、それらは多様な成立要件の交差によって出来《しゅったい》した複雑な織物なのであって、そのなかのある要因は、他の要因に比べて起こった事件、出来上がった作品により密接し、成立事情としてもより可視的である。だからぼくは、いつも、結果や所産それ自体よりも、ものごとがどんなふうにして生起するかというプロセスの理解に、興味をそそられがちだ。

『被抑圧者の教育学』は、SESIの経験だけで育まれたものではない。だが、SESIでの経験が基礎になっていることは、たしかである。あの構想の成熟にとってSESIでの経験は決定的であった、ともいえるだろう。『被抑圧者の教育学』のまえにSESIでの経験があり、それは『教育学』がそこから展開する織り糸の一つになっている。もう一つ思い当たるのは、レシーフェ大学――その後ペルナンブコ連邦大学と改称――の学位論文として書いた『教育とブラジルの現実』である。この論文を推敲したのが『自由の実践としての教育』であって、これは『被抑圧者の教育学』の先触れとなるものだ。

他方でぼくは、ブラジル内外の知識人との対話やインタビューのなかでは、SESIの時代よりももっとまえの、子ども・青年として過ごした日々の切れぎれな記憶について語ることが多い。これがぼくの人生の基層を形づくっていることはあきらかだ。

それらの生きられた時間の断片は、爾来ずっとぼくのなかに残響をとどめていて、もう一つの時間を待ち受けていたのだ。来《きた》るべきものがついに来ないという可能性もありえたのだが、一度来てしまうと、時間はもう一つの時間と織りあわさって大きな物語を構成する。

ぼくらはしばしば、生きられた時間の相互の「親縁関係」を見逃し、そのために、ばらばらな知見をつなぐはずの「はんだ」を見失ってしまうものだ。つなげて見れば、まえの経験のかりそめの印象は、のちの経験によってはっきりとその全姿を照らしだされていくのに。

都市や農村で労働者の息子たちと幼年時代や青年時代を過ごしたという経験、かれらのお先真っ暗な人生とじかに接して育ったということ、かれらの親たちの多くが、ぼくたち――ぼくや兄のテミストクレス――に接するときの一種独特な物腰、かれらの「自由への恐怖」（もっとも、まだそういうものとして理解していたわけではないが）、領主への、ボスへの、旦那様への屈従、もっとのち、もっともっとのちに、ぼくがサルトルを読んで、★かれの「黙許」という言葉によって思い起こした抑圧者と被抑圧者の黙契、被抑圧者のからだのなかに、無意識のうちに抑圧者が宿っているという事態。それらの経験や知見は、たしかに一本の糸でつながっていた。

ありがたいことに、ぼくは、子ども・青年の時代に権力者たちの非道さや被支配者の弱さ(それを力に変えていくことが必要なのだけれども)を知り、かつて漠然と感じてきたことを関連づける「はんだ」や「紐帯《ちゅうたい》」にこと欠かぬSESIという自己形成の場において、あらたな知識をとおしてそれらを批判的に意味づけていくことができたのである。ぼくは「読んだ」のだ。自分の経験の根底に何があるか、ということを。いくつかの書物のなかで、それはすでに語られていた。当時、ぼくがまだ読んでいなかった本、その後に書かれた本のなかにも、ぼくはひきつづき自分の記憶を照らしだす示唆を見いだしていった。マルクス、ルカーチ、フロム、グラムシ、ファノン、メンミ、サルトル、コシーク、アグネス・ヘラー、メルロー・ポンティ、シモーヌ・ヴェイユ、ハンナ・アレント、マルクーゼ。

SESIのなかで形づくられたこの一本の糸を実践的にたどりきることによって、ぼくは後年、亡命を強いられることになるのだが、[7]この亡命生活もまた、記憶と記憶をつなぎ、もろもろの事実と行為を再認識し、知見と経験を結合する、つまりは自分の認識を省察し、深化するための一種の投錨地となった。

自分の経験の一齣一齣を思い起こし、つなげていくこの努力においては、必然的に、どの時代もが想起の対象になっていく。それらのもろもろの想起が『被抑圧者の教育学』でのあの理論的考察の源泉なのだが――その事情はいまも変わらない――、ここではまず一例として、自分の五〇年代の経験をとりあげるのが適切だろう。五〇年代の経験は、ぼくに重要な学びをもたらした。それは――ぼくがいつも言いつづけていることなのだが――、民衆が世界をどう読んでいるかを知らずしては、進歩的教育者たりえない、という認識だ。かれらの言葉の端々に、その統辞法に、その語義《セマンティカ》に、その夢と願望に、民衆の世界観が表明されているのだ。これは、ぼくが教育＝政治実践を考えるときの理論的なかなめとなった。

ＳＥＳＩのなかでのぼくの仕事は、家族と学校の関係を調整することだった。両者の関係をよくして、家族の人たちが学校での教育実践をよりよく理解する道をひらくことだった。また、いろいろな問題にぶつかっている貧しい地域の人びとが子どもを教育するときに直面する諸困難を、教師が理解することも必要であった。要するに、双方の対話を促進し、お互いの支援の輪を広げていこうとしていたのだ。別な角度から見ると、家族の人びとがもっとひんぱんに学校に顔を出すことは、学校の政策決定に父母が民主的に参加していくチャンネルを拡大するという政治的な意味あいをもつものでもあった。

そのころ、ぼくらはレシーフェ、沿海部の砂糖黍地帯（ゾナ・ダ・マタ）、アグレスチ（内陸部の半乾燥地帯）、さらにセルタン（奥地）の入口に近いあたりで、学童をもつ約一〇〇〇世帯の家族にアンケート調査を実施していた。8 ＳＥＳＩはそれらの諸地域に拠点やセンターをかまえ、加盟員とその家族に医療・学校・スポーツ文化施設などの支援活動をおこなっていたのである。

調査といっても手のこんだものではなかった。ただ親たちに子どもとの関係について問う、いたって簡単なものであった。質問は賞と罰にかんするもの。もっともよくおこなわれる罰の方法、罰の理由、子どもの反応、親が期待したように子どもの行動が変わったかどうか、といったようなことだ。

★――ジャン・ポール・サルトル、ファノン『地に呪えたる者』序文。

調査の結果は、予想しなかったわけではないが、かなり衝撃的なものであった。市街地のレシーフェ、プランテーション地帯のゾナ・ダ・マタ、内陸部のアグレスチとセルタンでは、罰、それも体罰がひんぱんにおこなわれているのに、漁村では、体罰はおろか、罰そのものがほとんどおこなわれていないのであった。この地域に特有なさまざまな要素、はるかな水平線、個人の自由についての諸伝説、それを羊水として育まれた文化、粗末な筏[9]で巨大な海の力と対峙する漁師たちの日常、自由で誇り高い請負人気質、海のフォークロアに彩りをそえるさまざまな幻想、そうしたもののすべてが与《あずか》って自由を愛する精神を形成し、体罰を認めない習慣をつくりだしていたのである。

　親たちがどこまで制限だてをしないで、子どもの気ままな行動を許していたのか、それは、ぼくにはよく分からない。そうではなくて、漁師たちは、自由を重んじながらもかれらの文化的伝統にしたがって、自然、世界、海そのものが課する制約を当てこみ、子どもが思いどおりにはならない自然の掟を自然そのものをとおして体得することを期待していたのかもしれない。それはあたかも子どもを教育するという親の義務をちょっと軽めにして、海とか世界とかにその役目をふり分け、子どもが実践をとおしてもののけじめを習得できるようにしていくかのようであった。子どもたちはじつに自然なやりかたで、できることとできないことの区別を学んでいくのであった。

　実際には漁師たちも、大きな矛盾のなかで生きていた。たしかにある面では、かれらは自分を自由と感じ、誇り高く生きていた。七つの海とその神秘とともに生き、自分たちが「知恵の漁法」[10]と呼んでいるノウハウを駆使して生業に従事するかれらの誇りを、ぼくは、カイサーラ[11]と呼ばれるココナッツ小屋で、夕陽をあびながら興味深く聴いた。聴くほどに、その心情への理解は深まっていった。だが一方で、かれらは無慈悲に収奪され、搾取されていた。搾取するのは、かれらの厳しい労働の果実をただ同様の値段で買い叩いていく仲買い商人であったり、かれらに漁具を買う金を融資している高利貸たちである。

かれらと話しながら、ぼくは漁民たちの言葉の使い方を勉強していたのだが、――それなしには、調査は円滑にすすまなかった――、かれらの話を聞きながら、ぼくはしばしば自問したものだ。こんな自由で我慢できるものだろうか、と。

それで思い出したのだが、子どもがよく学校を休むのはなぜか、という質問項目があった。親と子どもが別々に回答するようになっていた。生徒の答えは、「おれたちは自由だから」というものであった。親たちは、「あいつらの自由だからな。そのうち来るようになるさ」であった。

他の地域での罰の態様はいろいろだった。木の幹に子どもを縛りつけておくという親、何時間も部屋に閉じこめておくというお仕置き、ごつい木べらで掌を叩く「ケーキ」[12]、とうもろこしの粒の上に正座させるという体罰もあった。皮の鞭でひっぱたくという罰は、皮サンダルの産地として名高いゾナ・ダ・マタの町の習俗になっていた。

大した悪さでもないのに、こんな罰が適用されるのであった。調査員にたいして、親たちはしばしば言うのだった。「こっぴどいお仕置きというのはね、子どもを強くするんですよ。これからのやつらの人生はどぎついですからな」「たたけばたたくほど、がきはマッチョになっていくんでさ」。

当時のぼくの心配は、こんな親子関係と、その延長としての学校の子弟関係が、まだひ弱なブラジルの民主主義に及ぼすマイナスの効果であった。そのころ感じたこの危惧は、いまもぼくのなかにある。家族と学校は社会総体に完全に従属しており、ぼくらの社会の権威主義的なイデオロギーをいたずらに再生産しているだけのように見えるのである。

こんなふうに問題を立てることの危険性を、ぼくは心得ているつもりである。一方に主意主義というか、精神一到何ごとかならざらん、といった趣きの観念論があり、もう一方には、機械論的な客観主義、歴史における主観性の役割を認めようとしない考え方がある。

どちらの歴史観・人間観に立っても、教育の役割は、最終的に全否定されることになるだろう。前者は、教育にありもしない力を期待するからだし、後者は、教育はまったく無力だと決めつけるからだ。

右の調査のテーマである自由と権威の関係についても、同じことがいえる。われわれは、自由と自己主張の権利を否定して、いたずらに権威を強大なものにしてしまうか、その反対に権威を萎縮させて自由の肥大化を招く危険を冒すことになりやすい。つまり権威の専制と自由の専制という二者択一に陥ってしまうのだ。どちらの極端に走っても、民主主義の成長のためにはならないだろう。

ぼくは、そうした立場をとらなかった。当時もそうだったし、いまもそうだ。公立学校の民主化が重要であり、しかも差し迫って必要であるという確信は、いまのぼくにおいては、かつて以上に強いものになっている。教育者の再教育が必要である。守衛さん、学校食堂の関係者、受付の係員も含めて、すべての学校関係者に、教育者としての再教育が必要になっている。それは科学的であると同時に、何よりも民主主義的な実践を愛好する精神を鼓舞・育成するものでなければならず、その結果として、生徒や親たちはますます深く学校運営に関与することになっていくだろう。この必要を痛感し、それを『教育とブラジルの現実』という学位論文のかたちで主張したのは一九五九年だが、最近にいたって、すなわち一九八九年の一月から一九九一年の五月まで、ぼくはサンパウロ市の教育長として、この課題と四つに取り組むことになった。公立学校の民主化という課題は、軍事政権[13]によって完全に無視されてきた。アカの汚染から国を守るとか綱紀粛正という名目のもとに、軍事政権はそうした動きをことごとく摘み取ってきたのである。

調査がまとまってから、ぼくらはペルナンブコ州内のSESIのセンター(SESIはそこに小学校を設置していた)[14]を組織的に巡回した。調査結果について父母と話し合うためだ。当方のねらいはもっと欲張ったものであった。調査結果についての話し合いをとおして、自由と権威の関係について問題提起をするということだ。そこには当然、教育における賞罰の問題もふくまれている。

ぼくらは、家族との話し合いに先立って、教師たちとのセミナーをもった。同じ問題をできるだけつっこんだ形で、彼女たちと討論するためだ。

ぼくは同僚のジョルジ・モンテイロ・デ・メーロと一緒に——デ・メーロは最近物故したが、その誠実で献身的な人柄を、ぼくはいま、敬意とともに思い起こしている——学校でのしつけを考察した一編の文章を書いた。調査のまとめであったが、教師とのセミナーのための資料でもあった。こうして学校教師の側は、親と話し合うための準備をととのえたのである。教師が生徒たちの職業的な教育者であるとすれば、親たちは、その自然の教育者であるというわけだ。

こちらが選んだテーマについてながながと喋りたてるというのが、そのころのぼくのやり方であった。伝統的なやりかたをそのまま踏襲していたのだ。まず、一定のテーマ「について」聴衆のまえで一席弁じたて、ついで参加者との討論・対話に移るという方法だ。話の結構や展開にはそれなりに気をつかっていたが、大学で教師が学生に講義するときと、ほとんど同じような流儀であった。「ほとんど」と、ぼくはいった。なぜ、ほとんどなのかといえば、じつはぼくは、労働者とつき合うなかで、かれらの言語とぼくの言語のちがいにかなり敏感になっていたのである。それゆえぼくの話はいつも「ということはですね」とか、「これはつまり」とかいう接続句で区切られることが多かった。他方で何年も教育者として都市や農村の労働者とつき合う経験を重ねてきたのに、ぼくはまだ自分の世界を、ほとんど自明のこととしてかれらにおしつけつづけていたのであった。当然、かれらは教導されるべき「南」でなければならぬと、わけもなく決めこんでいたのだった。まるで、ぼくの言葉、ぼくのテーマ、ぼくの世界が、かれらの羅針盤としてあるかのようだった。[15]

教育者としての全生涯を通じて聞いたもっとも明快で、もっとも肺腑をえぐる言葉をぼくに発した……

まことに長い学びのプロセスであった。それはかならずしも容易とはいえない、いや、苦渋の連続といってもよい一つの旅であって、その結果として、ぼくはある確信をつかんだのだ。自分のテーゼ、自分の提起する考えがどんなに確かで疑いを容れぬものに思えるとしても、まず第一に、それが、話し相手である労働者階級の人びとの世界の読み方と噛み合うものであるかどうかを察知すること、第二に、かれらの世界の見方に多少とも馴染み、それに寄り添うことが必要だ、ということ。かれらの世界観のなかに明示もしくは暗示されている知から出発することによってこそ、それとは異なるタイプの知に立脚し保持されてきたぼくの側の世界の読み方について議論をすすめることが可能になるのである。

この長い歴史をもつぼくの学びは、先に述べたぼくの学士論文で試論として示され、『自由の実践としての教育』で推敲され、『被抑圧者の教育学』において、決定的な形で示されるようになった。あるモメント、厳粛な、ともいえるあるモメントが、この間に生起している。まえにもいったように、ぼくは親たちとの話し合いの場で、教育における権威・自由・罰といった問題を論じていた。事件はドゥトラ大統領[16]の名に因んでそう呼ばれていたSESIのあるセンター、レシーフェのカーザ・アマレーラ地区ヴァスコダガマ通りのセンター[17]の一室でおこった。

ぼくはジャン・ピアジェのすぐれた研究を下地にして、子どもの道徳意識について、罰にたいする子どもの心的表象について、罰の原因となる行為と下される罰の釣り合いについて、当のピアジェの名を引用して、長々と論じたてていた。☆ 親子のあいだでの対話的で、情愛のこもった関係が、体罰にとってかわらねばならぬと、ぼくは力説した。

ぼくの誤りは、ピアジェを引用したことにあるのではない。かれのことを語るにしても、たとえば地図をもちだして、レシーフェから出発し、ノルデスチ、ブラジルを地図上でたしかめて、そのブラジルのラテンアメリカ内の位置、そしてラテンアメリカとその他の世界との関係に話を広げていって、その他の世界であるヨーロッパのなかのスイスが、いま名前のでているくだんの人物の住んでいるところです、とでも切り出していれば、おそらく話はもっと内容豊かなものになったに相違ない。そうすれば、たんに内容豊かになったというだけでなく、より喚起的で、聞き手にとってイメージのつくりやすい話になったはずなのである。ぼくの第一の誤りは、ぼくの言葉を聞き手の言葉と擦り合わせる努力をせずに、自分の言語を濫用したことだ。第二の誤りは、目のまえの聴衆の厳しい現実に無頓着であったことだ。

話が終わったとき、年のころ四十歳くらいの、まだ若いのに老けた感じのする男が立ち上がって、発言を

☆――ピアジェは子どものなかで「規則にたいする敬意」がどのようなプロセスを経て発達するかを研究し、『児童道徳判断の発達』（大伴茂訳・同文書院、部分訳としては竹内良知訳『ピアジェ、ワロン集』明治図書・世界教育学体系）を著した。ピアジェによれば、他律的な道徳意識が自律的なそれへと発達していく過程で、「協力と相互的尊敬のペダゴジー」が重要な役割をはたすという。

請うた。そしてぼくが教育者としての全生涯を通じて聞いたもっとも明快で、もっとも肺腑をえぐる言葉をぼくに発したのであった。

ぼくはその男の名前を知らない。まだ生きているかどうかも、わからない。たぶん、生きてはいないだろう。この国の社会経済構造の苛酷な条件、とりわけノルデスチをどす黒く彩っている貧困、飢餓、権力の横暴が、もうとっくに、かれの生命を飲みこんでしまっているに相違ないのだ。

男は手をあげて話しはじめた。以後、耳朶を離れることはなく、生きた記憶として何十年となくぼくのからだのなかで響きつづけている言葉、ぼくに決定的な影響をあたえたあの言葉を。

大学などで名誉博士の称号を授けられるとき、その儀式の席上でぼくは、いま語っているこの男のように、ぼくに大きな影響を与えた人びとへの謝辞を述べることにしている。学者だけではなく、ぼくに多くを教え、いまも教えつづけているたくさんの思想家たち、たとえばこの夜の労働者のそれのような寄与なしには、ぼくの学びは不可能だったに相違ない。厳密さなしには、――われわれの思考を厳しく問い直す厳密さなしには、ぼくらは共通感覚のもつ重要性を、そこに潜んでいる良識を、批判的に見てとることはできない。ぼくの目には、博士授与式の会場に、ほとんどつねに、かれの立っている姿が見える。大きなホールの奥の片隅に立ち、アタマを真っすぐに立てて、生き生きとした目、しっかりとした声、自分を確信した明快な口調で、かれの明快な主張を述べている、あの男の姿が。「よい話をききました」と、男は切りだした。「ほんとうに、上手な、よいお話でした。お話の一部は単純ですから、わたしのようなものにもすっとわかりました。難しいところもありました。でも、話されたこと全体のいちばんの勘どころは理解できたと思います」。「そこで博士にぼくの感想を申し上げたいのですが、これはおそらく、ここにいるみんなの声だと思います」。

かれは柔和な、しかし人の心に食い入る眼差しをぼくに向けて、問うた。「パウロ先生。先生は、ぼくがどんなところに住んでいるか、ご存じですか？　ぼくらのだれかの家を訪ねられたことがありますか？」。かれは家の略図を描きはじめた。部屋なんてない。からだをおし込む狭苦しい空間があるだけ。最低限度の生活の必要を満たす資力も、かれにはない。疲れたからだをかかえて家に帰っても、よりよい明日を夢見て眠るなどということはありえない。幸福であること、希望をもつこと、そんなことはかれにとっては禁句なのだ。

かれの話がどこに向かっていくかは、ぼくにも予測がついた。ぼくは聞きながら、椅子に深々と身を沈ませていた。自分の身をどこかに隠したいというぼくの欲求にこたえて、椅子が隠れ穴に変じていくかのようであった。男は一瞬、口を噤《つぐ》んで聴衆を見渡し、それからまた、ぼくを眼差していった。

「先生。ぼくはあなたのお宅に伺ったことはありません。しかし、お宅の様子がどんなかをあなたにお聞かせすることができます。あなたのお子さんは何人ですか？　お子さんは男の子でいらっしゃいますか？」

「五人です」。ますます深く椅子に身を沈めて、ぼくはいった。「女三人、男が二人です」。

「そうですか、先生。先生のお宅は一戸建でしょう。いわゆる『庭つきの家』というやつ。[18] たぶん、夫婦の部屋がありますね。それから、居間と三人のお嬢さんたちの部屋。先生がたのなかには、お子さんの一人ひとりに部屋を与えておいでのかたもいらっしゃいますが、先生はそういうタイプではありません。お二人の男のお子さんの部屋もありますね。シャワーがあって、温かいお湯が出ます。　台所にはアルノー・ブランドの電気器具。[19] 家の外側に使用人の部屋があって、それはお子さんたちの部屋よりだいぶ狭いでしょう。庭には『イギリス』風の芝が植わっていますね。それから、先生は他にも部屋をお持ちにちがいない。本をおくところ。書斎ですな。お話からすると、先生はずいぶん本を読んでおられて、もの知りでいらっしゃるように、お見受けしますから」

まさに図星であった。つけ加えることも、落とすべきことも、一つとしてない。ほんとうに別世界。広々として快適げな空間がそこにはあった。

「どうです、先生。ずいぶん違うでしょう。先生も疲れて家にお帰りになる。お仕事では、ずいぶんと頭をお使いになった。考えたり、書いたり、読んだり、話したり。今日のお話だって、そうですよね。ずいぶん、たいへんなことだったと思います。しかし」と、男はつづけた。

「先生の場合は、たしかに疲れてご帰宅ではあっても、そこには湯上がりの、こざっぱりした身なりのお子さんたちがいらっしゃいます。おなかを空かせることもなく、すくすくと美しく育った子どもさんたちです。わたしらが家に帰って出っくわすガキたちは、飢えてうす汚く、のべつまくなしに騒ぎたてているガキたちです。わたしらは朝の四時には目をさまし、辛くて悲しい、希望とてない一日を、また今日も繰り返さなければなりません。わたしらが子どもを打ったとしても、そしてその打ち方が度を越したものであるとしても、それはわしらが子どもを愛していないからではないのです。暮らしが酷《きび》しくて、もう、どうしようもないのです」

階級知とは、こういうものだ。いま、ぼくはそう思う。

これは、かれこれ三十二年まえに話された言葉だ。この三十二年まえの言葉を、ぼくはけっして忘れることができなかった。この言葉は、それを聞いたときのぼくにはまだ分かっていなかったが、それが直接的に伝えていること以上の何かを、ぼくに語りかけていたのだ。

それは民衆の言説行為に共通に見られる特徴的な何かであって、たとえば話の運び方、語法、声のだし方、身ぶり手ぶり、メタファーといったようなものである。男の身ぶりは、かれのまえに座って押し黙り、為すすべもなく椅子に身を沈めているくだんの教育者に告げていた。人びとにものを言おうとするのなら、教育者は、人びとが見ている世界をまず人びととともに見ることからはじめなければならないのだ、と。

人びとの世界の見方は、具体的な現実そのものによって条件づけられており、ある程度まで、前者は後者によって説明される。具体的な現実が変われば、そのことをとおして、世界の見方も変わっていくだろう。しかしさらにまた、(認識行為をとおして)現実が暴きだされていき、自分のこれまでの世界の見方を規定していた諸要因が見えてくると、そのことによっても世界の捉え方は変化しはじめるものだ。

世界の見方を変える、ということは、基本的に重要なことだが、とはいえ具体的な現実が、それだけで変わるということを意味しているわけではない。

男の話から受けた衝撃の記憶をぼくがいまだに忘れえずにいるということは象徴的だ。その昔に聞いた、その夜の話は、まるで書かれたテキストのように、つねにそこに立ちかえらねばならない試みの石《ウン・エンサイオ》(=論文)でもあるかのように、ぼくのまえに置かれているのである。それはほんとうに、ぼくの学びのイニシエーションの頂点をなすものであった。ぼくは学ばねばならなかった。進歩的な教育者は、すべからく民衆に語りかけねばならぬときも、それを、民衆に、ではなく、民衆との、語りあいに変えていかなければならぬのだと。ぼくが常々いっているように、これは人びとの「既有の経験知を尊重する」ということだ。そこから出発することによってこそ、それをこえることができるのだ。

その夜、帰宅する車のなかで、ぼくはいくらか苦々しげにエルザに言ったものだ。エルザは、ごくたまにだが、ぼくが出る集会に同伴して、そんなときはいつも卓抜な観察でぼくを大いに裨益《ひえき》するのであった。「ずいぶん分かりやすく話したと思っていたのだが」と、ぼくはいった。「理解してもらえなかったようだ」。「理解していないのは、あの人たちを理解していないのは、あなたのほうじゃないの、パウロ?」。そういって、エルザはつけ加えた。「あの人たち、あなたの話はだいたいわかったと思うわ。あの労働者の発言からしても、それは明瞭よ。あなたの話はわかった。でも、あの人たちは、あなたが自分たちを理解することを求めているのよ。それが大問題なのよね」。

何年もたってから、ぼくは『被抑圧者の教育学』のなかで、この夜の経験の含意を理論として語ることになるのだが、そのまえにぼくは、他のさまざまな出来事の記憶とともに、この夜の記憶を引きずって亡命の旅に出ていくことになる。

抑圧状況は、それをどんなに批判的に洞察しても、それだけではなお、被抑圧者は解放されない……

ぼくらが生きるそれぞれの時間というものは、それ以前に起動されたプロセスの連続であったり、ある過去とのかかわりにおいて生ずるあたらしいプロセスの発端であったりする。だから先ほど、ぼくは言ったのだ。生きられた時間相互のあいだには、いわゆる「親縁関係」がある、と。ぼくらはそれを知覚しているとはかぎらない。知覚せぬがゆえに個々の経験の成立根拠を把握できずにいるのだ。

ここでぼくはもう一つの出来事について語ってみたい。これもぼくの経験の歴史に強い刻印を残すとともに、ぼくの教育思想と教育実践の発展にすくなからぬ影響を与えたものであるのだ。

二十二歳から二十九歳くらいまでの時代を、距離をへだててもう一度ながめて見よう。当該期間の一部は、ぼくがSESIで活動していた時代とも重なっている。起点は、おそらくジャボアタン時代[20]、子ども時代が終わって青年時代が始まるころだろう。

この二十二歳から二十九歳までの全期間をとおして、ぼくはときどき、はげしい悲哀と絶望の感情にとらわれることがあった。その感情は、言いようもなくはげしくぼくを苛《さいな》んだ。そういう状態が二日、三日、あるいはもっと長くつづくのだ。こういう精神状態が、しばしば予告もなしに、街頭で、仕事場で、自宅で、ぼくを襲うのだ。ときには、すこし穏やかに波が打ち寄せてくることもあったが、どちらにしても、ぼくは世界から拒絶され、世界に傷つけられたと感じ、自分のなかに、理由のわからぬ苦悩のなかに、沈んでいくのであった。まわりのものはすべてよそよそしく、絶望をさそうものに見えた。

あるときのことだ。ギムナジウム時代の級友がやって来て、ぼくに侮辱された怒りをぶちまけたのだ。おまえの、あの二、三日まえの行動は、あれはいったい、何ごとかというのだ。「おまえはインペラトリス通り[21]で、おれを黙殺した。おれはオスピシオ通りのほうに歩いていて、反対側を歩いているおまえを見て、笑って手を挙げた。立ち止まると思ったら、案に相違して、おまえは見ないふりをして通りすぎていった」というのだ。

これほどではないが、似たようなことは他にも多々あった。ぼくの弁明はいつも同じだった。「ぼくは君と逢ったことなんかないよ。そんなことあるわけないだろ。ぼくは君の友達なんだから」。

エルザはつねにぼくを深く理解してくれていて、できるだけの援助をしてくれた。何よりもたすかったのは、ぼくの彼女への態度の変化をけっして当てこすらない、ということだった。

こういう経験をくりかえすなかで、とりわけその頻度が度重なるにつれて、ぼくはどういうときにその症状が起こるかを探ろうとするようになった。どんなときに、どんな要因が作用して、気分が悪くなるのかを、自問するようになったのだ。

症状が現れると、ぼくは、それ以前の自分に何が起こったかを再検討し、記憶をほり起こそうと努めるようになった。自分が言ったことを、もう一度、自分の耳で聞こうとした。だれに、それを言ったのか、思い起こそうとした。ぼくは何を聞いたのか、だれからそれを聞いたのか。とどのつまり、ぼくの鬱《うつ》症状は、ぼくの好奇心の対象になりはじめた。自分の精神状態を「距離をとって」見つめ、病気が何に由来するかをつきとめようとしたのである。ぼくは、自分の鬱症状がどんな背景のなかでうまれてくるかをあきらかにしたかったのだ。

だんだん分かってきたことは、意気消沈、世界への無関心、厭世感情といった鬱症状は、圧倒的に雨の日に起こっているということである。たいていはゾナ・ダ・マタ(沿海部の砂糖黍地帯)を動いているときで、SESIの学校で教師や父母に教育の話をした後などに、きまって悲哀の感情が襲いかかるのだ。そこで気になるのは、同じ目的でアグレスチ(内陸部の半乾燥地帯)を動いているときはどうなのか、ということだ。アグレスチでは、旅の後でもその過程でも、そういうことはとんと起こらなかった。ぼくの憂鬱の虫は、アグレスチには反応しないらしいのだ。

この症状がくりかえし現れていた七年間の、おそらく三、四年間をかけて、ぼくはこの探偵ごっこに励んでいたのだが、その顛末をわずかなページに要約するのも一興というものだろう。

ぼくがはじめてのサンパウロ訪問を実現したのは、思えばこの病因調査に打ち込んでいた最中だった。

サンパウロに到着したつぎの日、ぼくはホテルで午後の時間を過ごしていたのだが、そのとき、強い雨が降りはじめた。ぼくは窓に寄って外を見た。空はどんよりと曇り、沈鬱な雨が降りそぼっていた。だが窓の外の世界には、緑と泥の色が欠けていた。水をふくんで粥《かゆ》状になった黒土もないし、ツルツル、ネバネバした塊と化した赤土もない。ジルベルト・フレイレが「人間を捉えて締めつける巨大な蛇」にたとえた、あのノルデスチのマサッペ土壌がそこにはないのだった。★22

サンパウロの曇天と降りしきる雨を見ても、ぼくの心はいっこうに平静であった。

ぼくはこの貴重な手がかりをお土産にして、サンパウロからレシーフェに戻ってきた。あきらかに、ぼくの鬱症状は、雨、泥、マサッペ土壌、緑の砂糖黍畑と結びついていた。とはいっても、その切り離された一つ一つとではない。それらの諸要素のとり合わせが問題らしかった。ぼくに求められているのは、苦悩にたいして明晰であることだった。そのためにも、こうした諸要素によってなぜぼくの心の炎症が引き起こされるのか、その遠因を探りだすことが必要であった。苦悩の深層を探索することは、自らの希望をはぐくむということでもあった。ぼくは単純に事物が自らを語るとは期待しなかった。事物・事実・意思に、働きかけをおこなうこと。希望をそこに差し込むこと。いつか、病いから解放されるという具体的な希望をもって、所与の事実に介入することが必要であった。

それはレシーフェの雨模様のある日の午後であった。空は曇って鉛色だった。ぼくは自分の幼年期を求めてジャボアタンに赴いたのだ。レシーフェが雨なら、「天のくちばし」[23]とさえいわれるジャボアタンが雨でないはずはない。そぼ降る雨のなか、ぼくは子ども時代をそこで過ごしたモーロ・ダ・サウージにたどり着い

★——Freyre, Gilberto Nordéste, Rio de Janeiro, Recife, José Olympio, em convenio com a Fundarp, 1985, p.6

た。昔住んだ家のまえで、ぼくは佇《たたず》んだ。一九三四年十月二十一日、ぼくの父がそこで死んだ家だ。ぼくは、ふたたび見た。ぼくらがフットボールに興じた家のまえの芝地を。ぼくは、ふたたび見た。マンゲイラの樹を、その緑の葉むらを。ぼくは泥だらけの足を見た。濡れ鼠で、丘をかけのぼった足だ。映画のスクリーンのように、ぼくのまえに、死んだ父の姿が、放心した母が、悲嘆にくれる家族の群像が浮かびあがってきた。

ぼくは丘を下って、そのあたりの一角を見て歩いた。ぼくが、スポーツというよりも実益のために、パチンコで罪もない小鳥たちを撃ち落としていたところだ。パチンコは手製のもので、これを使って、ぼくはけっこう凄腕の射手になっていた。[24]

その雨模様の午後、その濃密な緑、その鉛色の空、そのずぶ濡れの大地に、ぼくは、ぼくの苦悩の横糸を発見した。苦悩のよってきたるゆえんを見た。表徴と中核、症候とぼくの内部の深みに潜んでいるその根基との多彩な関係が、ぼくの意識のまえに引き出されたのだ。問題の根っこに光をあてることで、問題の実相が見えてきた。それは自らの苦悩にたいする「考古学」的な発掘作業であった。[25]

それ以来というもの、雨、緑、泥、粘土質の地層が、ぼくの苦悩をかきたてることは絶えてなくなった。あんなにも長い年月、それらは、ぼくを悩ましつづけてきたというのに。ジャボアタンを訪ねたあの雨の日の午後、ぼくはそれを埋葬したのだった。こうした自分の問題で悪戦苦闘しながらも、ぼくは同時に、SESIのなかで労働者のグループを相手どり、自分の世界の見方をどうかれらに伝えるか、かれらが自分の世界を語ることをどう促すか、という問題に心をくだいていた。

かれらの多くは、もしかしたらぼくと同じように、経験のとばりを解き、自分をかくあらしめているものを突きとめようと模索したことのある人たちだったかもしれない。

ぼくと同じように、苦しい思いをしている人たちは多い。その苦しみは、あたらしい視力で世界を読みなおすことによって、すこしは緩和されるものなのかもしれない。実際、垢にまみれた、打ちのめされた仲間たちのからだのあいだで、労働者たちが噛みしめる自らの無力、飢餓と貧困ゆえの死、それらはしかし、けっして運命や宿命、逃れがたい定めなどによって説明されるものではないのだ。

しかし、このことは明瞭にしておかなければならない。社会経済的な問題にかんしては、どんなに透徹した、どんなに批判的な現実認識といえども、それだけでは現実を変えることはできない、ということを。

ぼくが語ってきた上記の事例では、苦悩の原因を究明しさえすれば、それで苦悩は克服された。その意味では、ぼくはあきらかに軛《くびき》から解放されたのだ。ぼくの職業活動を制約し、他者との共生を妨げてきた軛、最後には、ぼくを政治的にさえ縛りつけていた軛から、ぼくは解放された。

にもかかわらず、ぼくは言わねばならない。抑圧状況は、それをどんなに批判的に洞察しても、それだけではなお、被抑圧者は解放されない、と。　もちろん、状況を暴くことは、状況をこえるための一歩ではありうるだろう。人はその認識をふまえて、抑圧をもたらす現実的な諸条件を変革するための政治的なたたかいに参加していくからだ。ぼくが言いたいのは、こういうことだ。ぼくのケースでは、苦悩の原因を認知することが、それを葬る十分条件でありえた。しかし問題が社会構造や経済にかかわっている場合、因果関係の批判的な認識は、変革の不可欠の条件ではあっても、十分条件でないのだ。労働者がつくろうとする製品のイメージをただ頭で思い描くだけではダメなのと同断である。つくらなければ話にならないのだ。

しかるべき対象物をつくりだす、という希望が、労働者の労働にとって必須のものであるのと同様に、世界を再創造する、という希望は、被抑圧者のたたかいにとって不可欠のものだ。教育は、現実のヴェールを剥ぐ、すぐれて認識にかかわる営みであるから、それだけでは世界を変えることはできない。とはいえ、後者は、そのなかに前者を含んでいるのだ。

故国を離れることで、ぼくの心は複雑に揺れ、相反する二つの感情によって引き裂かれていた……

何人も、ひとりぼっちでどこかに漂着するのではない。ましてそれが亡命とあれば、なおさらだ。たとえ家族から、妻から、子どもたちから、親から、兄弟姉妹から引き離された亡命の旅であったとしても、だ。人は、自分の世界を置き去りにすることはできない。自分のなかに根づいたものを置き去りにして、空虚に乾いたからだで生きることはできないのだ。そうではなく、われわれはたくさんの出来事の記憶、自らの歴史と文化に浸されたからだを、抱きしめるように携えて異郷に漂着するのだ。記憶は漠としたものであることもあれば、輪郭定かなものであることもあって、幼年時代、青年時代にすごした街角の記憶、遠いことのようでいて突然くっきりとぼくらのまえに、いや、ぼくらの内に、迫ってくる特定の思い出であったりする。ためらいがちな身ぶり、握りしめた手、困惑した微笑、言った当人はおそらくすでに忘れているであろう、ちょっとした片言隻句。いくどか口に出そうとして果たさなかった言葉、拒絶を怖れて喉元に押さえこんだ言葉、ほかならぬぼくらへの不信をふりきって、あの男は、あのとき、あの言葉を、あえて口にしたのだった。

たしかに故国を離れることで、ぼくの心は複雑に揺れ、相反する二つの感情によって引き裂かれていた。一方に、とりあえずの脅威からの解放感があり、異端審問官がここにはいないという安堵があった。異端審問官には攻撃的で獰猛な尋問者もいたし、わざとらしく丁重なもの言いの口頭試問官もいたが、どちらも「この危険人物」をかれらの底意の獲物にするのは朝飯まえだと思っていたことに変わりはない。それともう一つ、「自分の世界を置き去りにした」「自分の土地を、土地の匂いを、故郷の人びとを、おれは見捨てた」という罪悪感が、ぼくの心の揺れをいっそう大きなものにしていた。[26] 夢とユートピアの破綻も、心の嵐をかきたてるものであった。希望を失う、という危険も、大きかったのだ。精神の動揺のなかには、敗北感もふくまれていた。反権力のスローガンが、凡庸に思えてならなかった。そしていまただちに故国に帰りたいという熱望。この熱望ゆえに、なんと多くの亡命者たちが、流離の現実を思い知らせる外観を、ことごとく拒絶することか。ぼくの知り合いのある亡命者などは、亡命後十四、五年もたってから、ようやく身のまわりの家具をぽつぽつと買いはじめる始末であった。ほとんどがらんどうともいえるかれの家は、遠い故郷の地へのかれの忠誠を何にもまして雄弁に物語っていた。がらんとした家のなかはたんにかれの望郷の思いを表現するだけではなくて、はかない願望をたくして、かれはもう実際に帰国の準備そのものをはじめているかのようであった。ほとんどがらんどうの家のなかは、故郷の土地を置き去りにした後ろめたさを、わずかなりとも帳消しにしてくれるものであった。ここにとぐろをまいているのは、おそらくどんな亡命者にも見られる、ある抑えがたい欲求だ。おれは追われている、と思いたがる感覚、おれは秘密機関によってたえず付け狙われている、行く先ざきでだれかに尾行されている、という強迫観念、しかもその追跡者の姿は、おれにしか見えない、という思い。こうして危険にさらされているということは、自分にまだ政治生命が残されているという安心をもたらすものだし、他面では、用心深く身を護るという大義名分を保障し、罪の意識を軽減するものでもある。

実際、亡命者の深刻な問題の一つは、自分のなかの葛藤する感情、欲求、立場、思い出、知識、世界観に、いかなる折り合いをつけるか、せめぎあう今日と昨日の、流亡の現在と自らの心に宿した過去との、その両者の葛藤と、どう身をもって格闘するかという問題だ。それは、新しい環境のなかで生きていくための日々の繁忙ocupaçãoと、過去へのこだわりpre-ocupaçãoに、どんな均衡をあたえ、自らのアイデンティティを保存するか、という問題、望郷がノスタルジアに堕することを、どう阻止するか、というたたかいだ。異郷でのあらたな日々の生き方をどう創造し、亡命者が陥りやすい傾向――無理もないことなのだが――もう亡命生活が何年もつづいているのに、相変わらず故郷のことを基準にものを考え、こっちよりも、あっちのほうが何もかもずっとよかったと言いつのる傾向を、どうやって克服するか、という問題だ。おっしゃるとおり、あっちのほうがよい点もあるだろうが、しかしすべてがそうと決まったものではないだろう。

本質的にいって、亡命を生きるのは難しい。ありとあらゆる郷愁が、亡命者をおそう。都市が、父母が、人びとが、恋しい。あの街角が、あの食べものが、恋しい。この郷愁と折り合いをつけ、そいつを教育するのは、ほんとうに難しい。郷愁を教育する、ということのなかには、あまりに能天気な楽観主義を克服する、ということもふくまれている。一九六四年の十月にラパスでぼくを迎えてくれた友人のなかには、こんなことを言い出すご仁もいた。「君も、もう間もなく帰国だよ。おれたち、クリスマスは家で過ごすことになるのさ」。

ぼくは一か月以上をボリビア大使館で過ごしたあげくに、ようやくラパスに到着したのだった。ブラジル政府がぼくの通行許可証を下付してくれるまで、ぼくは大使館で待機するほかはなかったのである。それがなければ、国を離れることもできない、というわけだ。そのちょっとまえまで、ぼくは拘置所にいて、軍関係者から長時間にわたる尋問をうけていた。かれらはぼくを尋問することで、ブラジルを、いや全世界を救済するのだといわんばかりであった。

「クリスマスは家で過ごすことになるのさ」

「いつのクリスマスかね？」。ぼくは不審げに、というよりも呆れ返って問い返した。「今年のさ。今度のに決まってるじゃないか」。かれは不動の確信をこめていった。

ラパスでの最初の夜、そのときはまだ後日おそってくる高山病の激しい苦しみは知らなかったのだが、ぼくは自分の郷愁をどう教育するかをめぐって、いささかの考えにふけった。そのときのぼくの思索は、ここでいう『希望の教育学』ともかかわりのあるものだ。ぼくは思ったのだ。いくら故国に帰りたいからといって、冷静な見通しまで水に流すことはできない。故国の動向を自分のよいように解釈して、ありもしない現実を頭のなかででっち上げてはいけない、と。

亡命を生きるのは難しい。それは来ない手紙を待つようなものだ。届きもしないニュースを待ち侘びるようなものだ。あてどなく、だれかの到来を待つようでもあり、ただ待つために、くる日もくる日も空港にいくようなものだ。「待つ」が、目的のない自動詞に変わってしまったかのように。

亡命を生きるのは、よりいっそう難しい。亡命者が、自分のおかれた時間と空間を、可能性として、批判的にうけとめる努力をしないならば。新しい日々のくらしのなかに、いたずらに先入観をもつことなく飛びこんでいくこの批判的な能力は、亡命者である私やあなたを、自己の状況のより歴史的な把握へと導くだろう。亡命者は一方では故国の日々の延長として、すっかり身についた記憶と慣習を引きずって生きるのだが、他方では、新しい流亡の地の日常を生きざるをえない。そしてこの境遇は、たんにそれへの適応を要求するだけではなく、故国にいたとき以上に、自己の日常を省察の対象としてとらえる批判的な態度を要求するのである。

ぼくがラパスに到着した一九六四年の十月、ボリビアにもまたクーデタが発生して、ぼくを驚かせた。十一月には、ぼくはもうアリカ航空の機上の人となってチリに向かっていた。すでに空港に向かう車のなかで、ぼくは叫び声を上げて、まわりの乗客たちを驚かせていた。期待を押さえきれずに、ぼくは叫んでいたのだ。「万歳！　酸素だ！」と。標高四〇〇〇メートルの高地を離れて、ぼくは平地に向かっていたのであった。ぼくのからだは、ようやくかつての活力をとりもどしていた。移動するのも容易になり、敏速になって、しかも疲れを覚えなかった。ラパスでは、小さな包みを一つ持つのも、ぼくにとっては大仕事だったのだ。四十三歳にして、ぼくは、自分がよぼよぼの老人のように感じられた。アリカ航空とその後のサンチャゴでの日々のなかで、ぼくの力は甦った。魔法の杖の一撃のようなものだった。まことに酸素、万歳！　だ。

チリにたどりついたぼくのからだは、さまざまな感情で沸きかえっていた。情熱、郷愁、悲哀、希望、欲求、破れた、しかし瓦解したわけではない夢、怒り、貯えられた知見、無数の過去の記憶、生への覚悟、怖れと不安、疑惑、生きること、愛することへの意志。そしてなによりも希望。

チリについて何日か後に、ぼくは農業開発院Instituto de Desarrollo Agropecuario［ＩＮＤＡＰ］☆の所長で、有名な経済学者でもあるジャック・チョンチョールの補佐官として働くことになった。チョンチョールは、その後アジェンデ政権の農業相に就任した人物だ。

ぼくらの家族一同が再会をはたしたのは、翌六五年の一月の半ばであった。エルザと三人の娘たち、二人の息子。かれらもまたかれらなりの驚きと疑惑、希望と怖れ、自分なりの見聞を携えてこの地に渡り、この異国で、ぼくとともに新しい暮らしをはじめようとしていたのであった。ぼくらがとびこんだ地、ぼくらを迎えた地は、たしかに異郷の地ではあったが、その不慣れさは、しだいに親しみやすさに、愛着と友愛に変化していったのだ。ときどきブラジルが恋しくてならぬときもあったが、ぼくらの心のなかに、チリは特別な場所を占めるようになった。同時に、ぼくらはそれまでは思ってもいなかったような広がりのなかで、ラテンアメリカというものを考えるようになった。

サンチャゴの街には、なにか底深い社会の変革がいま進行している、という陶酔が支配していた……

ぼくがチリに着いたのは、エドゥアルド・フレイのキリスト教民主党が政権についたばかりのころで、サンチャゴの街にはある種の高揚した気分がただよっていた。根底的でかつ本質的な、なにか底深い社会の変革がいま進行している、という陶酔が、この街を支配していた。あきらかに対照的な動機にもとづいてこの陶酔に背を向けていたのは、極右の諸勢力と、マルクス・レーニン主義左翼であった。キリスト教民主党の活動家においては、「革命」は磐石であるという確信はあまりにも強固で、それが脅かされる可能性はいささかもありえないと、かれらは考えていた。かれらのお得意の議論の一つは、「チリ国軍の立憲民主主義的伝統」なるもので、これは歴史的というよりはたぶんに形而上学的な思い込みというものであった。「かれらが既成秩序に逆らって決起するなんてことはありえない」と、活動家たちは、確信に満ちた口調でぼくに言うのだった。

ある活動家の家で開かれた会合のことを、ぼくは記憶している。なんとなくギクシャクとした会であった。

☆——農地改革を推進するための公立機関。フレイ政権は急進的な農地改革の方針を打ち出したが、土地接収は難航した。「土地接収のテンポの低下を償うため」(後藤政子『現代のラテンアメリカ』)政府は農民の組織化に力を注いだが、その中心になったのが、チョンチョールを長官とするINDAPであった。Instituto de Desarollo Agro-Pecuario は 直訳すれば「農耕・牧畜開発研究所」であろうが、内容に鑑みて上記のように訳した。

三十人ほどの参会者がいて、ぼくらもそれに参加していた。ぼくらというのは、プリーニオ・サンピオ、パウロ・ジ・タルソ、[27] アルミノ・アルフォンソ、それとぼくだ。

ぼくらの議論はこうだった。いわゆる「既成の民主主義的秩序にたいする国軍の忠誠」は、不動のものではなく、かれらの本質に根ざしたものでもなく、歴史的な過程のなかでたまたまそうなったものなのであって、それゆえに歴史的与件が変われば、「伝統」は覆されて別な動きがはじまることも十分にありうる、というわけだ。それにこたえて活動家たちは言った。ブラジルの亡命者諸君を見ていると、「ゲームに負けて泣いている子どもを思い出すよ」「くやしいけど、どうしようもなくて泣いている無力な子どもたちを」。これでは、てんで会話にならない。

その後数年して軍部は立場を変更した。あの夜の、あの場の人びとのだれかが、それに加担していないことを、ぼくは祈りたいし、また、あの場のだれもが、あまりにも高くついたその後の代価から無事なことを祈るばかりだ。その間、チリでは何千何万という活動家が、一九七三年九月にチリを襲った苛酷な暴力の犠牲になった。チリばかりでなく、ラテンアメリカの各地でも、無慮無数の人びとが軍の暴虐の犠牲になった。もっとも後進的なラテンアメリカのエリートたちにとっては日和見リベラリストさえもが脅威と映り、怖れの対象となる。キリスト教民主党のような改良路線、かつては中間派と見られていたグループの政策さえもが過度に大胆な試みとして危険視され、ここらで終止符を、という妄想めいた焦慮を引きだすのだ。ましてアジェンデの勝利が、チリのエリートたちに、チリばかりではなく北の権力者たちに、いかばかりの衝撃をあたえたかは推して知るべしである。

人民連合政権下のチリをぼくは二回ほど訪れたことがある。当時、ぼくは欧米にいてよく言っていたものだ。階級闘争というものの具体的なイメージを、そのもっとも多彩な姿において目撃しようとするならば、その者はすべからくチリを訪れるべきである、と。とりわけ支配階級が階級闘争においてもちいる戦術、権力と統治の相克というこの地の政治状況をより効果的に解消するためにかれらが駆使した着想の多彩さを密着観察しようとする者は、ぜひともサンチャゴに赴くとよい。諸関係、諸決定、もろもろの力の織物である権力は、依然として支配階級のもとにあり、他面、政治の舵をとる政府は、支配階級と敵対する諸力、進歩的な諸勢力とともにある機関として存在した。支配階級にとっては、この権力と統治の相克を克服し、両者を一つの鞘に収めることが急務だった。その解決策がつまりはクーデタであった。キリスト教民主党の内部でも、右派は、反対者として、先進的な部分の民主化政策のまえに立ちはだかる傾向があったが、逆に民主化の推進を支持したのはだれにもまして党内の若者たちであった。事態の進展とともに対立はますます明瞭になり、先鋭化していった。両者が同一の党、いや、同一の社会に平和的に共存することは、もはや不可能になっていた。

他方、共産党、社会党など、マルクス・レーニン主義左翼は、そのイデオロギー的な、あるいはその政治的・歴史的・文化的な理論にもとづいて、改良主義者たちのお祭り騒ぎを拒絶していた。かれら、左翼の目から見れば、それは控えめにいっても小児病的であった。

階級闘争が深まり激化するとともに、キリスト教民主党内の、そして市民社会内部の左右の亀裂も深まっていった。こうしてさまざまな左翼の潮流が成長し、急進的な活動家たちを隊列化していった。活動家たちは、直接的に民衆と接触し、マルクス主義の古典を読んで、民衆を理解することにつとめた。かれらは、そのようにして自らの改良主義を問い直しはじめ、ついにはキリスト教民主党の政策決定においても、しだいにヘゲモニーを掌握していくのである。

独立革命運動 O Movimento Independente Revolucionário［MIR］☆が、南部の都市コンセプションで、革命的な青年たちによって結成された。かれらの目から見ると共産党は偏向していて同調しがたいし、そうかといって「ブルジョア民主主義」の限界内で、それと「共存」することはもはや不可能であった。

たいへん面白いことに、一貫して共産党よりも、また後の人民連合よりも左の側に位置しつづけたMIRは、これまた一貫して民衆教育に強い共感を示しつづけた。これは伝統的な左翼政党には、あまり見られない特徴である。

共産党や社会党は、教条主義的にある種の「スラム住民」poblaciones☆☆との共闘を拒絶していた。かれらの言い分によれば、スラム住民は「階級意識」が希薄で、何かを要求するときは活発な動きを示すが、いったん要求が叶えられてしまうと、かならずそうした動きは引いてしまうというのだ。MIRは「ルンペン・プロレタリアート」にかんするこの指摘を、ある程度は認めざるをえないものと考えていた。しかし、歴史のある状況のなかでそういう事態が起こったことは認めるとしても、別な歴史的なモメントのなかでそれが繰り返されるかどうかは、いますこし慎重に観察したほうがよいという立場であった。要するに伝統左翼の言い分には一面の真実がふくまれているが、それを形而上学的に命題化してはならない、というわけだ。

かくして人民連合の時代においても、MIRはスラム地域での組織づくりに精力的にとりくんでいて、その組織活動は、それ自体が政治＝教育的な性格を帯びていたが、そこにさらに、一連の教育プロジェクトがうわ乗せされていた。一九七三年に、ぼくはヌエバ・アバナのポブラシオンのリーダーたちと一夜をすごす機会があった。かれらは自分たちの居住権にかんする要求が叶えられてからも、一般の予想に反して、創意にあふれた生き生きとした活動を継続し、教育、保健衛生、法律問題、治安、スポーツなどの領域での無数のプロジェクトにとりくんでいた。ぼくが訪れたのは何台かの古いバスで、バスは政府が提供したもの、とのことだった。車体は器用に改造されて、綺麗でよく整えられた校舎に変じていた。ポブラシオンの子どもたちが、そこに通ってくるのだ。夜は夜で、バス学校は、世界を読むことをとおして文字を読むことを学ぶ識字生たちで一杯だった。不安要因はあるとしても、ヌエバ・アバナには未来があった。それをつつんでいた熱気と、そこで実験されていた教育の営みは、まさに希望のそれであった。

キリスト教民主党の「四分五裂」ぶりを示すかのように、MIR以外にも、人民統一行動運動O Movimento de Ação Popular Unitaria［通称MAPU☆☆☆］、キリスト教左派運動［通称IC☆☆☆☆］といった諸グループが相ついで出

☆――MIR（Movimento Izquierda Revolucionario革命左翼運動）。原著には独立革命運動とあるが、フレイレの記憶ちがいだろう。直接行動と反帝武装闘争を主張するこの運動は、人民連合内部において左翼反対派を形成するとともに、これを打倒しようとする反革命勢力とも、もっとも激烈にたたかった。労働組合、学生のあいだでは少数派であったが、スラムでの影響力は大きかった。アラン・トゥレーヌ『人民チリの崩壊』（真木嘉徳訳・筑摩書房）を参照。

☆☆――本来的には集合住宅という意味だが、ラテンアメリカでは低所得層の居住地域をいう。五〇年代以降の土地占拠運動によって形成されたポブラシオンが多く、人民連合の時代はもとより、軍政時代においても社会運動のもっとも有力な根拠地となった。チリのポブラシオンについてはとりあえず高橋正明『チリ――嵐にざわめく民衆の木よ』（大月書店）第四章を参照。

☆☆☆――農地改革の不徹底に抗議してキリスト教民主党から脱党した活動家たちによって一九六九年に結成された。基本的にはカトリック政党であるが、急進左派の立場で活発な活動を展開した。後にMAPUの活動家となる一労働者が識字学級で政治的覚醒を経験し、ここを訪れたフレイレと激突しつつ互いに知己になっていくエピソードが亡命チリ人の聞き書き集 Chilian Voices（The Harvester Press 1977）で語られている。

☆☆☆☆――人民連合政府の成立は、キリスト教民主党の内部分裂を加速した。七一年七月、パルパライソ補選でのキリスト教民主党と右翼諸勢力との共闘を批判する左派の一部が脱党して、新組織ICを結成し、人民連合に加盟してその一翼を形成することになった。この結果としてキリスト教民主党の反革命陣営への傾斜はさらに促進された。

現した。党の急進的な青年のそうとう部分はＭＡＰＵに加盟したし、またある者はＭＩＲへ、ある者は共産党、社会党へと移っていった。

この時代においては、ごくわずかな人びとにしか気づかれていなかったこと、だが三十年近くたったいまとなっては容易に確認できる一つのことを、ぼくはあらためて指摘しなければならない。当時、このことを主張した人びとは、しばしば夢想家、ユートピア主義者、観念論者と見なされながら、――はなはだしきにいたっては「アメ帝の手先」とさえ呼ばれかねなかったのだ――、それでも、かれらはこの原理を擁護しつづけたのである。それは多様性のなかに統一を求める政治行動、進歩的な諸力を統一に向けて結集するラディカルで非セクト的な政治行動だけが、右派の権力と害悪に有効に対抗し、民主主義をめざしてたたかうことができる、という主張である。残念ながら支配的だったのは、不寛容であり、差異にたいする否認であった。寛容を説くことは、たんなる「べしべし」論議ではなかった。よりよく敵とたたかうためには、異なるものと共生しなければならない。それが革命的な徳＝力能というものではなかっただろうか。

対立が激化し、各人の立場の相違が剝《む》き出しにされ、しかも事態の進展がきわめて急ピッチであったチリのこの十年間の政治状況は、――チリだけでなく、ラテンアメリカはどこでもそうだったが――、他方でたたかう情熱の源泉であるラディカル性を歪めて、それをセクト主義に変えていく条件にもなった。このセクト主義ゆえに、世界の解読と事実の理解は制約され、かくして左翼の諸党派の多くは硬直と権威主義に冒されていったのである。

キリスト教民主党の左の翼を形成する諸グループは、党との距離をもっと縮める努力をすべきだったと思う。（政治とは倫理的な制約をふまえた妥協ではないだろうか。）党に接近するといっても、それは党を支配し、右派を殲滅《せんめつ》するため、であってはならない。いわんや右派に宗旨替えするためでもない。一方、キリスト教民主党も寛容さがなく、対話を否定していた。どちらの側もが不信に凝り固まっていたのだ。すべてのグループが相互に寛容であることができなかったために、人民連合は権力なき政府になってしまったのだ。

一九六四年から一九六九年にかけて、ぼくはチリのイデオロギー闘争を身近に体験してきた。そのなかで、ぼくがしばしば驚きとともに目撃してきたことの一つは、社会変革を志した人間が道半ばにして恐怖にかられ、初志を悔悟して、たたかいを放棄するのみか、頑迷な反動に転化していくことであった。しかしその一方では、進歩的な確信をかえず、歴史から逃避することなくつねに一貫してまえへと歩みつづけた人びともいて、ぼくは、そういう人びとの姿もこの目で見続けてきた。そうかと思うと、はじめは穏健な立場をとっていた人がしだいにラディカルになっていって、それでいてセクト主義に陥ることも免れているというケースもあって、ぼくが見た人びとの歩みの軌跡はまことに多岐多様であった。

実際、これほどにあらゆる問題が出揃った政治状況を生きるということは、他では滅多に考えられないことだ。これほどに変化が急速で、それが社会を根底からうごかしている場面に立ち合うことも、そうしばしば経験できることではない。ぼくは、チリの民衆教育の現場である「文化サークル」に足を運び、そこで交わされる生き生きとした議論に参加する機会に恵まれたが、えんえんとつづく熱気に満ちた議論にすっかり疲労困憊したチューターが、もうここらでお開きにしてくれとほとんど哀願するかのように農民たちに頼みこむ情景も、そうした会ではけっして珍しくなかったのである。そうした経験のいっさいがなければ、ぼくがその後、『被抑圧者の教育学』で展開した諸理論が明確化されることはなかっただろう。もっともその時点では、本を書くなんて思ってもいなかったが。

ほんとうに印象的な経験だった。エヴァリュエーション（evaluation）の会合に出て実践のようすを聞かされたときも、また実際に現場に行って、農民たちが自分たちの地域の問題やチリの問題を分析するようすを目撃したときも、ぼくが受けた印象は鮮烈そのものであった。この人たちの気の済むところまで話をつづけさせようとすれば、おそらく無限の時間が必要となるとさえも思われた。「沈黙の文化」が突如にして終焉したかのようであった。かれらはたんに語ることのできる自分を発見しただけではない。自らの世界について語るかれらの批判的な言説は、その世界をつくり直すというスタイルにおいて語られていたのである。言葉を繰り出し、自らの現実を分析することが、その赴くところ、より望ましい世界を予感し予知する想像力に道を開く。人びとはそのように直観しはじめているかのように見えた。――とはいっても、それは観念論とは無縁だった。抑圧的な社会とは異なった社会を思い描くその想像力は、現実の変革を志す歴史的主体にとっては実践的に必要不可欠なものであり、それは労働に従事する人間にとって、作ろうとするもののイメージをアタマのなかにあらかじめ思い描くことが必要不可欠なのとまったく同じであった。ここにこそ、まさに民主主義的な民衆教育の、「希望の教育学」の課題の一つが存するのだ。――民衆自身による民衆の言葉の開発、教育者の言葉を権威主義的に、セクト的に撒き散らすのではなく、人びとの現実から出発して、人びとの現実に立ち返っていく言葉、新しい世界を予見し構想する言語を獲得し、発展させること。ここに民衆教育の一つの中心問題があるのだ。――言語の開発という課題は、市民の創出という課題と直結している。

農民たちは文字を読む学習にとりくんでいたが、それは世界を変革するための「旅立ち」なのだ……

先程、ジャック・チョンチョールの補佐官として農業開発院に勤めた、といったが、ぼくの担当した分野は当時、「チリ・人的資質向上プロジェクト」とよばれていたもので、仕事がら教育省との関係は浅からぬものがあった。そういうわけで、ぼくは成人識字教育のワーカーたち、アセンタミエント☆の農民教育プロジェクトの関係者とも接触する機会が多かったのだ。

かなり後のことになるが、チリを去るまでの最後の約二年間、ぼくは同じ機関の補佐役をしながら、もう一つの機関、「農業改革に関する訓練と調査の機関」El Instituto de Capacitacion e Investigacion de la Reforma Agraria［ICIRA］でも働くことになった。チリ政府と国連が共同運営する研究施設であった。この他にぼくはユネスコでも仕事をした。当時のブラジルの軍事政権は、ぼくの登用にたいして、一貫してけち臭いクレームを申し立てつづけていたのだが。

そういうわけで、ぼくは農業開発院、教育省、農業改革公社などのコンサルタントとして、チリのほとんど全土を旅行した。つねにチリの若いスタッフが同行してくれていて、かれらの多くは進歩的な立場の人びとであった。ぼくは農民たちの話を聞き、かれらが直面している現実の諸問題について議論しあった。また農業技術者たちと、かれらの実践がもつ政治的・教育的内包について話し合った。都市では教育者たちと教育実践の全般的な問題について議論をたたかわせた。

農民たちと交わした会話の一片一片は、いまもぼくの記憶のなかで息づいている。よりよき世界を希求す

☆――asentamiento　キリスト教民主党のフレイ政権によって着手され、その後、人民連合政権によって継承されたチリの農地改革方式。潅漑面積八〇ヘクタール以上の大農場は接収されて、旧小作人、旧地主の集団耕作地となった。農場は協同組合の形態をとり、組合員総会の決定にもとづいて運営された。

る真っ当な願いを、かれらは真情をこめて吐露していた。もっと美しい、もっと憎しみと争いの少ない、もっと人びとがお互いに愛しあえる社会をつくり出したい。――これは、かつて、あのゲバラが夢見たことでもあった。

国連職員のある社会学者が、――ヴァン・ゴッホ風の赤髭のオランダ人で、知識人としても人間としても傑出した男だったが――、チリ政府(キリスト教民主党政権)が設立したアセンタミエントを訪れ、二時間あまり、農民たちと白熱的な、だが打ち解けた討論を交わした後で、しみじみとぼくに言ったことがいまも心に残っている。このアセンタミエントの農場はチリの僻遠の地にあり、その農場で、農民たちは、土地への権利について、人間らしく生き、創造し、生産する自由について、人間として存在する権利について、情熱的に語りあっていた。人間として、労働者として、富の創造者として、尊敬される権利が自分たちにはあるということを、また文化と知にアクセスする権利を、かれらは主張し求めていた。この方向をめざして歴史的・社会的な諸条件が撚《よ》り合わされていくとき、被抑圧者の教育学は実効性をもつものとなる。自分の著書名を持ちだすわけではないが、「被抑圧者の教育学」と、その発展としての「希望の教育学」は、まさにそこにおのれの場を見いだすのだ。

集会が終わって、ぼくらだけが差し掛け小屋に残されたとき、オランダの赤髭の友人は、ぼくの肩に手を置いて、ゆっくりと確信をこめて言ったのだった。「今夜のような話が聞けるんなら、四日も山坂こえて、はるばるチリの奥地に来る甲斐は十分にあるね」。かれはちょっとユーモアを交えて言った。「ぼくらより、あの農民たちのほうが、ずっと学者なんだよね」。

『被抑圧者の教育学』でも強調した一つの論点に、ここでも注意を喚起することが重要だと思う。――それは、世界を読むことにおける政治的な明晰さと、権利を擁護し正義を要求するたたかいへのコミットの質や深さとは、相互にかかわりをもっている、ということだ。

進歩的な教育者は、かれらの実践において、このかかわりにたえず注意を向けなければならない。たんに内容だけではなく、方法的なスタイルもまた、上記の、権利を求めるたたかいの質や深さと直接にかかわっているのである。

その夜、ぼくらが会ったような農民のグループがある一方で、抑圧者を自分の外側に「対象化」できずにいる民衆のグループと出会うことも、じつは少なくないのだ。

問題は今日でも変わらない。「モダニティ」にどっぷりと漬かった新自由主義の言説がなんと言おうと、だからといって社会階級がなくなるわけではないし、階級間の利益の相違が消失するわけでもない。階級対立や階級闘争を止揚するには、新自由主義の言説はなんの力にもならないのだ。

闘争は歴史的・社会的なカテゴリーである。たたかいには歴史性がある。時間と場所が変われば、たたかいだって変化する。闘争は、対立する諸力の接近や合意の可能性を否定するものではない。いいかえれば、接近や合意もまた、歴史的なカテゴリーとしての闘争の一部なのだ。闘争は歴史的なものであって、メタフィジカルなものではありえない。

歴史のなかには、諸階級が一致した利害をもつような、いわば社会総体の存否が危うくなるような瞬間というものがあり、こうした危機が敵対する諸力に相互理解を強いるのだが、しかし、これは階級や階級対立の消失した新しい時代の到来を告げるものでは全然ない。

こうしてチリですごした四年半の歳月は、ぼくにとっては大いなる学習の機会であった。短いボリビア滞在の期間をのぞけば、それは、ぼくが故郷のブラジルから、まずは地理的に、ということは認識のうえでも、「距離をとって」生活した最初の経験だったのである。その意味でこの四年半の経験はひじょうに貴重であった。

サンチャゴ——プエルト・モンテ、サンチャゴ——アリカ。ぼくは途中の都市にもとまりながら、ときどき長い車の旅をした。そんな旅の途上で、ぼくはしばしばブラジル時代の追憶に耽った。そこで自分たちがしてきたことの記憶を更新しようとしたのだ。そのとき一緒だった人びとのこと、おかされた数々の誤り、左翼の知識人たちが陥りやすい口先だけの大言壮語——いまでもそれに身を委せている者は少なくない——あれは、歴史における言語の役割への恐るべき無知を表していたのだ。

「徹底的な農地改革を。妥協的なそれは阻止」「人民の議会、しからずんば議会は閉鎖しよう」

実際にはこうした放恣《ほうし》な言葉の独り歩きは、真正な進歩的立場とは似ても似つかぬものであった。それは歴史的・政治的実践としての闘争の正しい理解とも無関係のものだ。実際にはこうした饒舌は真空のなかでおこなわれるわけではないから、ほんとうに必要なものごとの変化をますます遅らせる結果をもたらすのである。とはいえ無責任な大言壮語が反面教師になって、節度ある言葉こそ、よりよき世界と人間の解放を希求する者に不可欠な美徳であるという発見がもたらされることも、しばしばだ。

こうして、ぼくは自分の過去のもろもろの経験、自分がかかわった事実と行為をあらためて理解しなおそうとした。チリの現実は、故国のブラジルと相違しているがゆえに、かつての自分の経験をよりよく理解するためのたすけとなった。一方、かつての経験の再検討は、いまチリで起こっていること、今後起こりうることを理解するたすけともなった。ぼくはチリの全土を東奔西走し、その旅のなかでほんとうに多くを学んだ。学習は基本的には識字教育者の養成コースへの参加をとおして得られたものだ。アセンタミエントの農民たちは文字を読む学習にとりくんでいたが、その大きな特徴は、文字の読み方を学ぶに先だって、まずは世界そのものを読む学習が常時おこなわれていたことだ。文字を読み書きするということは、世界をより批判的に再読するということをふくんでいる。それは「世界を書きなおす」ための、いいかえれば世界を変革するための「旅立ち」なのである。それゆえに希望なのだ。またそれゆえに進歩的な識字教育者は、市民性の獲得において言語がもつ重要性を深く認識する必要があるのだ。ぼくはそのことを『被抑圧者の教育学』で強調したつもりだ。

文化の相異というのは、ぼくの難題で、とくに言葉の問題では悪戦苦闘したが——できるだけその土地の言葉で自分の考えを言おうとすると、思うようにはいかないものだ——その相異を最大限に尊重することの大切さを思い知ることで、ぼくは、さまざまな国の、さまざまな現実について、多くを学ぶことができたのだと思う。

文化の相異を尊重すること、自分の行先の土地の文化のコンテキストを尊重し、「文化侵略」と独善主義を批判しぬくこと、そしてラディカル性を擁護することを、ぼくは後の『被抑圧者の教育学』で主張することになるのだが、それらの思想はすべて、ブラジル時代にはじまり、亡命期にぼくの内部で熟成し、チリでの生活のなかで鍛えられ、濃縮されていったものだ。

SESIの時代に形づくられた知見は、チリでの実践とその理論的な省察をとおして、より堅固なものになっていった。自分の過去と現在の実践を、そうした知見と照らしあわせて見ると、腑に落ちることがあまりに多いので、ぼくは若者のように会心の笑みを浮かべたものだ。サンチャゴという都市は、ぼくらに、そこに住むブラジル人のぼくらに、名目的には亡命ではあっても、じつは申し分なく豊穣な学びの機会を与えてくれたのである。キリスト教民主党は「自由のなかの革命」の党と自称しており、だからサンチャゴは、ラテンアメリカ全土の無数の知識人、学生運動指導者、労働運動家、左翼政党幹部の吹き溜まりになっていた。サンチャゴはかれらの出会いの場と化し、ラテンアメリカの津々浦々からやってきた人びとが、自国の、あるいは外国の同志たちと、チリやそれぞれの国の状況を語りあう理論と実践の交流の場になっていたのである。

　当時のラテンアメリカは疾風怒涛の時代であった。キューバの出現、世界の変革は可能であるという力強い証言。一方、いまと同様にそのころも、この国の存在は反動的な諸勢力によって脅かされていた。昨今では、したり顔に社会主義の終焉を説いている同じ力が、当時も革命のキューバを脅かしていた。ゲリラの理論、「根拠地の理論」、カミーロ・トレスのカリスマ的な生の軌跡、かれにおいては超越性と此岸性、歴史とメタ・ヒストリーはもはや二元的なものではない。あの恐怖と憤激をまきおこした解放の神学。そしてチェ・ゲバラの愛する力。「滑稽に響くかもしれない。でも、ぼくは言いたい」と、ゲバラはカルロス・グイハノへの手紙のなかで書いている。「真の革命家を突き動かしているのは、愛という感情の力なのだ。この資質を抜きにしては真正な革命家を考えることは不可能だ★」。

　一九六八年、外の世界では、学生運動が吹き荒れていた。各地で反乱が火を吹いた。マルクーゼの理論が、若者たちに大きな影響をあたえていた。そして中国では毛沢東の文化大革命がはじまっていた。

　サンチャゴは、きわめて多様な政治的立場の知識人が同じ屋根の下でくらす一種の「寄宿舎—都市[28]」の様相を呈していた。その意味で、この当時のサンチャゴは、都市そのものがラテンアメリカの最良のインフォーメーション・センターになっていたのだ。われわれはここで、コロンビアの、ベネズエラの、キューバの、メキシコの、ボリヴィアの、アルゼンチンの、パラグアイの、ブラジルの、チリの、ヨーロッパの知識人たちの、状況にたいする分析、諸問題への反応、批判を学んだのだ。キリスト教民主党のやり方をほとんど手放しに肯定するものから、それをトータルに否定するものまで、チリの状況分析をひとつとっても、その立場はひじょうに多様であった。寛容を欠いたセクト的な批判もあったし、ラディカルではあっても開かれた、建設的な批判もあった。

ぼくもその一人である亡命者仲間は、サンチャゴ在住のラテンアメリカ知識人との出会いをとおして多くを学ぶとともに、チリの労働者たちの「既有の経験知」、その夢、その確信、その懐疑、その浅慮、その「ごまかしの遁辞」[29]にふれて、同じように大きな刺激を受けた。ぼくの場合、都市の労働者よりも農村の労働者とのつき合いのほうが頻度が高かったのだが。

夜になるといろいろな「文化サークル」がひらかれていて、ぼくらは識字の現場を訪ねた……

ぼくはいま、チリの友人と一緒に、サンチャゴから何時間かいったところにある、あるアセンタミエント農場を訪れたときのことを思い出す。夜になるといろいろな「文化サークル」がひらかれていて、ぼくらはその識字の現場を訪ねたのである。

二番目か三番目のサークルに出たとき、ぼくは農民たちと話してみたいという強い欲求にかられていた。

★——Guevara, Ernesto, Obra revolucionaria, Mexico, Ediciones Era, 1967

言葉の問題があるので、普段はそうすることを避けていた。ぼくの奇妙な「カスティリア語」のために学習の進行がかき乱されることを怖れたのである。その夜はそうした心配はわきに置いて、その場の話し合いを司会していた教育者に許しをこい、ぼくとすこし話をしてもらえまいかと農民たちにもちかけてみた。

いいですよ、ということになって、お互いに質問したり、答えたりして、しばらくは話がはずんだ。が、ふいに話はとぎれて、ぎこちない沈黙がぼくらをつつんだ。

ぼくも黙ったままでいた。沈黙のなかで、ぼくは、ブラジルのノルデスチでのかつての経験を思い返し、これから何がおこるかを推しはかっていた。かれらの一人が沈黙を破り、個人として、もしくは仲間の代表として、何かを語りはじめるであろうと、ぼくは予想していた。話す内容までもが、ぼくには予想がついた。だから黙って待っていても、ぼくのほうはさほど苦痛には感じなかった。かれらのほうが、その沈黙を堪え難く思ったようだ。

「申し訳ないことをしました」と、かれらの一人がいった。「わたしら、しゃべりすぎまして。あなたがしゃべるのがいいのです。あなたはものを知っていなさるかただし、わしらは何も知らんのですから」。

おなじ言葉をペルナンブコで、農村部の村々ばかりではなく、レシーフェの街のなかでも、ぼくはいったい何回聞かされたことだろうか。こうした言葉を何度も聞かされることをとおして、ぼくは学んだのだ。進歩的な教育者がとりうる唯一の道は、被教育者の「いま」と「ここ」から出発することであり、かれの現在のありようを受け入れることからしか、ことは始まらないのだ、と。そうすることによってこそ、かれとともに、その「未熟さ」を批判的にのりこえていくことができるのだ、と。

未熟なものを尊重するということ、皮肉な笑いや意地悪な反問でそれをあしらわないということは、教育者が被教育者と同じレベルに立って、かれらの世界の見方に同調するということではない。

なによりも無意味なことは、農民たちの沈黙を、ぼくの言葉で「満たす」こと、そうすることで、かれらが表明しているイデオロギーをかえって強化することだ。ぼくがしなければならぬことは、農民たちが言っていることを受けとめ、それを問題化し、そこから新しい対話を導きだしていくことだ。

同じようにナンセンスなことになるだろう。もしも農民たちが語るのを聞きとったあとで、——かれらはもの知りのぼくをさしおいて自分たちがものを言ってしまったことを、ぼくに詫びて——、さてそれから、ぼくが、おもむろに、学者先生然と、「権力のイデオロギーとイデオロギーの権力」について一席の講話をはじめるとしたら。

まったくのついでながら、いま『被抑圧者の教育学』に思いをいたすとき、そしてぼくの理論の土台をつくったこのような経験をかたるとき、そこで主張しまた実践もしてきた被教育者としての民衆にたいする敬意と尊重の思想をあえて曲解して、ぼくをエリート主義者とよび、あるいは逆にポピュリスタと批判する人びとが多いのは、なんとも残念でならない。

SESIでのかつての経験をとおして、漁民との、農民との、都市の労働者との、レシーフェのスラムの人びととの、したたかに濃密な学びをとおして、ぼくはエリートの傲慢さにたいしては、かなりの免疫を培ってきたつもりだ。ぼくは自分の経験から教えられたのだ。被教育者は、被教育者としての自分を引き受ける必要がある、と。しかし、被教育者としての自分を引き受けるということは、自分を主体として、認識をおこなう主体として再—認識するということを意味している。かれの希望は、おなじように認識活動をおこなうもう一方の主体、すなわち教育者との関係のなかで、認識をおこなうことだ。認識する対象が介在することによって、この両者の学びが可能になる。教えることと学ぶこと、それは認識という大きなプロセスの二つのモメントであり、認識することは、再―認識することをふくんでいる。要するにぼくが言いたいのは、こういうことだ。被教育者は、かれが自ら認識をおこなうかぎりにおいて、あるいは自ら対象を知るかぎりにおいて、ほんとうの意味で被教育者になるのであって、教育者がかれのなかに何かの内容を、あるいは何かの内容の記述を、注入することによってではない。

被教育者は対象を認識することをとおして、自己を再―認識する。かれは、対象の意味を問いかける営みに自ら参加することをとおして、そのなかで批判的な意味形成の主体になっていくことをとおして、かれ自身の認識能力を再―発見する。あれこれの理由によってたまたま被教育者として存在しているというよりも、認識する主体としての自分の可能性を引き受けたからこそ、いま自分が被教育者としてここにいる、と考えることが必要なのだ。被教育者は教育者の言ったことをコピーする反射幕ではないのだ。この点は、教えるという行為の政治性とかかわって重要である。進歩的な教育者と反動的な教育者を区別する分岐点の一つは、まさにそこにあるのだ。

「よろしい」と、ぼくは農民の発言にこたえて言った。「あなたがおっしゃるように、ぼくがもの知りで、あなたがもの知りではない、としておきましょう。そこでとりあえず、ぼくのほうから一つ、ゲームを紹介することにいたしましょう。ちゃんと試合をするために、しっかりと規則を守らないといけませんよ。黒板を二つに分けますね。一方にはぼくの得点、もう一方にはあなたがたの得点を記入しましょう。ぼくが、あなたがたから一本とったら、ここにマル、あなたがたが、ぼくをやりこめたら、こっちにマルです。ゲームは質問合戦。質問に答えられなかったら、質問者の得点になります。さあ、はじめましょう。最初は、ぼくのほうから、あなたがたに質問しますよ」。

まさにグループの「モメント」をつかんだがゆえに、一座の雰囲気は、あの沈黙のまえの最初の話し合いのときにもまして、生き生きとしたものになった。

第一問。「ソクラテスの産婆術とは何か」

みんなは、どっと大笑い。そこで、ぼくが一点。

「じゃ、今度はあなたがたが、ぼくに質問する番です」

農民たちはひそひそ相談していたが、一人が問いをぶつけてきた。

「等高線って、何ですか」

ぼくは答えられない。それで一対一。

「マルクス思想においてヘーゲル哲学がもつ重要性は何ですか」

そこでぼくは一点追加。

「土壌の石灰質は何の役にたっていますか」

二対二だ。

「自動詞とは何か」

三対二。

「等高線と土壌侵蝕の関係は？」

三対三。

「認識論とは？」

四対三。

「緑肥とは？」

四対四。

こんな具合で、得点は一〇対一〇の同点になった。

別れぎわに、ぼくは農民たちに言った。「今夜のなりゆきを、もう一度、ふり返ってくださいま。まず最初のぼくとの討論はとても活発だった。それからしばらくして、みんな黙り込んで、こう言ったんですよね。話すことができるのは、ぼくだけ。だって、ぼくだけが知っていて、私たちは何も知らないのだから、って。それで知識くらべのゲームをしたら、結果は同点でした。ぼくは、あなたたちの知らないことを一〇だけ知っているが、あなたがたも、ぼくの知らないことを一〇だけ知っている、というわけ。このことを、よく考えてください」。

帰宅する道々、ぼくはずっと以前、ペルナンブコのゾナ・ダ・マタで、はじめて同じような経験をしたときのことを思い起こしていた。

農民たちのグループとしばらくのあいだ、活発なやりとりがつづいていたのだが、ふいに沈黙が一座を支配した。だれも黙りこくって話そうとしない。一人が言いだしたことも、このたびとまったく同じだった。今夜のチリの農民の言い分と何から何まで寸分変わらないのだ。

「なるほど」と、ぼくは言った。「ぼくが知っていて、あなたがたは知らない。——でも、どうしてぼくが知っていて、あなたがたは知らないのですか」。

農民の話を受けとめて、ぼくはそこに介入するための地歩をととのえた。みんなのなかに、ちょっと生気が甦った。好奇心が不意に頭をもたげる。すかさず応答がかえってきた。

「あなたはドクターですからね。ものをたくさん知っている。わしらは、そうじゃないからですよ」

「ごもっともです。ぼくには学位があって、あなたがたにはない。でも、なぜぼくに学位があって、あなたがたにはないのか」「それは学校にいったからでしょう。学校で本を読み、勉強をしたからです。ところがわしらは、そうはしていない」

「じゃ、どうしてぼくは学校にいったのでしょう?」「あなたのお父さんは、あなたを学校にやることができたが、わしらの親父には、それができなかったのです」

「じゃ、どうして、みなさんがたのお父さんは、みなさんを学校にやることができなかったのでしょうか」

「親父も、おれたちと同じで百姓だからね」

「百姓であるということは、どういうことですか」「教育も受けず、くる日もくる日も働くことですよ。権利もなく、よい日を迎える希望もなく、ね」

「どうして農民は、そうしたものすべてを手に入れることができないのですか」「神さまの思召しでしょう」

「神さまって、だれですか」「わしら、すべての者のお父さんでいらっしゃるかたですよ」

「ところで、みなさんがたのなかに、子どもをもつお父さんはいらっしゃいますか」

参加者のほとんど全員が、おれも、おれもといいながら、手をあげた。

みんなを見渡してから、ぼくは一人を指名して、訊ねてみた。

「あなたのお子さんは何人ですか」「三人です」

「そのなかの二人には犠牲になってもらって、三人目のお子さんにはいい生活をさせ、町で勉強させるとします。あなた、できますか」「とんでもない！」
「もしも、地上の人間であるあなたがたが、そんな間違ったことはできないとおっしゃるのなら」と、ぼくは言った。「どうして神さまに、そんなことができるというのでしょう。神がそうしたことをしている、ということになりませんか」。

異質な沈黙がうまれた。さっきとはまったく異質な沈黙だ。

「ちがうぞ、ちがうぞ、そんなことをするのは神ではない。その親父というのは、おれたちの旦那のことだよ」

おそらく農民たちは、ぼくが『被抑圧者の教育学』で、被抑圧者の抑圧者への「付着」と呼んだ関係を克服する努力を、はじめて開始したのであり、ファノン☆がいうように、主人にたいして「距離をとり」、それを自らの外部に据えて見つめようとしはじめていた。これを糸口にして、一定の社会・経済システムのなかで「旦那」たちがはたす役割、生産関係、階級的利害などなどといった事柄を理解していくことが可能であろう。

ぼくらの対話を断ち切った突然の沈黙の後で、もしぼくが旧態依然とした演説を、空疎で、偏狭で、スローガン倒れのご高説をたれていたら、それはまったくのナンセンスになっていたにちがいない。

☆――Frantz Fanon（1925～1961） マルチニック島に生まれ、リヨンで精神医学を学んだ。その後、アルジェリアで医師として、また民族解放運動の実践者として活動。植民地「原住民」の意識の深みにおりたって、その被抑圧状況を剔りだし、人民の革命的な暴力の意味を洞察した『黒い皮膚、白い仮面』（海老坂・加藤訳、みすず書房）、『地に呪われたる者』（鈴木・浦野訳、みすず書房）は、フレイレの『被抑圧者の教育学』の成立の重要な動機ともなった。ファノンの評伝は汗牛充棟だが、日本語の著作としては海老坂武『フランツ・ファノン』（講談社　人類の知的遺産76）がある。

第2章

それを再見し、再考し、再読する。希望という主題について語るもう一つのテキストのなかで……

あれから二十五年たった。セクト主義者たちの確信に満ちた身振り手振り、ありうる他の確信の可能性を排除し、革命の党と称する自らのグループの真理をおし立てて、自己へのいっさいの懐疑を否認する人びとの言説を、ほとんど唾棄する思いで見聞したあの日夜から二十五年の歳月をへたいま、ぼくはあらためて『被抑圧者の教育学』で主張した立場を、きまって換骨奪胎をこととするセクト主義に反対して批判的ラディカリズムを提唱したその立場を、再度『希望の教育学』の主張と重ねあわせつつ肯定する。

実際、左翼のあいだでは、セクト主義の空気が圧倒的に強力であった。それは可能性としての歴史を否定すると同時に、一種の宿命論、「宿命すなわちこれ解放者」という観念を産みだし、宣揚するものであった。社会主義は必然的にやってくる、というのだ。——このように「定めとしての解放」なる歴史理解をその究極の帰結にまでおしすすめていけば、たたかいは不必要になるし、民主主義的な社会主義を歴史のなかでつくりだしていくための政治参加も放棄されてしまう。かくしてそれは、たたかいから倫理を、闘争から美質を奪うのだ。ぼくは信ずる。『被抑圧者の教育学』で論じた意味でのラディカル性が今日ほどつよく求められる時代はないと。信ずる以前に、信じないわけにはいかないのだ。普遍的で唯一絶対の真理に足場を置くあれこれのセクト主義を遠ざけるためにも、また現実を不動のものと見なしたうえで、既成事実に「プラグマティック」に適合する態度を斥けるためにも、ラディカル性がつよく要請されるのだ。前者が近代の立場で、後者がモダニストの立場だとすれば、われわれはラディカルにユートピックなポストモダンの観点に、すなわち進歩派の立場に立たねばならないのだ。

ありがたいことに、チリに滞在した最後の期間、つまりチリに来て三年たって、「農業改革に関する訓練と調査の機関」ICIRAにつとめるようになった時期は、わが亡命生活においても、もっともプロダクティブな時代であった。この機関に就任したころには、ぼくはもうチリの文化にも人びとの習慣にもかなり慣れていた。他方、そのころからキリスト教民主党内部の政治的・イデオロギー的な亀裂は、ますます明瞭なものになっていた。ぼくのICIRAでの活動は、キリスト教民主党内の最右派のグループがぼくに向ける誹謗《ひぼう》中傷のエジキとなった。かれらは、ぼくがやったこともないし、やりそうもないことを、やっていると流言するのだ。自分を受け入れてくれた国にたいして負うべき敬意を忘れぬこと、それは亡命者の政治的・倫理的義務の一つだとぼくはいつも思っていたのだ。

亡命者の境遇であるから自分が知的にニュートラルでなければならぬとは思っていなかったが、しかしこの国の党派政治に口出しする権利など、ぼくは、一度として要求したことはない。ぼくへの非難にまつわる諸事実をあれこれ問題にしていたずらに時間を費やす愚は、ぼくは避けたかった。あまりに支離滅裂で、吹けば飛ぶような中傷であったからだ。しかしはじめて流言蜚語《ひご》の存在を知らされたとき、ぼくは、これからは養成講座で話すべき内容を文章化しておこうと決心したのだ。テキストを書くことがぼくの習慣になって、さらにそのうえに、ICIRAの同僚であった二人の親友たちを引き込んで、空いている時間さえあれば、それについて論ずることがわれわれの習慣になった。友人の一人はチリ人のマルセラ・ガハルド、現在はラテンアメリカ社会科学大学の教授である。もう一人はブラジル人のジョゼ・ルイス・フィオリ、社会学者でいまはリオデジャネイロ大学の教授だ。

ぼくのテキストを検討するというよりも、おたがいの発見や感想を交換し、疑問を出しあい、一緒に首をひねったり、課題を提起したり、本を教えあったり、驚いたり、ぎょっとしあったりして過ごしたその数時間は、あまりに深く三人をとらえるものであったので、いったん話しはじめると、きまってそれは止めどもなくつづいて、暗くなった建物にわれわれの話し声だけがこだまする、という仕儀になるのであった。執務室には、もう他の人影はなかった。そんなふうにしてぼくらは、たとえば、あの日の文化サークルで一人の農民が答えていたことの、あの言葉の背後には何があったのかをもっとよく理解しようと努めたのである。

いざ、執筆の段になってからも、『被抑圧者の教育学』のいろいろな部分は、かれらとの討論をとおして形づくられていった。二人の友情がどんなにぼくを助けてくれたか、かれらの鋭い知性によって、ぼくの仕事がどんなに豊かなものになったかを、ぼくが否認する理由は何もない。

思えば、多産な年月であった。農業開発院、教育省、農業改革公社などでの奉職経験、そこでの専門家チームとの共同作業、——かれらの仲介で、ぼくはチリのほぼ全国を歩き、豊かな経験をつむことができたのであった——、数知れぬ農民共同体とも出会い、そのリーダーたちの話を聞いた。この国の歴史的な瞬間に立ち会い、その空気をともに吸うことをとおして、ぼくは亡命とともに携えてきた数々の疑問に解明の手がかりをあたえ、仮説を深化して、自分の立場をより確かなものにすることができたのであった。

ぼくに亡命とともに持ち運んだブラジルでの経験を再考させ、一九六七、六八の両年、『被抑圧者の教育学』を書かしめたものは、この激動するチリ社会の経験、その経験のなかでこそ成立したぼく自身の経験だ。このテキストが「熟年」を迎えたいま、ぼくは、新たにそれをとりあげ、それを再見し、それを再考し、それを再言する。ふたたび言いなおすということは、新たに何かを言表することでもある。それ自体のメッセージをもつもう一つのテキストのなかで、——自らの主題、希望という主題について語るもう一つのテキストのなかで——、かつてのメッセージをあらためて取り上げるということだ。

ぼくはほとんど会話の口調で、はじめてこの本にふれようとしている読者たちに語りかけたいと思う。いや、そういう人たちだけでなく、十五年まえ、二十年まえにこの本を読んだ人たち、いま思いを新たにしつつこの本を読んでいく読者とともに、それに備える考察をおこないたいのだ。すでに述べたことをよりよく再言するための手がかりとして、ぼくは、いくつかの記憶に焦点を当てることにしよう。

手はじめとして好適なのは、この本の成立について語ることだろう。そこに書いた思想はどのようにして形をなしていったのか、いつ、どんな行為のなかで、それは育まれていったのか、テキストとして書き下ろしたのはいつで、どんな事情の下においてなのか、といったようなことである。書かれた思想のなかには、じつはもっと言葉を尽くして展開されねばならぬ部分もあるだろうし、また他のいろいろな思想を、萌芽としてふくんでいることもあるだろう。著作家が、より大きな社会的実践の場に自分をくりこんで、そのなかで自分の思想と実践を再形成しようとするとき、かれもしくは彼女は自分のテキストに再度たちかえることを義務と感ずるのであって、そのとき、一度書かれたテキストの「細部」は何かをあらたに語りはじめているのである。ぼくが亡命中も引きずり歩いた数々の記憶について語ったのは、そうしたことがあるからだ。――たとえ遠い少年時代に形づくられた記憶であっても、その記憶は、ぼくがものごとを理解する仕方を理解するうえで、同じことだが、ぼくの世界の読み方を理解するうえでは、いまもなお重要性をもっているのである。だからまた、ぼくは、どこの亡命の地でもかならず実行してきたアタマの体操、自分のかつてのコンテキストと自分のいまのコンテキストとの関係をふたたび三たび考え直すという作業について語ったのだ。しかし説明され、解明され、擁護されるべきテキストのなかの諸思想は、行為―省察―行為のくり返しのなかで、そして過去の記憶に触発されながら育ったものであるとはいえ、テキストを書くその時間は、それ自体が創造の時間なのであって、新たに思想が机の上で再―創造されていく過程でもあるのだ。この点についてさらに言わせてもらうならば、思想は書くことに先立って、まずは語られるものだ。語られたものが、語られた後に、紙に固定されるのだ。すくなくとも、ぼくの場合、思想は語る行為とともにやってくる。書くまえに、友人との会話で、セミナーで、講演という形で、ぼくは自分の思想を語っている。だが書くことは、それをたんに文字に残すだけではなく、再創造し、再形成することなのだ。書くことをとおして、思想をより厳密化し体系化すれば、それがもつ不備なところをもっと刈り込むことができるだろう。そういう意味では、書くことは、かつての実践のなかで考えてきたことを、それといまの自分とのかかわりを、もう一度、考え直すことであり、かつて行為のなかで言ってきたことを、新たに言い、新たに考えだすことなのだ。それは読むことが、誠実な読者にたいして、考えられたことをもう一度考え、書かれたことをもう一度書きなおすことを求めるのと同じである。著者のテキストとして生成されたものを読むことは、じつは自分のそれを読むことでもあるのだ。

現実とのたたかいにコミットしないかぎり、自分にとって屈辱と思われる現実を否認しつづける……

一年以上にわたって、ぼくは、『被抑圧者の教育学』のなかのあれこれの部分を、周囲の人びとに吹聴して過ごしたのであった。訪ねてきた友人たちに吹聴し、セミナーで、講座で熱心に論じたてた。ある日、娘のマダレーナがそれとなく、ぼくに牽制球を送ってくれた。まだ書いてもいない『被抑圧者の教育学』について、やたらに語りすぎるのはいかがなものか、というのであった。彼女の忠告にもかかわらず、ぼくには思いとどまるだけの自制力がなかった。ぼくは相変わらず、書かれてもいない本について、情熱的に語りつづけた。あたかも語ることで、書くことに備えているかのように。——まあ、実際、そうだったのだが。

『被抑圧者の教育学』がまだ声の言葉で書かれていた時代の忘れがたい思い出は、一九六七年、はじめて行ったニューヨークで、講演というかたちで、この本の内容を語ったおりのことである。

合衆国の土を踏んだのははじめてのことで、ぼくを招待してくれたのは、ジョセフ・フィッツパトリック神父と故人のロバート・フォックス師であった。

この訪問は、ぼくにとっては、きわめて重要な旅となった。ぼくは、ロバート・フォックスと協働している教育者たちに招かれて、黒人とプエルトリコ系の人びとが住んでいる被差別地域を訪ね、そこでの集会をいくつか見学することができたのだが、この経験はことのほか、ぼくにとっては重要なものになった。かれらがニューヨークでおこなっていることと、ぼくがブラジルでやっていることのあいだには、似たところがたくさんあった。その相似性に最初に着目したのはイヴァン・イリイチで、かれはそれゆえに、フィッツパトリックとフォックス師にぼくをニューヨークに招くように進言したのであった。

ニューヨーク市内のいろいろなセンターを歴訪して、ぼくは、被抑圧者のしたたかな「ごまかしとすりかえ」を表現するさまざまな振る舞いをつぶさに見ることができた。ニューヨークでぼくが見たり聞いたりしたことの多くは、ぼくがブラジルで見聞したことを、ただ英語に「翻訳した」だけのものにさえ見えた。何よりも言葉に負荷されている感情が瓜二つなのだ。もっと後にチリで見聞きしたこととも、それは重なりあっていた。振る舞いの根っ子にあるものは同じであった。話の内容と形式は、もちろん、それぞれに違っているのだけれども。

その事例の一つについては『被抑圧者の教育学』で引き合いに出したが、このさい、もうちょっと丁寧にそれを見なおすことにしたい。

部屋にいた参加者は黒人とプエルトリコ人だった。椅子の肘あての上にチューターは一枚の写真を立て掛けた。ある街の風景が写し出されていた。その家々のまさに一軒に、そのとき、われわれはいたというわけだ。路傍の一角にはうずたかく塵芥《じんかい》が積まれていた。「この写真ですが、何が見えますか?」。チューターが訊ねた。

いつものように沈黙が訪れた。質問をすると、いつもきまって起こる沈黙だ。しばらくして、一人の参加者が、わざと確信ありげに勢いこんでいった。

「ラテンアメリカの街頭だと思います」

「でも」と、チューターはいった。「英語の広告がありますよ」。

もう一度、みんなは沈黙したが、その沈黙をふりきって、だれかが口をひらいた。気の滅入る哀しい真実をあくまでも誤魔化しきろうとするかのようであった。

「やっぱりラテンアメリカの街頭じゃないかな。英語は、われわれがそこにいって教えたのさ。いや、それともアフリカの街かな」

「どうして、ニューヨークじゃないのかしら?」。チューターが訊ねた。

「ここは合衆国だよ。こんなもんがあるわけないでしょう」。写真を指差して、かれはいった。

長い沈黙がつづいて、やがて、別の一人が話しはじめた、なにか重いものを自分のなかからひきずり出そうとするかのような、苦しげな口調であった。「認めなくてはいけないのじゃないかしら。これが私たちの街であることを。私たちはここに住んでいるのよ」。

ぼくはいま、この集まりを思い返しながら、ぼくがブラジルで参加した集まりがこれとまったく同じであったことを、——自分たちの状況を写すスライドをまえにしたときの生徒たちの身構え方(真実をひた隠しに隠蔽しようとするそれ)がその日の夜とまったく同じであったことを思い返しながら、その数か月まえにメキシコのクエルナヴァカに行ったとき、そこでエーリッヒ・フロムから聞いた言葉をふたたび耳元に呼びかえしている。イヴァン・イリイチの仲介ではじめてこの高名な社会学者と会ったとき、ぼくは自分の教育実践をかれに語ったのであるが、そのとき、かれはこう言ったのだ。

「そういう教育実践というのは、一種の精神分析ですね。歴史的、社会的、文化的、そして政治的な精神分析」まさに図星であった。フロムの言葉を裏書きするかのように、一人の参加者がごまかしをいうと、他の参加者は得たりとそれに賛同するのだ。「ラテンアメリカの街頭ですよ。われわれはそこに英語を教えに行っているのです」「それともアフリカの街かな」「ここは合衆国だよ。こんなものあるわけがない」。その二日まえにも、ぼくは別な集会を見学していた。やはりプエルトリコ人と黒人のグループが、同じように一枚の写真をかこんで、その情景について話し合っていた。ニューヨークの生活を写したスナップ写真であった。市内のいくつかの地域の経済格差を示す六、七枚のスナップ写真がレイアウトされていた。

何が写されているかを確認した後で、チューターは、この写真のどれがあなたの住区かと質問した。どう見ても、かれらが住んでいるところは、その写真のなかの最悪の地区であると思われた。

沈黙と小さなざわめき。参加者たちはひそひそ声で何かを言い交していた。それからグループの意見発表ということになった。かれらがあげたのは、最高の高級地のつぎのつぎ、上から三番目の居住区であった。

ホテルに戻る道々、車を運転するチューターのかたわらで、ぼくはその夜の集会について考えつづけた。階級として、そして個人としての自分の存在を引き受けて、現実とのたたかいにコミットしないかぎり、こうした状況にさらされた個人は、自分にとって屈辱と思われるありのままの現実を、否認しつづけるほかはないのだ。自分の現実を恥ずかしいと思うのは、かれらが支配階級のイデオロギーを内面化しているからであって、このイデオロギーにしたがえば、かれらは無能であるがゆえにいまの状況におかれているのであり、その責任はもっぱら本人自身にあるということになるのだ。かれらが貧しいのは、社会システムのまずさに原因があるというのに。

ぼくはまた、数日まえにおこなった自分の講演のことを思い返していた。当時のもっともすぐれた教育者であったカルメン・ハンターの通訳で、ぼくは、そのころまだ完成していなかった『被抑圧者の教育学』の梗概を、はじめてまとまった形で人前で話したのであった。ぼくはこの二回の会合での参加者たちの反応と、ぼくの講演にたいして聴衆――教師とコミュニティ・オーガナイザーたちであったが――が示した反応とを比較していた。どの集会の参加者にも共通に見られたのは、「自由への恐怖」であった。現実からの逃避、真実を糊塗することによって、それを手なずけようとする虚しい試み。

そこでも、ぼくは思い起こしたのであった。ずっと以前に、やっぱり、ぼくが参加した集会で、同じような反応、同じような行為に、一再ならず接した思い出を。――そのときも上記のような支配階級のイデオロギーが、参加者の口から表明されていた。『被抑圧者の教育学』の用語をもう一度つかっていえば、被抑圧者のなかに「住みついた」――被抑圧者のからだに宿って、ほとんどそれを制圧した抑圧者の言葉が、そこでもまた制圧された者の口をついて出てくるのだ。

一九八二年のサンパウロ州は、ちょうど知事の選挙戦の真っ最中であった。労働党の候補者はルイス・イナシオ・ルラ・ダ・シルヴァであった。☆到底ぼくの手には負えそうもない大集会のほうは敬遠したのだが、

☆――労働党は一九七九年に、カトリック系の労働組合活動家・左翼知識人、フェミニスト、エコロジー運動、黒人運動の諸グループなどが参加して、労働者の自立的な階級政党として結党された。ルラはその党首である。八二年のサンパウロ州知事選では得票率一〇%で敗北したが、八八年の地方首長選挙において労働党は各地で大勝をおさめ、フレイレも大サンパウロ州の教育長として、行政の実務に携わることになる。労働者出身で、カリスマ的な人気をもつルラは八九年の大統領選挙に出馬して二位、九四年選挙でも接戦の結果、中道・右翼連合のカルドーゾ候補に破れた。本訳書初版刊行後の二〇〇二年十月の大統領選で圧勝、現在は政権与党の位置にある。

ぼくも労働党の一員として、市の周縁部で開かれたいくつかの小集会には参加した。集会はリクリエーション・クラブのサロン、地区の集会所などで開催された。そこでも、四十歳がらみの一人の労働者がルラに反対して、しきりにこの候補者をコキおろすのであった。かれの議論というのは、要するにあんな手合いに投票するわけにはいかない、ということだった。「ルラなんて奴は」と、確信ありげに、その労働者はいうのだった。

「おれと同じで、ものも碌にいえない奴だ。正しいポルトガル語も話せない奴が、知事だなんて、笑わせるんじゃねえぜ。あいつは教育だって受けていない。もしもルラのようなのが、おれたちのあいだから出て、選挙に勝ったりしたら、そいつは、おれたちの恥さらしだぜ。イギリスの女王さまがまたサンパウロに来たとしてだよ、そのとき、いったいどういうことになると思う？　ルラのカミさんは、女王さまを接待できるタマじゃねえ。あいつのカミさんがファースト・レディだなんて、とんだお笑い草というもんだ」

ニューヨークでも被差別の汚名のはけ口をどこかに求めようとするこの韜晦《とうかい》の言葉は、つまりは自己否認の言葉となるのであった。かれらの存在を否認する世界にたいしてルラが果敢な異議申し立てをおこなっているにもかかわらず、なんだ労働者の分際で、といってそれを突っぱねてしまうブラジルの労働者の言葉も、やはり階級としての自己の否認であって、どこでも事情は大差がなかった。

最近の大統領選挙で、ノルデスチ出身のわが家のお手伝いさんは、第一回投票も、第二回も、いずれもコロール候補に投票していたが、彼女はぼくらに、「投票する人がいない」といってボヤいていた。

彼女の意見は、この国のエリート主義者たちのそれと一致するものであって、かれらによれば、いわゆる「小者」には大統領になる資格はないのである。「小者」という言葉を口にする以上、つまりは、「小者」とはおまえたちのような人間だということになってしまうだろう。

被教育者の「ここ」から出発することが必要なのであって、教師の「ここ」からであってはならない……

チリに戻り、しばらくしてから、ぼくの『被抑圧者の教育学』は出生のつぎの局面に入った。

ぼくはカードをつくりはじめた。一つ一つの内容に応じて、カードをつくるのだ。題名をつけ、番号もふった。いつもポケットにノートか紙片をしのばせて歩いた。何かを思いついたら、ところかまわず、――バスのなかであろうと街角であろうと、あるいはレストランであろうと、独りでいようと連れがいようと、そんなことにはお構いなく、浮かんだ考えをメモに記すのだ。それはたった一つの語であることもあった。

夜、帰宅して食事をすますと、ぼくはメモしたことを二、三ページ、ときにはもっと長い文章に書き下ろす作業をおこなった。そしてカードに題名と番号をつけた。番号は順次かさんでいくことになった。

読んだ本を利用して、そこからぼくなりの考えを引き出すという形で、仕事をすすめたこともあった。ぼくのなかに、いうなれば知的騒乱のごときものを引き起こした著者たちもいた。ぼくの一連の内省のきっかけになったそれらのヒントは、当の著者たちにとっては、まったく思ってもいなかったようなことであったかもしれない。

しかし著者たちが問題にしているまさにそのことが、ぼくを省察に誘い、問題点を解明して、ぼくの考えをより確かなものにしてくれたこともある。

ぼくがその気になってカードに書いた洞察や疑問の多くは、農民たちと会ったときにかれらが話していた言葉、文化サークルでのコード化をめぐる話し合い、熱心にチューター養成講座に出席してくれた農業技術者や教育者たちとの交流などなどをとおして得られたものであった。ぼくが農民たちの言葉を軽蔑せず、またそれを矮小化することなくすんだのは、おそらくノルデスチでの往年の経験があったために、つねに敬意をもってかれらの「コモンセンス」に接したこと、さらにその後、常識の克服は常識の経由をとおしてのみ可能になるという確信をますます強固にもつに至ったからだろう。「コモンセンス」に跼蹐《きょくせき》する教育実践を擁護することはできないが、人びとの「既有の経験知」を無視して、もっぱら教育者の体系知だけから出発する教育実践を受け入れることも不可能だ。

教育者は、自らの「いま」と「ここ」を知悉《ちしつ》していなければならない。そしてかれらの「いま」と「ここ」は、ほとんどつねに、生徒たちの「いま」と「ここ」とは隔たっているのだ。教育者の願望が、自らの「いま」と「ここ」、自らの知を、被教育者にとって接近可能なものにすることにあるとしても、――そしてかれらの「いま」と「ここ」からの離陸をめざすとしても――、その願望を実現するためには、被教育者の「ここ」から出発することが必要なのであって、教師の「ここ」からであってはならないのだ。すくなくとも教育者は被教育者の「いま」と「ここ」を考慮し、それを尊重しなければならない。だれも彼方から出発して彼方にいたることはできない。「ここ」から出発して彼方にいたるのだ。もっともだからといって、生徒たちが学校にもちこんでくる「既有の経験知」を、教師が低く見たり、否認したり、知らぬままでいてよいということにはならない。

こうしてぼくは『被抑圧者の教育学』の中心主題と思われるものに立ち戻っていった。それは本の主題であるだけでなく、ぼくの教育実践の中心主題でもあったのだ。

このようにして、ある時期以降、ぼくはほとんどカードと戯れるようにして毎日を過ごすことになったのであった。

カードのなかからたとえば十枚を一組として連結し、そのあいだに何か欠落しているテーマ、補充しなければならぬ問題点はないかを点検する。つぎに完成したセットを通読して、そこから、新しいテーマを浮上させるのだ。「着想カード」は、それ以外の着想、それ以外のテーマを導きだす生成カードとしての実質をもつにいたった。

たとえば八枚目と九枚目のあいだに、ちょっとした空隙《くうげき》があるように思えてならぬ。そこでどうするかを考えはじめるというわけだ。そんなふうに書き足したら、そのぶんだけ、カードの番号も変更されていく。

こうした職人的な仕事ぶりには郷愁を感じないでもないが、もしもこのころ、コンピュータを使えていたら、もっと時間とエネルギーを節約できて、もっと能率も上がったのに、などと思ったりもする。ぼくたち夫婦がいま使っている程度の、ささやかな機械であったとしても、だ。

しかしこうした職人的な努力のおかげで、一九六七年の七月に執筆をはじめると、仕事の進捗《しんちょく》は一気呵成であった。ぼくは十五日間の休暇を利用して、しばしば夜を徹して書きつづけ、一気に『被抑圧者の教育学』のはじめの三章を書き上げたのであった。その原稿をタイプに打った。最初、ぼくはこの三章で終わるつもりだったから、ぼくの畏友のエルナニ・マリア・フィオリに――この友人のことは忘れがたい。ぼくはかれと一緒にずいぶん多くの経験をつんできたと思う――タイプ原稿を渡し、序文の執筆を依頼したのであった。フィオリが一九六七年の十二月にひじょうにすばらしい序文を書いてくれたので、その夜、ぼくは家に帰って、数時間かけてフィオリの序文から第三章の末尾までの全編を通読したのであった。そのときのぼくは、これで打ち上げのつもりだった。

その前年の一九六六年、ジルベルト・フレイレにも匹敵しそうなスタイリストであるジョズエ・カストロ☆30が――もっともこの二人のスタイリストぶりはだれにたいしても不都合をもたらすものではないのだが――数日間だけサンチャゴに逗留したことがあった。

公式の予定のないある日の午後、ぼくら――というのはジョズエとアルミノ・アフォンソ、それとぼくの三人――は美しいサンチャゴの公園で勝手なおしゃべりに興じたのだが、カストロはぼくが書いていた本のことを話題にして突然こんなことを言い出したのだった。「もの書きの指針になるいい習慣を君に伝授しよう。本でも論文でもよい、一つ書き終えたら、三、四か月は『検疫』処分に付して、引き出しのなかにしまっておくのさ。ある夜、それを取り出して、再読してみる。どこかしら変えるところが出てくるもんだよ」。ジョズエは、ぼくの肩に手をかけて、そう断定するのであった。

ぼくは半信半疑で、ジョズエの忠告に従ったのだ。フィオリがぼくに序文の原稿を渡してくれた日の夜、ぼくはかれの序文と『教育学』の全三章を読んで、その後はまるまる二か月というもの、書斎の戸棚のなかにそれを閉じこめておいたのだ。

そうはいっても、原稿を見たくてならない。というよりも、「引き離されて」そこに監禁されたテキストが、ある種の「懐旧の念」saudadeを、ぼくのなかに呼び起こすのだ。もう一度とりだして読みたいという強い欲求に悩まされたことも度々だったが、一定程度、それを遠ざけておくことは、たしかに有益なことと思えたのである。それでヤセ我慢をつづけることにしたのである。

二か月あまりたったある日の夜、ぼくは数時間をかけて元原稿との再会を果たした。古い友だちと再会したようなものだ。読むほどに感情の昂ぶりを覚えるのだった。ぼくはゆっくりと読みすすめた。一ページ一ページ。この読書がどこまでも続けばよいとさえも思った。（二十年後の今日、ぼくは相変わらず、元原稿ではなく本となった『被抑圧者の教育学』と度しげく再会し、いく度となくそれを再読し、それを再説している。そんなことになろうとは、あのときは思ってもいなかったのだが。）

さして重要な修正点はなかったが　そのかわりに、大きな発見があった。このテキストはまだ未完であることがわかったのだ。もう一章つけ加えることが必要だ。かくしてぼくは最後の章を書き加えることになった。ぼくは、ほんのちょっとの時間を利用して、残りの部分を書きつづけた。サンチャゴの近郊で開かれたセミナーに出張したときは昼休みを利用して、遠隔地のセミナーに行ったときは、宿泊先のホテルで書いた。夕食が終わると、ぼくは駆け込むように自室にこもり、翌朝近くまで、一晩中、仕事をつづけた。翌日はまたセミナーの仕事に戻る、という日常だ。そういうぼくを執筆の仕事から遠ざけることができたただ一つのものが、アントニオ・カリャードの名著*Quarup*だった。

そのころのぼくは、自動車が長い旅の道程を貪りくっている合間も、本を読みつづけることができたから、南部チリに向かう旅のなかでも、車中の時間を利用して*Quarup*を読みつづけ、そのままホテルでも読んで、朝方、深い感動とともに読了したのであった。ぼくはさっそくカリャードあてに手紙を書いたのだが、なんとなく気おくれがして、その手紙は結局、出さずじまいになった。一九六九年に合衆国に引っ越すさいのど

☆——もともとは医師であったが、ブラジル東北部（とアマゾン地方）の住民の栄養状態を実証的に調査分析した『飢えの地理学』で、地理学者として広く世界的に知られるようになった。ブラジルの国連大使、ＦＡＯ（食糧農業機関）の事務局長などをつとめたこともある。飢餓を植民地型経済がもたらす構造的な問題としてとらえた先駆者の一人である。上記の著書は『飢餓社会の構造——飢えの地理学』（大沢邦雄訳・みき書房）として邦訳されている。

さくさに紛れて、残念ながらこの手紙は、ぼくあてのその他の手紙と一緒にどこかに消えてしまった。

仕事に打ち込むのが楽しくてならなかったので、書くことと考えること——テキストの制作にあたっては、この両者は同時的で不可分なものだ——に心身をすりへらすようにしてはいても、それはいっこうに苦にならなかった。睡眠不足の状態で旅から帰っても気持ちは十分に報われていた。『教育学』の第四章を書いたホテルの名を、ぼくはもう覚えていない。しかし、ある歓びの感覚はまだぼくのからだのなかに残っていて、就寝まえにあの本の終わりのほうのページを読んだりすると、それがまた甦ってくるのである。

禁断の書の原稿をブラジルの人びとに届ける勇気ある行動をあえてとったこのスイスの偉大な知識人に……

こんな調子で仕事に夢中になり、またそれが楽しくてならなかったので、サンチャゴで家にいるときは、図書室と化したぼくの小部屋に——サンチャゴ市アポキンド、アルジデス・ジ・ガスペリ街五〇〇番地のその家の小部屋に——、気がついてみたら朝の太陽が差しこんでいることも稀ではなかった。太陽が差しこみ、鳥が鳴いて、つぎの日の朝がはじまっていたのである。窓の外にはエルザのつくった小庭園があって、彼女の植えたバラの花が見えた。

いまはどうなっているか分からぬが、ぼくらがいたそのころは、青壁の家だった。

『被抑圧者の教育学』について語ろうとすると、どうしても、それを書いた場所のことが思い出されてくるのだが、なかんずく思い起こされるのはチリの自宅で過ごした幸福な日々であり、ぼくはその後、そこを未練と惜別の悲しみをかかえて立ち去ることになるのだった。チリを去るのは悲しかったが、待ち受けている挑戦的な課題にとりくむという、心おどる期待もあった。

とうとう最後の章も書きあげると、ぼくははじめの三章をもう一度見直し、若干の加筆をほどこして、完成した原稿のすべてをタイピストに渡した。タイプに打ってもらって何部かコピーをつくり、それをチリの友人たち、ブラジルの亡命仲間の何人かに配布したのだ。しかしこの本の最初のブラジル語版が出版できたのは、すでに英語、スペイン語、イタリア語、フランス語、ドイツ語の訳本が出版された後のことで、その謝辞からは、当時の弾圧の厳しさを配慮して、何人かの友人、亡命仲間の名が削り落とされている。

自分を鼓舞し、具体的にいろいろな助言をあたえてもくれた友人たちへの感謝の気持ちを、謝辞として示そうとしない者はいない。かれらの力であの点がはっきりしたのだし、テキストのこの点だって、かれらの示唆で改良されたものだ。

多くの歳月をへたいま、自由の名において、民主主義の名において、倫理と公共性の尊重の名において、その自由の否定、その民主主義の侮辱、欺瞞と公共性の無視がまかりとおったあの日々を、――ピトレスクにも革命の名を僭称するあの一九六四年四月のクーデタがぼくらに課したあの屈辱の日々を――、二度とふたたび迎えぬために、ぼくらは徹底的にたたかいつづけなければならないという、ますます高まりゆく確信をこめて、ぼくは、ぼくを力づけてくれたすべての友人たちの名を深い感謝とともにここに記したいと思う。

マルセラ・ガハルド、ジャック・チョンチョール、ホルヘ・メリャド、フアン・カルロス・ポブレッチ、ラウル・ヴェローゾ、ペッツリ。以上はチリの友人たちだ。パウロ・ジ・タルソ、プリニオ・サンパイオ、アルミノ・アフォンソ、マリア・エディ、フラヴィオ・トレド、ウイルソン・カントーニ、エルナニ・フィオリ、ジョアン・ザカリオッチ、ジョセ・ルイズ・フィオリ、アントニオ・ロマネッツリ、以上はブラジルの亡命者だ。

『被抑圧者の教育学』と、当時の軍事政権の暴力的で反民主主義的な抑圧体制との因縁については、なお語るべきことが多い。それはぼくらの上に狂暴にのしかかり、ぼくらに憎しみの瘴気《しょうき》を浴びせかけた。ぼくはそれらのことについて、いますこしく詳述したいと思う。

原稿はポルトガル語で書かれていたものの、それをブラジルで本にするのが難事であることは、ぼくにもわかっていた。それだけにタイプ刷りのテキストがパス・イ・テーラ **Paz e Terra** の社長のフェルナンド・ガスパリアンの手に渡り、最終的に出版されるにいたった経緯は、ちょっと語ってみるに値するかもしれない。ぼくが直面した問題は、どのようにして安全に原稿を出版社の手に渡すかということであった。原稿の安否もさることながら、運び手の安全が何よりも心配であった。七〇年代のはじめで、そのころ、ぼくらはすでにジュネーブで暮らしていた。

ぼくがジュネーブ大学で教えていたスイスの知識人たちにそのことをもらすと、かれらの一人のジャン・ツィーグラー教授が、それならぼくが原稿を届けてあげようと申し出てくれたのだ。かれは大学教授であると同時に、国会議員でもあった。たまたま学会の用事で、リオデジャネイロに赴くというのだ。ぼくは、かれの申し出をありがたくお受けした。かれならスイス人であるうえに、外交官ビザをもっているから、無事とふんだのだ。かれならパスポート・コントロールもフリーパスだし、税関であれこれ質問されることもない。

しばらくして届いたガスパリアンの手紙はそれとなく一件書類の落手を伝え、いましばらくのあいだ、出版の時機を待ってほしい旨を懇願するものであった。ぼくがかれに原稿を送ったのは一九七〇年の暮れだが、一九七一年の初頭にはすでに英語版の第一版が出版されていた。ここブラジルで初版の刊行が可能になったのは一九七五年だったが、その間にも無数のブラジル人の男女が、官憲の目を盗んで大胆に持ち込まれた各種の外国語版の翻訳書で、この本を読んでくれていたのである。ぼくはこのころ、ノルデスチで活動している北米出身の若い聖職者と知り合ったが、かれは合衆国からブラジルに入国するたびに『被抑圧者の教育学』の英語版を鞄の奥深くに忍ばせていたという。表紙を変えて宗教書に見せかけていたらしい。こんなふうにして、かれの仲間はポルトガル語版が出版される以前からこの本を読み、それについて語りあうことができていたという。

このころまた、ジュネーブのぼくのところに一通の手紙が届いた。サンパウロの労働者グループからの手書きの手紙で、すばらしい内容の手紙であったが、あいにく、いまは見当たらない。チリでタイプ印刷された未公刊のコピーで一緒に研究会を開いたという。ジュネーブ時代のぼくの文書類がほんの少ししか残っていないのは、かえすがえすも残念なことだ。この書簡も、どうも見当たらなくなってしまったたくさんのものの一つである。

でも末尾の一節はだいたい覚えている。「パウロよ、」と、労働者たちは書いていた。「あなたはこれからも書きつづけなければなりません。しかし今度は、革命的真理の授与者のような顔をしてぼくらのところにやってくるあの知識人諸君に、もっと辛口の批評を向けたらどうでしょうか。ぼくらが被抑圧者であり被搾取者であることを、だからぼくらが何をしなければならないかを、かれらは、ぼくらに教えようとしているのです！」。

ツィーグラーという人は、知識人の範を示しつづけているような人で、ガスパリアンの手にぼくの『教育学』の原稿を渡して、しばらく後に一冊の本を出した。『超灰色のスイス』という本で、発刊後ただちにベストセラーとなったものだが、これは、ある種の第三世界の名士たちの複雑きわまる隠し預金の内幕を暴きだしたものであった。この本のおかげで、ツィーグラーは無慮無数の紳士たちの利益に損傷をあたえ、手強い非難とたたかわねばならなかった。最近のツィーグラーは第二のベストセラーを出して、そのためにもっと大きな圧力と活動制限を受けるにいたっている。麻薬代金の「ロンダリング」を論じた本だ。ジュネーブ州選出の国会議員としての議員特権を、最近のかれは、同僚の議員たちによって制限されようとしているのである。同僚たちの申し立てはこうだ。ツィーグラーは大学教授として、社会科学者として、学術研究者として、著作活動をおこなっているのだから、その議員特権は議会活動の枠内に限定されるべきである、というわけだ。社会科学者としての著作活動が、こうして訴追理由にされているのである。☆

　こうしたことを思うにつけても、禁断の書の原稿をブラジルの人びとに届けるという勇気ある行動をあえてとったこのスイスの偉大な知識人に、ぼくはここで、公に連帯の感謝を呈したいと思う。かれにとっては、大学教授であること、誠実な社会科学者であることと、有能で周到な目配りをもつスイス国民の代表であること、すなわち国会議員であることとは、わかちえないことなのだ。

　最後の謝辞を、おそまきながら、エルザに捧げなければならない。『教育学』の成立は、彼女に負うところが大きいのだ。

　人生の最良の経験は、よき異性のパートナーに恵まれる、ということだろう。もちろん、ときには行き違いを生ずることもあるだろうが、そのことで、おたがいの、その人らしさがわかっていくだけのことだ。

　ぼくはエルザと、そういう関係をもつことができた。それゆえに、もう一人の女性からの寛容で果敢な、そして愛情のこもった配慮を得て、自らを立て直す元気をとり戻すことができたのである。彼女はそのすぐれた著書のなかで★、ぼくに語りかけ、ぼくらのことを書き、そして「二つの喪失を埋める」ために、ぼくのもとにやってきたのである。ひとつは彼女の夫ラウルとの、もうひとつはぼくの妻エルザとの、愛の暮らし。

ぼくが『被抑圧者の教育学』について周りの人たちに吹聴してまわっていたころから、エルザはいつも注意深く批判的な聞き手であったが、ぼくがテキストを書きはじめてからというものは、ぼくの最初の、そして同様に注意深く批判的な読者でありつづけてくれた。ぼくが明け方までかかって書いて机の上に束ねておいた原稿を、彼女は朝早く、一ページ一ページ、丁寧に読んでいくのであった。

原稿が彼女を満足させないことも、しばしばあった。彼女は、ぼくの注意を喚起して、ちょっとおどけて言うのだった。「この本が出たおかげで、また、亡命者が出ないようにしてね」。

ぼくのほうはいい気になって謝辞など書いていたのだが、感情への惑溺《わくでき》を危惧することもなく、おのれの自由を無邪気に乱用していたのである。

マチスタ的イデオロギーの拒絶は、社会を変えるその夢の一部をなしている……

すでに述べたように、期するところの多いこの本のなかで、ぼくは、あたかも時間を掘り返すようにして、ぼくの記憶を明るみに出し、それを刺激し、そこから問題を引きだそうとしている。それはまた、ぼくの省察、ぼくの教育思想が練りあげられていく過程——本はその一つのモメントである——を明るみに出す、ということでもある。ぼくの教育思想は、どのようにして形づくられていったのか、その思想の結晶の一つで

☆——Jean Ziegler　最近の著書に、『世界の半分が飢えるのはなぜ？』（たかおまゆみ訳・勝俣誠監訳、合同出版）がある。

★——Freire, Ana Maria Araújo, Analfabetismo no Bosil. São Paulo, Cortez Editora, 1989.

あるこの『希望の教育学』と、そこでぼくがいま問題にしている希望という思想、それとともにぼくが『被抑圧者の教育学』を書いた希望の思想とは、どのような過程をへて構成されていったものなのか。

だからこそ、ぼくは思い起こそうとしているのだ。古い日の出来事を、少年期の、青年期の、壮年期の諸事実と諸行為を、他者との交流を、出会った事件を、『被抑圧者の教育学』の、いや、ぼくの人生そのものの多端でダイナミックな展開過程の一齣一齣を。——生はそれがかかわる諸事件の縦横の経緯のなかで、その意味を獲得するのだ。

『被抑圧者の教育学』は、ぼくの人生の重要なモメントであった。と同時に、それはぼくに一貫性を、そこで記したことを人生においても貫徹することを、厳しく求めるものであった。

書くということがぼくに課した(とはいわずに、提起した、といおう)責任の一つは、つねに自分を引き受けつづける、ということだ。書いている過程でも、この責任はすでに提起されていた。いま書いていることと、かつて言ったこととの、かつてやったことと、いまやっていることとの、相互の一貫性を見届けることは、当時においてもすでにぼくの課題であったのだが、その後の人生をとおして、この要求はさらに強化された。とはいえ、一貫性とは、硬直を意味するものではない。行為し、思考する過程で、話し書く過程で、見方がかわるということは大いにありうることだ。だからぼくの一貫性はつねにあたらしいパラメーターの下で形成されなければならないものだ。絶対的な意味での首尾一貫が不可能であることはわかっているが、それでもぼくは、一貫性の欠落を承認するわけにはいかない。一貫性という資質あるいは美徳は、不断の探究への邁進、そして謙譲さと忍耐を要求する。この後の二者もまた、他者との交渉において欠かすことのできない美徳である。さまざまな理由でぼくらはそれを欠いてしまうことが多いのだが、一貫性を保持するという目的からいっても、謙譲、そして我慢強さは、ぼくらにとって必須の資質だろう。『教育学』を再考するにあたって、ぼくはいく年にもわたって批判を誘発してきたこの本のなかの若干の問題点をとりあげて再検討し、自分の観点を確認するとともに、それをより確かなものにしていきたいと思う。

言葉のことにすこしふれておきたい。一つは、ぼくのメタファ癖についてだ。もう一つは、『被抑圧者の教育学』に見られる「男の独善」を思わせる言葉使い marca machista についてだ。それ以前の『自由の実践としての教育』にも、同じマチズモの傾向が見られた。これについて一言するのは重要であり、それ以上に不可欠だ。マチズモの言語からはじめよう。ぼくの本全体のなかに、それが顕著にあらわれている。そのことに気づかせてくれたのは、北米のたくさんの女性たちだ。一九七〇年の暮れから一九七一年のはじめにかけての数か月間――ちょうど初版がニューヨークで出版された直後であったが――合衆国のいろいろな地域から、ぼくのもとにたくさんの手紙が届いたのだ。当時ジュネーブにいたぼくのもとに二、三か月間というもの、まるで申し合わせでもしたように、批判の手紙が間断なく届くのである。

がいしてぼくの本に積極的な意義を認めて、彼女たちのたたかいに利するものと評価してくれてはいたのだが、どの手紙も一様に、あなたの本には大きな矛盾があると指摘していた。彼女たちの指摘によれば、ぼくは抑圧と自由を論じ、正当な怒りをもって抑圧的な構造を批判しているにもかかわらず、他方で、女性たちには場をあたえない差別的な言語を、すなわちマチズモ的な言語を、用いているというのだ。ぼくに手紙をよこしたほとんどの女性たちは、いまならぼくでもそうするだろうが、以下の一節を槍玉にあげていた。「このようにして状況にたいする意識化が深まると、男(人間 os homens)たちは、それを歴史的な現実として、したがって彼らによって変革可能なものとして把握するようになる」。女性たちは、ぼくに問いかけてきたのであった。「どうして〝女性たちも〟、じゃないのかしら?」。

最初の二、三通を読んだときのことは、まるで今日のことのようによく覚えているのだが、マチズモ的で権威主義的なイデオロギーに動かされていたぼくは、それを露呈するかのような反応を示したのであった。七〇年末から七一年初頭のぼくは、かなり密度の高い政治的なたたかいを経験していたし、亡命暮らしでも、すでに五、六年を費やしていた。シリアスな思想書の世界にも親しんでいた。しかしぼくのもとに届いた最初の批判の手紙を読んだとき、ぼくは、小さいころからたたきこまれてきた陳腐な科白をくりかえしていたのである。「homam（人間・男）というときには、当然、そこに女もふくまれているはずだ」と。これは自分と自分がつかっているマチスタ的言語を正当化するイデオロギー的な試み以外の何ものでもないが、その主張のなかにふくまれている嘘とごまかしは、ぼくの意識にも上らないわけにはいかなかった。「男というときには女もふくまれている」という定言には、どう見てもムリがあるのだ。ならば「女たちは世界を変えてやろうと決心した」といったとして、その女のなかに男がふくまれていないのは、どういうことか。演説であれ、だれかのテキストであれ、そのなかに「女たちは世界を変えてやろうと決意した」という言説や記述があるとしたら、だれひとり、その主語のなかに男がふくまれているなどとは思わぬはずだ。もっと例をあげてもよい。大部分が女性だが、男も二、三人だけ混じっている聴衆に向かって、ぼくが、「すべからく、みなさんがた、女性は（Todas vocês deveriam……）」といったようなことを口走ったとする。男の聴衆は、ちょっとギョッとするのではないだろうか。かれらは、ぼくがポルトガル語の文法をよく知らないか、あるいはぼくが、かれらをからかおうとしていると思うだろう。そのtodas vocêsで、男性もふくんだことになる、と解釈することは不可能だ。一部屋にいる十人の女性と一人の男性を指して、Eles todos são trabalhadores e dedicados ?（奴らはみんな、素直にいうことをきいて、よく働く連中ですかね?」と表現しなければならないとしたら、その規則を、イデオロギー以外の何によって説明できるだろうか。これはほんとうは文法の問題ではない。イデオロギーの問題なのだ。

まずはじめに、ぼくが女性たちに多くを負っているという事実を紹介したのは、そうした意味があるからだ。あいにく、彼女たちの手紙も紛失してしまったが、それらは、ぼくに言語がいかにイデオロギーと無縁でありえないかを教えてくれたのである。

ぼくは彼女たちの一人ひとりに礼状を書き、貴重な助言への感謝の気持ちを伝えたのであった。そのときから今日まで、ぼくは人間を、いつも女と男mulher e homemと呼ぶようにしている。ときに文章が見苦しくなることがあっても、マチズモの言語にたいする拒絶を鮮明にすることのほうを優先しているのである。

この『希望の教育学』を書いているときも、――そこでは『被抑圧者の教育学』の再考に全力を傾けたいと思っているのだが――、ぼくがいろいろな出版社に求めていることは、マチスタ的な言語を遠ざける、ということだ。これは小さな問題ではない。大問題というのが、ほんとうのところだ。邪悪な社会を変えること、それを立て直し、より健全な社会にすることが基本なのだから、マチスタ的な言語の排除などというサマツなことに目くじらをたてるな、第一、女性は社会階級ではないではないか、という、そうした類の主張を許してはならないのだ。マチスタ的言語によって表明される女性への差別とそれを社会的に実体化する諸行為は、いわば女性を植民地化するものなのであって、いかなる進歩的立場とも両立しえるものではない。差別が、男によっておこなわれるか女によっておこなわれるかは、問うところではない。

マチスタ的イデオロギーの拒絶は、必然的に言語の再生ということをふくんでいるが、それはさらに社会を変えるその夢の一部をなしているのである。もはやコロニアルではない言語について語り、書くとき、ぼくはたんに女性に迎合して、男たちを不快がらせようとしているわけではない。先に述べた自分自身の政治的選択を、この社会を少しでも邪でないものにしたいというオプションを、より首尾一貫したものにしたい、という願いもはたらいているのだ。ぼくは、個人としての、あるいは階級としての被抑圧者に同調して、個人としての、階級としての抑圧者を鞭打つべく、あの本を書いたわけではない。その本を論じているいまでも、それは変わらない。ぼくは政治的課題として、貫徹されなければならないと思う政治的課題として、あの本を書いた。

つけ加えていうが、これは観念論ではない。言語が変わっていけば、世界が根本的に変わる、と期待しているわけではない。言語と思考と世界の関係は過程的で、矛盾をはらんだ弁証法的な関係だ。マチスタ的な言辞を遠ざけようとすれば、どんな権威主義的な言説を斥けようとするときでもそうであるように、反権威主義的で民主主義的な新しい言説を生みだすことが必要になるし、そうした実践に自分自身をコミットさせていくことが必要になるだろう。

あってならぬことは、民主主義的で反差別的なことをいうだけで、実践のほうはコロニアルでありつづける、という事態である。

民衆の言葉の美しさと的確さのひじょうによい例の一つを、ある農民の言述のなかに見ることができる……

言語にかんしては、もう一つ、強調したい重要なことがある。ぼくは、都市や農村の労働者の諸君・諸姉とつき合うなかで、かれら・彼女たちの言語がきわめてメタファに富んだものであることに強い感銘を受けていた。シンボリックな表現が、なんとも豊かなのだ。文学や科学におけるメタファの使用にかんしては現代の言語学者や言語哲学者たちの汗牛充棟の文献があり、カコミでも付けてそれに特別の注意を喚起しておきたいところだが、ここでぼくが力説したいのは、いかに民衆の語法にメタファが多用されているかということ、そして他人を傷つける「角」のある言葉がいかに回避されて少なくなっているか、ということで（だからこそ、メタファーの出番なのだ）、その事実がつねづねぼくをとらえ、ぼくを夢中にさせてきた。ジャボアタンでの青年時代から、ぼくの聴覚は民衆の言葉の音声的な特質に敏感になっていたが、その後ＳＥＳＩで民衆語の語意や統辞法への理解を深めることによって、それはさらに補強されていった。

たとえばパンタス・ペドラの海辺のカイサーラで漁師たちと話しこんだり、農民と、あるいは都市の労働者たちとレシーフェの湿地や丘のスラムで対話した経験は、ぼくを人びとの言語に親しませたが、それだけでなく、かれら・彼女たちが話す言葉の美しさに、——自らについて、自らの苦悩について、世界について語るその言葉の美しさに——、ぼくの感覚は鋭敏になっていった。その言葉は美しいと同時に的確でもあった。

民衆の言葉の美しさと的確さのひじょうによい例の一つを、ミナスジェライス[31]のある農民の言述のなかに見ることができる。人類学者のカルロス・ブランダン☆との対話のなかでの述懐で、ブランダンが調査者とし

☆——Carlos Rodrigues Bradão カルロス・ロドリゲス・ブランダンは人類学者で、ポストフレイレ世代を代表する民衆教育運動家の一人である。多産な著作家で、民衆の生活文化にかんする著作が多いが、民衆教育の分野では「参加型調査」の提唱者として世界的に知られている。民衆参加による社会調査の報告集 Pesquisa Participante 1981, その方法論集 Repensando a pesquisa participante 1984 などの編著がある。

て各地を歩いている過程で採録されたものである。ブランダンは、この農民、アントニオ・シセロ・デ・ソウザ、通称シソとの長い会話を録音して、その一部を、かれの編集した書物の序文として利用しているのである。

さて、あんたさんが来て、ききなさる。シソさん、キョーイクって何ですか、って。そうさな。よかろう。わしがどう考えるか、ひとつ、いってみよう。それじゃ、あんた、〝キョーイク〟って、口に出していってみな。うん、それから、わしもいうぞ。〝キョーイク〟って。おんなじ言葉だよな。ちがうかい？ 発音のことだよ。わしがいっているのは。発音だけだ。〝キョーイク〟。でも、わしは、あんたにききたいね。これって同じことかね？ ひとがこの言葉でいっていることってのは、同じものなんかね？ わしはいいたいね。ちがうぞ、って。あんたみたいな旦那さんに向かって、わしは声を大にしていいたいね。ちがう、ちがうぞ、って。ぜんぜん、同じじゃないと、わしは思うよ。

教育っていいなさったね。旦那さんがやってきて、〝キョーイク〟っていいなさるとき、あんたは別世界から来たお人だ。わしたちは、あんたとはちがう。わしらは、この世のどん底から来た人間だ。素寒貧《すっかんぴん》の人間が住んどるところを、世間はそう呼んどるでな。ちがいを、ちょっと比べてみようか。あんたのつかう教育っていう言葉で、何を思いうかべたらいいのかね？ 学校、じゃないのかね？ 立派な先生がいらっしゃることじゃろう。みんな、いい服を着とる。しゃれた制服だ。新品の本。そうさな、それからノート。万年筆もあるかな。みんな特別誂えの、ちゃんとしたものだ。学校の教室があって、そこにいる人間は学士様になっていく。それが旦那さんの世界。そうじゃないのかね。わしはそう思うんだがね。でも、わしがアタマを絞って考えた想像じゃよ、これは。ここじゃ、そんなもん、見たことないけんな。

——Brandão, Carlos e outros, A questão política da educação popular, São Paulo, Brasiliense, 1980.

ぼくはあるとき、サンパウロ・カトリック大学の大学院課程[32]で、学生たちと一緒に、分析批評の教材としてシソのテキストを読んだことがある。

一回三時間で、四回かけて、われわれはシソの四ページの文章を読んだ。テキストを読みすすめ、分析をかさねていくほどに、その豊かで多義的なテーマ世界がせり上がってきて、われわれはすっかりときのたつのを忘れてしまった。三時間というもの、一度の休憩もなしに、ぶっとおしでシソの文章を議論したのだ。それほどに、その作業にはわれわれを熱中させるものがあった。

ぼくがいつの日にかやってみたいと思っていて、まだ実現していない希望がある。都市か農村の労働者たちと、シソの文章を議論することだ。いつか、そうなるといいな、と思う。まだ実現していないが、希望を捨てているわけではない。シソのいっていることを読んで、その読みに自分の経験をつけ加えていく、というやり方。シソのテキストをとりあげて、それについて一緒に語っていけば、シソほど分析力に長けている人じゃなくても、その人なりに「既有の経験知」をもっているわけだから、その内容がわかると思うのだ。重要なことは、かれらに挑むことだ。自分の経験知なり疑問なりにふくまれているより深い意味をさぐりあてながら、そこから学ぶことができるように、かれらに挑むことなのだ。

くり返していわざるをえないのだが、教えるということは、教師が、従順で受動的な生徒にたいして、機械的に知識を伝達するだけのものではない。と同時に、これもまたくり返しいわなければならないのだが、生徒がもっている知識から出発する、ということは、その生徒の知識のまわりを這いまわることを意味しているのではない。出発するということは、道をひらいて、そこを歩むということ、一つの地点からもう一つの地点に移動することなのであって、同じところにいつまでもグズグズしていることではない。ある人たちの風説によると、ぼくは、どうもたいへんな言説を唱えているらしい。教師は、蝶が光のまわりを飛び回るように、生徒の知の周辺を酔うがごとくに円舞していなければならない、と説いているのだそうだ。ぼくは、そんなことをいったことは一度もない。

「既有の経験知」から出発するのは、それを越えるためであって、そこにとどまるためではない。

何年かまえに、教育者たちに招かれてノルデスチの首都にいったことがある。州の農村部で活動している教師たちの集まりであった。いろいろな農民グループとの活動を、三日間かけて評価するワークショップだった。会のどこかで、農民の言語の問題が話題になった。その語調や比喩についてである。出席者の一人が、こんな実例を出した。

「日曜の朝の九時のミサの後で農民たちが開いている集まりがあってね」と、かれはいった。「ぼくはもう二か月もまえから、その集まりに出席したいと思っていたんだよ。リーダーにそれとなく希望を伝えたんだけど、はかばかしい返事がない」。

ある日、とうとう会に招かれてね、みんなのいるまえでぼくは紹介されて、それから聞かされたのは、リーダーのこういう言葉なんだよ。「今日はあたらしい仲間を迎えることになりました。この人は農民ではありません。たくさん本を読んでいる人です。この人を迎えるかどうかで、先回、われわれは話し合いをもちました」。訪問者についてすこし解説を加えた後で、リーダーはしげしげとかれを見て、こういうのだった。

「コンパニェイロ、あなたに一ついっておかなければならないことがあるのです。とても大事なことです。もしもあなたが、おまえさんたちは搾取されているんだと教えようとして、わたしたちのところに来なさるんなら、そんなことはいらんお節介だ。わたしらは、そんなことは先刻よくご存じだ。ところで、わたしらがあんたに関して知りたいことは、天から丸太が降ってくるときも、あんたがわしらとともにいつづけるかどうか、ってことです」。

ぼくなりに言い直せば、知的好奇心以上の連帯感情を君はもっているのか、われわれのもとに来て君はただノートをとるだけじゃないのか、われわれに弾圧がふりかかったときに君は一緒にたたかう用意があるのか、ということだと思う。

その話に刺激されてか、もう一人の教育者が自分の経験を披露して、こんな話をしはじめた。かれが他の教師たちと一緒に農民リーダーたちとの一日ワークショップをおこなったときのことだ。突然、農民の一人がこんなことをいいだした。「そんなやりかたで話されたんじゃ、おれたちには何が何だかさっぱりわからん。ここにいるあなたたちは」と並みいる教師たちを指差して、農民はいうのだった。「この人たちは、塩かげんのことしか言わんのだ。それにたいして(と農民たちのほうをふり向いて)、ここにいる皆の衆が気にしていることは味のことだ。塩かげんは味の一部にすぎんのだ」。

農民たちの目から見ると、教師たちは、俗にいう「近視眼」というのか、現実のある部分だけを焦点化して、そのためにものが見えなくなっていく傾向があり、それにたいして農民たちが理解したいと思っているのは、たんなる個々の要素というよりも、それらの全体的な関係だ。塩かげんがどうでもよい、ということではないが、その塩と、全体としての味かげんを構成する他の要素との関係をこそ、自分たちは知りたいのだ、ということだろう。
　こうした民衆の言葉の豊かさから、われわれは多くを学ぶことができるが、ぼくが知っている教育者のなかには都市や農村の労働者とひんぱんに接触して、かれらの語り、会話の断片、語句や表現を採録し、その言葉の意味・語法・音韻を分析しようとしている人たちがおり、ぼくは、かれらや彼女たちからの相談に応ずる機会が多かった。この努力をある程度つみ重ねていくと、集めた物語や語句あるいは会話の断片を社会言語学者などの協力もえて分析したうえで、今度はそれをコード表示のような形にして、労働者グループになげかえしていくことが可能になってくる。それらの語句、物語にたいする教育者の理解の仕方を労働者になげかえして、かれら・彼女たちの検証に委ねるのだ。これは二つのシンタックス、支配的な語法と民衆的な語法を相互に突き合わせる練習にもなるであろう。

世界を理解するうえで厳密さを追求することと、思考表現の美を追求することとに二律背反などはない……

　じつは、言語のことにかんしては、ほかにも一つ、言いたいことがある。ぼくが絶対にうけ入れることのできない一つの主張、主張といわぬ場合は仄めかしについてである。それは、美しく、エレガントに書くことは学問の関心事ではない、という言い分だ。ぼくは、この主張を一貫して拒否してきた。学者の書くものは、とかく難しいだけで、美しくない。しかし言語の美的なモメントは、厳密科学の学者であろうとなかろうと、われわれすべてによって追求されなければならない課題だとぼくは思うのだ。世界を知り理解するうえで厳密さを追求することと、思考表現における美を追求することとのあいだには、二律背反などはない。
　文彩と厳密さのあいだに二律背反がある、あらねばならぬ、とする主張は、非合理なものだ。

ぼくがはじめてジルベルト・フレイレの著作を読んだのは一九四〇年代のことだが、そのときに受けた強烈な印象、今日にいたってもなお、それを再読するたびに甦ってくるあの美的な歓びは、けっして偶然のものではない。☆

ぼくは若いころから、洗練された言葉を聞くと、いつも嬉しい気持になった。それは世界をまえにした朴《ぼく》訥《とつ》な農民の語りであったり、ジルベルト・フレイレのような、気品に満ちた社会学者の言葉であることもあった。この国において、かれほど、言語を洗練された趣味と結びつけて使いこなした著作家は少ないと、ぼくは思う。

ぼくがポルトガル語の教師であった一九四〇年代に、若い生徒たちと一緒にジルベルトの著作の一節を読んだとき、それが青年たちにあたえたインパクトの大きさを、ぼくはいまも忘れることができない。文章のなかで代名詞をどこに置くかといったような問題を論ずるとき、ぼくはいつもジルベルトの文章を範にとって、かれの文体の美しさを強調した。文法と合致しようとしまいと、ジルベルト・フレイレは、つねに凝りに凝った文を書いた。

かれの文になじんでいたので、ぼくは、たとえば ela vinha-se aproximando と ela vinha se aproximando という例文があれば、躊躇《ちゅうちょ》なく後者を佳《よ》しとする美的センスを身につけた。se を補助動詞 vinha から引き離し、主動詞 aproximando の a を引き寄せる磁力をそれに「あたえる」ことで音韻的な効果がもたらされるのだ。se

☆――Gilberto Freyre　一九〇〇年生まれのブラジル北東部出身の社会人類学者。北東部プランテーション農場の奴隷たちの暮らしを描いた『大邸宅と奴隷小屋』上下（鈴木茂訳・日本評論社、二〇〇五年）、興隆する都市の状況を描いた『お屋敷とスラム街』は、ブラジル社会史の記念碑的労作となっている。ブラジル研究においてもっとも引用されることの多い著者である。

は、vinhaから離れると、aproximandoのaと重音化してs'aになっていくのである。

文法に四角四面にとらわれぬからといって、学問的にいいかげんということにはならない。しかし文法など知らなくても、人は、tinha acabado-seなどとは、けっして書きもしないし言いもしないものだ。同様にse você ver Pedroとかhouveram muitas pessoas na audiênciaとか、fazem muitos anos que volteiなどという言い方もしない。読む人や聞く人の洗練された趣味に訴え、耳障りではない言葉を上手に使うからといって、学問的に間違ったことをしているわけではないし、「レトリカル」であるとか、「言葉の洗練に拘泥して、それを自己目的化している」などと非難されるいわれもない。非難されるべきものがあるとすれば、それは、だらしない冗舌という悪趣味におしながされたときだ。あるいはコケおどしの美文やスノッブ趣味にはまったとき、見た目にも滑稽な美辞麗句で文や話を飾り立てるときだ。

もしもジルベルト・フレイレが——とりあえずはジルベルトのことだけをとりあげるとして——学問的な厳密さと言語の美への軽蔑とを不可分のものと考える連中に和していたなら、以下のようなページを、今日われわれが読むことはけっしてなかっただろう。

ノルデスチという言葉は、いまでは、つまりは旱魃《かんばつ》対策を意味する「ノルデスチ開発計画」などという言葉によって、すっかり光彩を奪われてしまった言葉である。諸君の足もとできしんだ音をたてているのは、乾いたセルタンの大地だ。目にも痛ましい光景のセルタン。ハシラサボテン。やせこけた樹木と馬たち。他界から迷いいでた魂のように弱々しい陰は、なすすべもなく太陽を畏怖するばかりだ。

ほとんどエル・グレコの画像の人影にも似て細々と佇むこのノルデスチの人と獣たちは、しかしノルデスチの一つの横顔にすぎないのだ。もう一つのノルデスチ。もっと古いノルデスチ、それは大木と、深い樹影、鳥たちが声をかわす木々、精気あふれる人間たちのノルデスチだ。とはいえ、サンチョ・パンザ然と太りかえってしまった人間もいないわけではない。糖蜜、キャッサバの粥で煮こんだ魚、単調で滞りがちな労働、ラム、カシャッサ、砂糖キビのジュース、ココナッツ入りの煮豆、回虫、丹毒、怠惰、水膨れ病、土喰いの悪習が、ときに人を異常に肥満させてしまうのだ。

さらに先には「油ぎったノルデスチの月の夜は、人と事物のねっとりとした油をしたたらせるかのように」という文章がくる。

『被抑圧者の教育学』の文章についても、上記のような批判をいくつか受けたし、また難解な本という印象をもつ人もいたようだ。ほとんど理解できない、という言語への批判、あんなふうに手のこんだエリート主義的な文章を書くのは、じつは、ぼくのなかに「民衆への敬意の欠如」があるからではないか、という推測などだ。

こんな批判のあれこれを思い返すにつけ、ぼくの脳裏に浮かぶのは一九七二年のワシントンで、この本を若者たちが議論する場面に出会ったときのことだ。

かれらに混じって一人、五十がらみの黒人の男性がいた。コミュニティ・オーガニゼイションの仕事に携わっているとのことだった。議論をしていて、若者のなかに理解に困難をきたしているらしい者がいると、かれがその点を説明してあげるのだが、その説明がきまって水際立っているのである。

会が終わってから、かれはぼくに近づいて、じつにさわやかな口調で、ぼくにいうのだった。「この若者たちのなかに、あなたの英語がわからないという者がいるとしても、わからないのは、じつは英語ではないのです。問題は、思想としての言葉なんです。かれらの困難は、弁証法的に考えない、というところからきています。それに社会のなかで差別されている人たちの苦しみが、まだ十分にわかっていないからなのです」。

英語版の『教育学』が「難解でスノッブ的な言語」で書かれていると批判し、その責任をぼくの友人で、有能で誠実な訳者であるマイラ・ラマスになすりつける向きもあるが、これもおかしなことだ。マイラは最大限の専門的細心さと絶対的な誠実さをもって、あの本を訳している。翻訳作業の過程でも、彼女はひんぱんにぼくの友人たちに電話をかけてきて、「この言い方で、意味をなすかしら?」と問い合わせていた。いま訳したばかりの、しかし疑問が残る一節を読みあげて、意見を求めるのだ。他方で彼女は一章ぶんが訳しあがると、原文と訳稿をポルトガル語のできるアメリカ人の友人に送りつけ、意見や指摘を請うのだった。北米版の序文を書いた神学者のリチャード・ショールなども、その友人の一人である。

ぼく自身も、ハーヴァードの客員教授としてケンブリッジに住んでいたころは、何度も彼女から助言を求められた。ぼくのメタファーである「未然の可能性」inédito viavel の訳語をいろいろ候補をあげて根気づよく検討したあげく、彼女がようやく untested feasibility という訳語を選んだ顛末を、ぼくはよく覚えている。

ぼくには英語の善し悪しについて語る資格はあまりないが、ぼくとしては、マイラの訳をひじょうによいものだと感じており、そのことをはっきりと言明しておくべきだと思う。だからセミナーや研究会で、英語版の読者から言葉の問題で批判がでると、ぼくはいつも、それをぼく自身の責任として受けて立つようにしてきた。

もう一つ、思い出すことがある。十六歳の若者の言葉だ。ぼくがハーヴァードにいたときのひじょうに優秀な黒人学生の、そのご子息であった。ぼくは学生に、ニューヨークから届いたばかりの『教育学』の英訳の最初の章を読んでくれないかと頼み込んだのだ。翌週、彼女は、原稿と一緒に自分の息子をつれてきた。ぼくはこの子にも一読を依頼したのであった。「この文章には、ぼくのことが書かれています」と、若者はいうのだった。「これは、ぼくのことを書いているのです」。たしかに、若いかれの知的な経験にはまだしっくりとこない二、三の語句があって、それにつまずいたということはあるにしても、それは全体の理解を不可能にするものではなかった。差別社会での実経験ゆえに、かれにとってテキストは、緒から「心の琴線に触れる」ものとなったのだ。

あれから長い年月がたち、『教育学』は無数の言語に翻訳され、世界中のほとんどの地域で読まれるようになって、さすがにその種の批判はだいぶ少なくなった、といえる。とはいっても、まったく消えたわけではない。

中立的な教育実践などというものは、かつて存在したことはなかったし、いまも存在しない……

そこで、もう少しこの問題を論じておくことにしたい。

『被抑圧者の教育学』にかぎったことではないが、学生や教師が、さっと読んだだけでは意味がはっきりしない本を、読むに値しない本として投げ出してしまうとすれば、ぼくはそれを正当なこととは思わない。はらうべき努力を回避した読書であり、学びに必要な真剣さが欠けていると思う。ちょっと難しいところがあると、そこで本を投げ出してしまう人がたいへん多い。通常の勉強の道具、たとえば辞書——哲学の、社会科学の、語源や同義語の辞典、あるいは百科事典などなどを繙《ひもと》くことは、かれら・彼女たちにとっては時間のロスらしいのだ。そんなことはない。読んだことの疑点をはっきりさせるために辞書や事典を引く時間は、それこそがまさに研究の時間なのであって、時間のロスなどではないのだ。つぎのページまでいけば不思議と意味がわかってくることを期待してそのまま読みすすめていくと、また同じ言葉が出てきて、ほんとうに期待したとおりの疑問の氷解が得られることも稀ではない。

テキストを読むということは、もっと真剣な、もっと注文の多い何かなのだ。一つのテキストを読むということは、言葉のうえを気ままに漫歩することではない。それは言葉と言葉がどのように関係しあっているか、それによってどう言説が構成されているかを学ぶことであり、謙虚で批判的な確とした自分をもつ主体の課題なのだ。

スタディとしての読書は困難で、しばしば苦しくさえもある過程だが、同時にまた、それはつねに歓しい行為でもある。読者はテキストに親炙《しんしゃ》し、そのことをとおして、テキストの深い意味を学ぶ。そうした訓練を重ねていけばいくほど、読書から逃れようとする気持はうすれて読む構えができていくから、先ざきの読書はますます困難の少ないものになっていく。

とりわけテキストを読むことは、テキストはイデオロギー抜きのテキストではありえないことを、しっかりと心に留めおくことを読者に要求する。テキストのなかには自分のイデオロギーを明示しているものもあるし、それを隠しているテキストもあるが、いずれにしても、それらは、かならずしも読者のイデオロギーとは合致しない。だから読者は批判的でしかも開かれた、ラディカルでしかも非セクト主義的な態度をとることを求められるのだ。そういう態度をもっていないと、読者は、すぐにテキストを投げだしてしまう結果になるだろう。このテキストは自分のそれと対立する立場で書かれている、と感じたが最後、そこから何かを学ぶことを、一切合財、自らに禁じてしまうのだ。皮肉なことに、その立場が、じつは自分のそれとあまり違っていないこともしばしばだ。

そもそも著者の書いたものを、まるっきり読まぬというケースも多い。その著者について書かれたものは読むが、その著者自身のものは読まない。その著者にかんして下された批評を鵜呑みにして、自分の意見のように振りまわすのだ。

サンパウロ大学前学長で、この国の誠実な知識人の一人であるセルソ・バイジーゲル教授☆が、かつてぼくに語った話であるが、あるとき、何人かの人たちとブラジルの教育について討論していたら、出席者の一人がぼくの名をあげて、わが国の教育を論ずるときにフレイレの著作は何の参考にもならないと言いだしたのだそうだ。不審に思ってバイジーゲル教授は、「あなたは、パウロ・フレイレの何を読んだのですか」と訊ねたらしい。

この質問にすかさず若者がこたえて言うには、「読んでいません。しかしフレイレについて書かれたものは読んでいます」。

テキストを真剣に読んでいくと、だんだんに、読書がいかに豊かなものであり、反面、忍耐、長い時間、感受性、方法的な厳密さ、知ることへの決意と情熱を求めるものであるかがわかってくる。

ぼくにたいする批判者の名をあげ、かれら・彼女たちが問題にしている『教育学』の箇所を引用して、ここ

☆――Celso de Rui Beisiegel　教育社会学者。サンパウロ大学教授。民衆文化運動、民衆教育運動についての著作が多い。Política e Educação Popular 1982は、いわゆるコード表示方式による識字教育の成立を跡づけた労作で、訳者にとってはもっとも教えられるところの多いフレイレ研究書であった。

でまたぼくの反論を展開する必要はないかとも思うが、一、二の断定にたいしては、かつても述べた自分の考えをもう一度述べておくことにしたい。

断定の一つは、七〇年代このかた繰り返されているもので、ぼくが批判し論難してきたまさにその属性を、ぼくが体現しているというものだ。いわく傲慢さ、いわくエリート主義、いわく「文化侵略」、いわく文化的、階級的アイデンティティの軽視、民衆や労働者への蔑視などなどだ。基本的にいえば、ぼくにたいしてなされるこの種の批判は、意識化という概念にたいする誤解と、教育実践にたいするあまりにも甘いヴィジョンに由来するものだ。それは教育実践をあたかも中立たりうるもの、人類の福祉への貢献と見なすばかりで、危険をおかすことなしには実践しえないという点にこそ、教育実践のとりえがあるということが、まるで見えていないのだ。危険とは、たとえば言行不一致の危険、言っていることと、していることとの乖離である。教育者は政治的であるからこそ、中立たりえないからこそ、倫理性を要求されるのだ。もしも教師の仕事がある知識内容を教えるということにつきるものだとしたら、——そしてその知識は、あらかじめ殺菌され中立化された学問的知識で、無菌なままに生徒たちに「伝達」されうるものだとしたら——、こんなに安易な仕事はないというべきだろう。この場合には、慎み深さや倫理的であろうとする努力を教育者に求める根拠はもはやなく、その訓練にあたっても、そうした配慮をとりたてではらう必要はもはや認めがたいものになるだろう。中立的な実践をおこなう主体は、ただ中立な「知識の伝達」をおこなっていればよいのであって、それ以外のことに心を煩わせる理由はない。

実際のところは、到底そうはならない。どの時間と空間にも立地しない、抽象的で不可侵な観念だけをとりあつかう中立的な教育実践などというものは、かつて存在したことはなかったし、いまも存在しない。そうした中立的と称する観念を飽きもせずに反復し、それこそが不動の真理であるかのように言いくるめて、不注意な人間たちを瞞着するのは、それ自体が露骨に政治的な行為なのであって、不正な支配にさらされている人びとの反乱の芽を未然にとりのぞく懐柔策だ。どちらの実践も同様に政治的であるとするなら、それを隠蔽するのではなく、逆に、その政治性をはっきりと示したらどうか。

教育はほんらい、指示的で政治的な行為であらざるをえず、ぼくは自分の夢や希望を生徒たちのまえに包み隠さずに示すべきであり、だからこそかえって、生徒たちの考えや立場を尊重することが、ぼくにつよく求められるのだ。ぼくが倫理的たらんとするのは、その認識があるからだ。自分のテーゼ、立場、選好を、真剣に、厳しく、かつ情熱をもって主張すること、しかし同時に、反対意見をいう権利を尊重し、それを支援すること、――それは、発言する権利と、自分の考えや理想のために「争う」義務を教える、またそのなかで相互に尊重しあう精神を教える最良の方法であるはずだ。haver 動詞の活用形を覚えるだけが勉強ではないのだ。

被教育者を尊重するということは、かれらのまえで自らの理想を偽ることではないし、日ごろの言葉、身ぶり、実践をとおして、学校というところは勉強だけをする「神聖」な空間、外の世界とは無関係なことを勉強する特別な空間だと言いくるめることでもない。自分の選択を押し隠し、選択すること、壊すこと、決定すること、夢見ることを「罪悪」視することではない。生徒を尊重するということは、自分の選択を正直にかれら・彼女たちのまえに明らかにすることであり、自分の考えを主張すると同時に、他の選択もありうることを示すことだ。教育についてであれ、他の何についてであれ。

かりにぼくが生物の教師であったとして、だから他のことはわれ関せずとばかり、ただ生物学だけを教えていればよい、ということにはならない。歴史とも、社会とも、文化とも、政治とも無関係に、ただ生命現象だけを理解していればよい、というわけにはいかないのだ。生命のありようは、ところによって同じではない。ファヴェーラ[33]とコルティッソ[34]とサンパウロの高級住宅地(ジャルディンス)[35]とでは、生命のありようが違うのだ。生物の教師なら生物学を教えなければならないのは当然だ。しかしその教師はそのなかにだけ、たてこもっていてはならないのである。

同じことが識字教育についてもいえるだろう。成人識字コースにきている人びとは、文なり語なりの読み書きの技術の習得をめざし、つまりは自らを識字化しようとしている。言葉の読み書きは、しかし、世界を読むことをとおしておこなわれるものだ。語を読むことに先立って世界を読むという行為があるのだ。だから世界を批判的に読み、かつ書くということを伴わない語の読み書きの訓練は、科学的にも政治的にも、また教育的に見ても片手落ちであるといわなければならない。

生徒に影響を与えるということに危険はないか？　われわれは、危険なしには生きることができない。危険なしには存在することさえできないだろう。大事なことは、その危険によく備えることだ。

教育の政治性や指示性を否定することはできない。それがいけないなら、どんな課題の遂行も不可能だ……

教育実践は、権威主義的であれ、民主主義的であれ、つねに指示的diretiva なものであらざるをえない。

しかし教育者の指示的な行為が、生徒の創造性や自己表示能力、問う力などを制約する形で作用すると、指示性は操縦に、権威主義的な干渉に化してしまう。進歩的と自称している教師たちも、実際にやっていることを見ると、操縦と権威主義の実践者といわざるをえない場合が少なくない。

必要なことは、教育の政治性や指示性を否定することではない。それがいけないというのなら、どんな課題の遂行も不可能である。必要なことは、その政治性と指示性を自らの責任において引き受け、自分がかけた民主主義への選択と、自分自身の教育実践の内実とを一貫させることだ。

中立ではありえない一人の（教育）実践主体としてのぼくの倫理的義務は、立場と意見の相違を尊重すること、そのことをたえず表明することだろう。自分と対立する立場をも尊重し、同時にまた、誠実かつ情熱的にそれと論争することだろう。

そんなことは不可能だ、と、はぐらかしをいうのは、科学的なやりかたでも倫理的な態度でもない。左右両翼の知識人たちの傲慢さと権威主義を批判すること、——どちらも本質的には反動家であって、ただ前者は自分自身を革命的知識の所有者、後者は自分を保守的な知の所持者と思い込んでいるだけだ——、労働者を意識化するんだと僭称《せんしょう》する大学知識人たちを批判すること、——この人たちは、労働者によって自分のほうも意識化されるとは思っていない——、労働者階級の解放の名においてじつは「無教養な大衆」に自分の「優越」した学問知を押しつけようとする知識人たちのあからさまな、じつは能天気なメシアニズム（救世主信仰）を批判すること、——そうした批判に、ぼくは特段の力を投入してきたつもりだ。『被抑圧者の教育学』がそうだったし、この『希望の教育学』も、その点はおなじだ。

ぼくとぼくを批判する著者たちとの基本的な相異の一つは、ぼくにとっては操縦を克服する具体的な方法は、自身のエリート主義的な、権威主義的なイデオロギーを克服すること、進歩的な知識人が謙譲と一貫性、寛容の美徳を獲得することであって、そうした一貫性を強化することによって、われわれは言葉と行為の距離を縮めていくことができると考えていることだろう。

批判者たちはそうは考えず、教育、科学、テクノロジーを非政治的なものにしていくこと——無理な話だ——こそが、操縦を避ける道なのだと主張するのである。

「フレイレの学習理論は、社会的・政治的立場性に従属しており、それゆえにこの理論は、操縦の危険にたいして無防備である」

七〇年代あたりによく言われた議論である。教師、生徒が、絶対に操縦・被操縦の危険に陥らずにすむような教育実践が、あたかもありうるかのような口吻《こうふん》である。「社会的・政治的立場」には背を向けて、現実を冷くつきはなした教育実践が、どこかに存在しえた、あるいは存在しうる、ということなのだろうか。

進歩的な教育者に要求される倫理は、自分の民主主義への夢を一貫させることだ。被教育者を尊重し、けっしてかれら・彼女たちを操縦しないことだ。

とするならば、必要なのは用心深さだ。教育者の実践は用心深くあらねばならない。目をしっかりと見開き、耳を、いや全身を開いて、いわゆる「隠されたカリキュラム」の罠《わな》に陥らないように歩みをすすめなければならない。だから教育者は、より寛容になり、より明晰になり、より批判的になり、より旺盛な探求心をもって仕事にあたることが必要になるのだ。

より寛容で、より明晰で、より批判的で、知ることにたいしてより意欲的であり、より謙虚であるならば、それに応じて、教えるという実践への取り組みはより真正なものになる。こうした進歩的な見地からすれば、教えるということは、たんなる対象的・内容的な知識の伝達ではありえない。——進歩的というよりも、むしろポストモダンというべきかもしれない。ぼくなりの理解でのポストモダンだが、少なくとも近代的、いわんや「近代化」論的なものではない。——伝達とは、たんに記述されただけの対象的概念を、生徒が機械的に記憶する、という意味での伝達だ。ここでぼくがいう進歩的・ポストモダン的な見地からすれば、教えるということは、生徒にたんに知識内容を学習させる、という操作に還元されるものではない。学ぶことを教えることが重要なのであり、被教育者が学ぶことを学んだとき、学ぶ内容・対象の根基にまで踏み込んで学ぶことを学んだときに、はじめて、教えが成立したといえるのである。教えるものが生物学であれ、他のどんな科目であれ、教師が生徒に教えることは、学ぶことだ。

この線で考えていけば、教えるということは、生徒が教師の言っていることの内部に「踏み込んで」いって、教えられた内容のその底にある意味を自分のものにしていく行為を内包している。教師の側の教えるという行為は、こうして、生徒の側の認識行為と、教えられた内容にたいする生徒の側の認識行為と、二重化されていくのだ。

教師の側についていうと、教えている内容を自らが知り、自分のものにしていくことによって、つまり自分自身がそれを学んでいるかぎりにおいて、教師は真の意味で教えているといえるのである。教えながら、教師はすでに知っていることを知りなおしているのである。言いかえれば、生徒の認識作用によりそいながら、かれ・彼女は自分の認識作用を再構成しているのである。だから教えるということは一つの知る行為の形態であって、何かを教えることによって生徒のなかにも知る行為を呼び起こそうとすれば、必然的に、教師は自らも知る行為をおこなわざるを得ない。教えることは、それゆえに創造的な行為であり、批判的な行為であって、機械的な行為ではない。教師と生徒の知る意欲が、教える—学ぶという行為をベースにして、行動的に出会うのである。

生徒が学習をとおしてある知識内容を身につけていこうとすれば、一連の知的な訓練が必要になり、それは就学以前の段階からじょじょに強められていく。教育の場面——それは同時に認識の場面でもあるわけだが——に生徒が批判的にかかわるといっても、そこに訓練の要素が欠けていれば、企図は虚しい期待に終わるだろう。人はある知識内容をとおして学ぶことを学ぶのであるから、教える内容がなければ、学ぶことを教えるなどということは不可能である。だが反対に、生徒がより批判的な主体になり、知るという実践をすすめていく過程がもしもなければ、教える側がどんなに言葉をつくして科目内容を口述したとしても、それは教えとして成立しないだろう。

第3章

その常識から出発し、その常識をくぐりぬけることなしには、常識を克服することは不可能なのだ……

このディシプリン(訓練)のありようを考えるとき、勉強するということ、学ぶこと、知ること、教えることを、ただの娯楽と混同する余地はない。いいかげんな規則しかない遊び、あるいは何でもありのお遊びと、学ぶ行為を同一視することはできないのだ。だがまた、それは退屈で無味乾燥な、うんざりするような課業ともちがう。研究し、学び、教え、認識する行為は、ジョルジュ・スニデールがよくいうように、困難で、とりわけ注文の多い、でも愉悦に満ちた行為である。学習者はそこに潜んでいる歓びを発見し、感じとり、学

習という行為に参加しつつ、そこから湧き出るすべてのものを汲みつくす、そういう構えを要求されるのだ。★
このディシプリンがうまれてくるときの立会人としての教師の役割は重大だ。教師の権威が——有能さによってささえられるその権威が、そこでは一吏ならず重要な役割を演ずることになる。自分の教師としての実践にまじめに対処しない教師、勉強もせず、よく知りもしないことを下手くそに教える教師、教育実践に必要な物的条件の整備のためにたたかわない教師は、学生の必要とする知的訓練の形成に寄与することを放棄した教師である。教師とは名ばかりの存在だ。

しかし他方、このディシプリンは、教師が生徒に働きかけて、その結果として生ずるものではない。たしかに教師の存在、その刺激、その助言、その権威は大いに必要であるとはいえ、訓練は、あくまでも生徒自身によって主導され、生徒自身によって引き受けられたものでなければならないのだ。

ぼくは民主主義をよしとするし、そういう自分の立場を言説と実践の双方のなかで一貫した形で主張したいと思う者だが、しかしそれだからといって、ぼくが被教育者のまえで自分自身の願望を語ることを差し控える必要などはないし、アミルカル・カブラルのいう「(民衆)文化の否定的側面」を批判することが、即、エリート主義的な「文化侵略」につながるとも思わない。☆ そうした「否定的側面」にたいする批判や、それを克服する努力は、有意義であるどころか不可欠である。基本的にいえば、これは「既有の経験知」や常識 senso comum から、対象のより厳密な探査の結果として得られる知識への移行の問題とかかわっている。常識の否定面を克服することは、民衆の権利なのだ。農民の文化を尊重するという名目のもとに、農民が旧来の信仰をふみこえて自分と世界の関係を把握することを妨げるとしたら、それこそエリート主義イデオロギーの底意を示すものといわなければならないだろう。事物の理をきわめ、しっかりとした知識を保有するのは、エリートの特権だ。下々の民衆は臆見で十分、世界についてては思いたいように思わせておけばよい、というわけだ。

ただ、くりかえしていうが、その常識を捨てて顧みない、というわけにはいかない。その常識から出発し、その常識をくぐりぬけることなしには、常識を克服することは不可能なのだ。

被教育者がこうだと思い込んでいることに挑戦をしかけることは、進歩的な教育者たる者の義務である。自分がそのためにたたかっている理想を、相手を誑《たぶら》かすことなく、しかもより説得的に提示する議論の仕方を探求したいという強い衝動がなければ、いったいぼくは、どうして教師としてここに存在するのか。希望の存在理由を説こうとして、そしてその希望とともに、ぼくはいま、教師としてここにいるのではないのか。してはならぬことは、真実を隠すことであり、情報の提供を拒むことであり、主義をおしつけることであり、生徒の自由を切って捨てること、理由が何であれ自分のいうことを聞かぬからといって、自分のユートピアを受け入れぬからといって、生徒たちを、いかなる形態においてか罰することだ。そんなことをしたら、ぼくはたちまち言行不一致に陥り、昨日、『被抑圧者の教育学』で批判し、今日、『希望の教育学』で否定してきたセクト主義を自ら実践することになってしまうだろう。

このことと関連して、もう一つの論点にふれておこう。それをめぐって、これまでにさまざまな批判が、

★――Snyders, Georges, La joie á lécole, paris, PUF, 1986.

☆――Amilcar Cabral(1924-1973) PAIGC(二〇七ページ訳注☆参照)の指導者。独立前年の七三年に、暗殺される。すぐれた政治指導者であるとともに、アフリカ革命の展望を分析した卓越した社会理論家として知られている。カブラル『アフリカ革命と文化』白石・正木・岸和田訳、亜紀書房、『クリティーク第3号　カブラル特集　アフリカの文化と革命』(石塚正英編・青弓社)などを参照。

ぼくに寄せられてきたが、その批判自体が批判を要するものだと、ぼくには思えるのだ。それは、ぼくがずっと言ってきた主張、進歩的な教育者は、生徒たちが学校なりインフォーマル教育センターなりに持ち込んでくる既有の経験知をけっして軽んじてはならぬという主張とかかわっている。その知とかかわる具体的なあり方は、もちろん、ケースによっていろいろだろう。だがいずれの場合でも、具体的な社会・文化状況を背景にして形づくられた被教育者の知のありようを軽視することは、教師のエリート根性のあらわれであり、また学問的にも誤りだ。民衆知を否定する者たちは、自らの隠されたイデオロギーが禍して近視眼に陥り、対象的な現実を明視できなくなってしまうのだ。認識論的な誤りの根底には、つねにこの種の「近視眼」が作用しており、それがイデオロギー的な障害となっているのである。

こうした民衆知の擁護——ぼくはくりかえしそれをおこなってきたわけだが——にたいする否定的な理解や批判には、いろいろな形のものがある。民衆知の否定は、その神秘化、草の根主義者がおこなうその過度の称揚と同様に、はなはだ胡散くさいものだ。草の根主義とエリート主義は、どちらも自らの真理にとらわれ、そこに閉じこもることによって、それ自身を超えていくことができなくなったセクト主義なのだ。

ぼくがおこなってきた既有の経験知の擁護にたいしては批判者も多く、いまだに一更ならずくりかえされていて著者としてはびっくりせざるをえないのだが、フレイレはこんなことを説いていると、仄めかしたり断言している言説が少なくないのだ。それによると、ぼくは教育者たちに、生徒と一緒に常識のまわりをはい回りなさいと説き、そこを突破することなどぜんぜん考えていないのだそうだ。やわな考えゆえに当然にうまれてくるであろう失態を傍線つきで列挙して、批判者はたからかにファンファーレを鳴らすわけだ。責任はフレイレにある、常識や通念のまわりを低迷することを説いたぼくに、その責任がある、というのだ。

実際のところ、こんな途轍《とてつ》もない能天気を肯定したり、肯定を匂わす言辞を、ぼくが口にしたことが一度としてあるだろうか。

ぼくが飽くことなく言いつづけてきたことは、被教育者が――学校にくる子どもであれ、民衆教育センターにくる大人・若者であれ――自分のなかに宿している世界理解の様式、かれや彼女がさまざまな社会的実践に参加するなかで形づくってきた世界についての考え方を、無価値なものとして傍らに斥けることはできない、ということだ。その言葉、その話し方、その数え方、その世界観、その宗教性、その身体と衛生、性の知識、生と死の知識、精霊と呪文の力にかんする知、そうしたものを身体一杯にかかえて、かれ・彼女は教師のまえに現れるのだ。

ついでにいっておけば、民衆知と学問知を二分化することなく、スニデールのいう「第一次文化」と「第二次文化」のあいだに弁証法的な関係を見、実現させていくことは、現代の民族学《エスノサイエンス》がとりくまなければならない基本的な課題の一つだ。☆36

このように民衆知を尊重し、それをこえていくことを教師たちに説くことが、どうして経験知に執着することを説くことになるのか、すこしでも誠実に、かつ正確にぼくのテキストを読んでくれれば、――批判的に、しかしセクト的ではない仕方でそれを読んでくれれば――、そういう議論が成立しえないことはすぐにわかるはずだ。

民衆知を尊重するということは、それがうまれた地平、その文化的コンテキストを背景としてふまえて、

☆――第一次的文化と第二次的文化。スニデールのこの概念については、里見『働くことと学ぶこと』一九九―二〇六ページを参照。

その知を理解するということだ。階級的な特質を理解することなしに民衆知を理解することは不可能だが、複雑な社会形態のもとでは階級的特質というものは容易に看過されてしまうのだ。

民衆知を尊重するということは、必然的に、文化的コンテキストを重視するということを意味している。被教育者がいま立っている場所こそが認識行為の出発点なのであり、そこからかれら・彼女たちは世界の像を構築していくのだ。「自分の」世界とは、結局のところ、自分が向きあっているこの世界のことだ。

ぼくの名で言われたり為されたりしていることで、ぼくの言動とは正反対なものに責任を負えない……

ぼくが被教育者の固有の世界に然るべき敬意と関心を払うことにたいしても、またまた、ローカルなものへの埋没だの、視野狭窄だの、指針の欠如だの、這いまわる経験主義だのといった批判が絶えないのは、なんとも驚くべき話である。こうした批評は、しばしばぼくの著作の誤読にもとづくものであったり、浅薄な誤解のうえにたって書かれた、いや、そもそもぼくの著作を読むことなしに書かれたフレイレ批判の文献からの受け売りであることが多い。

こうした批判が傾聴に値するものとは思えないが、ぼくにたいしては、もう一つ別な中傷もおこなわれている。それによると、ぼくが被教育者たちのローカルなコンテキストを重視するのは、それを出発点にして世界にたいする理解をおし広げるためではなく、もっぱら「フォーカリスト」の立場(木を見て森を見ない思考法)を擁護するため、なのだそうだ。現実を弁証法的に把握するための知性をもたず、それゆえに部分と全体の矛盾をはらんだ関係を知覚することができないフォーカリストの擁護者、それがおまえ、パウロ・フレイレだというわけだ。おっしゃるとおり、われわれは、そうした危険をおかしやすい。だからこそぼくは、この本でも、部分としての「塩」と、全体としての「調味料」の関係を説いた農民たちの批評を引用したのだ。

ぼくは、自分が教育実践のなかで、その種の誤りを犯してきたとは思わない。そんなことを提唱した覚えも、ない。自分の実践について考えることはいつもしてきたし、その所産としていろいろな本も書いてきたが、その本のどこでも、ぼくはそんなことは主張していない。

ぼくが「ローカル」なもの、リージョナル（地域的）なものを尊重するからといって、だからあいつは「普遍性」を否定していると解釈されるのは、ぼくには理解困難、というよりも理解不可能だ。たとえばローカルなもののなかに内在する全体性を封じ込め、抹殺する――ぼくの用語でいえばフォーカリズムの典型例として、こともあろうにぼくの識字教育のカテゴリー「言葉の小宇宙」universo vocabular mínimo がとりあげられているのだから、首を傾げてしまう。まさにそれをこそ、ぼくは批判してきたのに、である。

「言葉の小宇宙」は当然のことながら地域調査にもとづいて搾《しぼ》りだされてきたものであり、私たちはそれにもとづいて識字教育のプログラムを作成した。しかしこうした「言葉の小宇宙」にもとづいて展開される識字のプログラムがつねにローカルな現実だけに密着しつづけなければならぬなどと、けっして言ったことはない。もしそんなことを言ったのだとしたら、自分が言っている言葉の意味を理解しないままに、ぼくはこれまでの全著作を書き、いままたこのエッセイを書いていることになるだろう。ぼくの思考にはディアレクティークがまるで欠如していることになるであろう。

あまりコメントをくわえずに、ぼくは読者のみなさんに『自由の実践としての教育』の一読をお薦めしたい。版はどの版でもかまわない。その末尾で、ぼくはリオデジャネイロ州[37]での調査にもとづいて選び出した「言葉の小宇宙」の十七の生成語について、その分析をおこなっている。これはリオがグアナバラと呼ばれるようになった軍政下でも利用されつづけたものだ。それらのページを見ていただくだけでも、批判の荒唐無稽さは明らかになるだろうと思う。☆

被教育者にある一つの事柄を明らかにすること、あるいは明らかにしていくことが、きわめて重要だと思う。リージョナルなものはローカルなもののなかから立ち現れ、ナショナルなものはリージョナルなものから、コンティネンタルなものはナショナルなものから、そして全世界的なものは、それぞれのコンティネンタルなものをとおして立ち現れる、ということ、すなわちそれである。

ローカルなものにへばりついて全体的な展望を見失うことが誤りであるのと同様に、自分の足場を顧みずに、ただ全体ばかりを鳥瞰《ちょうかん》しているのも誤りだ。

一九七九年にブラジルに帰国したとき、ぼくは、あるインタビューアーに言ったものだ。ぼくはレシーフェの人間であるがゆえにペルナンブコの人間だ。ペルナンブコ人だから、ノルデスチの人間なのだ。ぼくのノルデスチ性は、ぼくのブラジル性を、ぼくのブラジル性は、ぼくのラテンアメリカ人としてのありようを説明する。そしてラテンアメリカ人であるということが、同じぼくを世界人たらしめているのだ、と。

アリアーノ・スアスーナは、普遍的なものから出発して普遍的な作家になったのではない。タペルア町のスアスーナ、それがかれの出発点だ。[38]

「もっとも直接的な日常世界、つまりは村のなかでの自分の暮らしのありようを批判的に分析し、そこに出《しゅっ》来《たい》している事態の原因を突きとめることによって、民衆は、村や地域という限定された地平をのりこえてグローバルな視野を獲得していく」。ぼくは一九七七年に出した『ギニア・ビサウへの手紙』の五九ページに、そう書き付けた。「こうした現実認識は、国家の再構築という自分たちの課題を理解するうえで不可欠のものだ」と。
もっとさかのぼって、ぼくの処女作である『自由の実践としての教育』を引用してもよい。一九六五年に脱稿し、一九六七年に公刊された本だ。その一一四ページでコード表示のプロセスを説明して、ぼくはこう書いている。

「これらの（絵表示された）状況は、参加者たちにたいする挑戦として機能する。それはコード化された問題状況なのであり、そこには、コーディネーターの協力の下で集団的に解読（デ・コード）されるべき諸要素が畳込まれている。それらを議論するなかで、ちょうど文化の人類学的概念を議論したさいにそうであったように、グループの人びとは、自らの問題を意識化するようになり、それとともに文字を獲得していくのである」

ローカルな状況（強調のゴチは今回ほどこしたものだ）は、**ナショナルな**、あるいはリージョナルな（より大きな地域にかかわる）**問題**の分析に道をひらくものだ。

「書かれた言葉というものは、誤読されたらそれまでだ」と、プラトンはいった。
しかしぼくは言わねばならない。ぼくの名において言われたり為されたりしていることで、しかもぼくの

☆――「言葉の小宇宙」。識字学習のコーディネーター・グループは、地域の暮らしのなかで使われている語彙のなかから、「世界を読む」ための鍵となるいくつかの単語を選び出して、それぞれの語を視覚的に「見る」ことのできる映像に具象化する。これらの一連のキーワードが、自分たちの状況をより批判的に省察していく手がかりになっていくのである。「言葉の小宇宙」の実際については、Sedes Sapientes制作のO Universo da Palavraという格好の短編ビデオがある。『自由の実践としての教育』の邦訳は『伝達か対話か』（亜紀書房）に収録されている。

言動とはまったく正反対なものにたいして、ぼくは、責任を負うことはできない、と。

だれかが憤激して——よくあることだが——こういってぼくに詰め寄ったとしても、ぼくは、それを受け入れるわけにはいかない。「あなたはたしかにそうは言わなかったかもしれない。しかし、あなたの弟子と称する人たちが、そう言ったのだ」と。自分をマルクスに擬《なぞら》える気などさらさらないのだが、——といっても、それは昨今しばしば言われるように、かれがすでに過去帳の人だからではなく、逆にぼくにとっては、マルクスはつねに新たに見なおされねばならぬ思想家であるからなのだが——、かれがある手紙のなかで書いている一節を、ぼくは引用したくてならなくなる。フランスの支離滅裂な「マルクス主義者たち」に苛立って、かれは言っている。「ぼくに分かるただ一つのことは、ぼくはマルクス主義者ではない、ということだ」。

マルクスを引用したついでに、七〇年代のぼくの仕事に下された自称マルクス主義者たちの批判に一言しておこう。かれらのある者たちは——残念ながら、その数は少なくはないのだが——重要な二つの点を忘れているようだ。第一に、ぼくはまだ死者ではない。第二に、七〇年代には、ぼくはまだ『被抑圧者の教育学』を書いてはいなかった。書いていたのは、『自由の実践としての教育』だけである。思想のある段階にたいして向けられた批判をぼくの思想全体の批判に敷衍《ふえん》するのはルール違反というものだ。あるAなりBなりのテキストへの批判としては妥当なものもあるが、それをぼくの仕事の全体に拡張するとすれば、正当とはいえない。

何よりも夢見ることが重要だということ。夢見ることは、たんに政治的に必要な行為であるだけでなく……

そうした批判の一つは、明らかに形式的かつ機械的なもので、あまり弁証法的とはいいがたいものだが、要するにぼくが社会階級のことに言及しないということで、なかんずく、「階級闘争は歴史の原動力である」などという台詞を口にしないからというので、ぼくにいぶかりの目を向けているのである。あいつは階級といわずに被抑圧者などという曖昧な概念をつかうからけしからん、というわけだ。

まずもって言っておくが、ぼくの『被抑圧者の教育学』を読んだ経営者なり労働者なりの読者が、都市においてであれ農村においてであれ、経営者の自分を労働者と、あるいは労働者の自分を経営者と取り違えるようなことが起こり得る、というのだろうか。被抑圧者という概念が曖昧なために読者は混乱をきたし、経営者は「剰余価値」の搾取をつづけるべきかどうかをためらい、労働者はその利害を擁護する手段としてのストライキの権利を手放す、などということが可能だろうか!

ぼくは、帰国後まもない一九八一年に読んだ、あるテキストのことを思い起こす。サンパウロの一婦人労働者が書いたものだが、彼女は「民衆とは何者か」と自問し、こう自答していた。「民衆とは何者か、などと問わぬ者こそが民衆なのだ」。

この種の批判をはじめて受けたときに、ぼくは、何時間もかけて自分の本を読み返してみた。そうしたら、なんとテキストのいたるところで、ぼくはくりかえし社会階級について語っているのである。その数二十回をくだらないだろう。同じページで二度、三度と階級を語っていることも稀ではない。ただぼくは、決まり文句として、あるいはぼくの思想をスパイする検閲官や審問官をおもんばかって、その連中への潔白証明として、階級を口にしているわけではない。そうした批判者は、かならずしもそうと明示されているわけではないが、がいして、ある特定の点に引っかかりを感じているようだ。いまとりあげた被抑圧者という概念の曖昧さ、民衆という概念も同じらしい。「被抑圧者は、自らを解放することをとおして抑圧者を解放する」という、ぼくが『被抑圧者の教育学』のなかで述べているテーゼ。それから先ほどもいったように、階級闘争は歴史の原動力である、などというもの言いを、ぼくがしないこと、ぼくが個人を問題にするときのその仕方、つまり個人を社会構造のたんなる反映などとは見なさずに意識や主観性を重視すること。そうした諸点がどうも気に入らぬらしいのだ。意識化の役割については、『被抑圧者の教育学』でのそれは『自由の実践としての教育』での捉え方を批判的にのりこえているはずだ。ラテンアメリカの農民大衆は自らが置かれた現実に「癒着」しており、それゆえに、被抑圧階級としての階級意識は、抑圧された人間としての自己意識によって先行されぬまでも、すくなくともそれと相互に携えつつ発達するものでなければならない、というのが、ぼくの主張であった。

こうした論点は、いっときに成立したものではない。ヨーロッパ、アメリカ合衆国、オーストラリア、ラテンアメリカなどでの数々のセミナー・討論をとおして、文章や口頭発表の形で少しずつ温められていったものだ。

ぼくは昨日も今日も、同じ独立性と確信をもって階級について語ってきた。しかし七〇年代にぼくに恒久的な概念定義を求めてきた多くの論客たちが、いまでは逆なことを要求することも大いにありうる話なのだ。もう階級なんていませんよ、階級闘争なんて消滅しました、というわけで、かれらは、ぼくに使用概念の無節操な撤回を求めるのだ。可能な夢としてのユートピアの思想を内包した可能性の言語をなげすてて、かれらは「プラグマティック」なネオリベラリズムの言説に飛びつく。この言説に従えば、われわれはただただ与えられた事実に適応すべきなのであって、他のありようなどというものは考えられないし、人間の矜持《きょうじ》をこめて現状以外の現実を求めてたたかうなどというのは愚の骨頂なのである。

階級対立でなにもかもが説明できるなどという言い分は、ぼくにはまったく理解できない代物だ。公式主義者は、火曜の夕焼け雲の色までも、それで説明しかねないのだ。だからぼくは、近代世界において歴史を動かしてきたのが階級闘争であるとか、あったとかとは、けっして言わなかった。とはいうものの他面では、今日においても、またおそらくは近い将来においても、階級とその対立する諸利害を抜きにして歴史を理解することは不可能だろうと思う。

階級闘争は歴史の原動力というよりも、それを動かす諸力の一つなのだ。

現存する正義に悖《もと》る世界に満足しえぬからこそ——上述の「プラグマティックな」言説は、それへの全面的な適応を私たちに説いてやまないのだが——、われわれは、過去においてと同様に今日においても、戦略と戦術の関係について十分に自覚的であることを求められている。一つのポイントは、より醜からざる世界を求めてたたかいをつづけている人びとが戦術の必要性に目を向けることだ。採られるべき戦術はまず第一にかれの目的であり夢である戦略と矛盾しないものであることが必要だし、第二に、戦略的な夢を実現する方法であるところの戦術は、歴史のなかで生成し自らを形づくっていくものであるから、当然、歴史とともに変容していく。もう一つ言いたいことは、何よりも夢見ることが重要だということ。夢見ることは、たんに政治的に必要な行為であるだけではなく、人間の歴史的・社会的な存在様式そのものであるのだ。それは、歴史のなかにあって不断の自己生成の過程に自らを投ずる人間の、その本性の一部をなすものだ。

人間は歴史をつくる主体であると同時に、その歴史によって形成され再形成される客体でもある。そうして人間は、たんに世界に適応するだけではなく、世界に介入する存在たりつづけてきた。とどのつまり、夢もまた歴史を動かす原動力の一つだったのである。夢がなければ、変化はありえない。希望なしには夢がありえないように。

それゆえにぼくは『被抑圧者の教育学』このかたずっと言い続けてきたのである。真のユートピアとは、ますます堪え難いものになっていく現在の否認と、われわれ人間によって政治的・美的・倫理的に創造され、構築されるべき未来の宣示との緊張関係そのものなのだ、と。ユートピアには、この否認と未来のことぶれとの両者がふくまれている。しかしかつてはことぶれであった未来が現実のものとなった暁においても、この両者の緊張関係は消尽するわけではない。新しい夢の経験がそこからはじまるのだ。歴史がそこで止まり、そこで死ぬということがない以上は。そうではなくて歴史はつづいていくのである。歴史を可能性として理解するという、ぼくがこの本でおこなっている示唆は、夢というものがなければまるで理解できないものになるだろう。決定論的な思考にとって夢というものはおよそ両立不可能なものであって、だからこそ、それを否定するのである。かくして前者の場合には、歴史における主観性の役割が大きく浮上するが、後者の場合には、それは極度に矮小化されるか、もしくは否定される。教育の重要性が認知されるのも前者においてである。たしかに教育ですべてが可能になるわけではない。にもかかわらず、それは何ものかではありうるのである。ところが後者においては、その役割はきわめて過小に評価される。

実際、未来が既定のもの、あるいは現在のたんなる機械的なくりかえしで、変化は刺身のつまのごときもの、ものごとは所詮なるようにしかならぬ、と考えるとすれば、ユートピアなどというものの入り込む余地はなく、夢も、選択も、決定も、たたかいにたいする期待も、ありえないということになるだろう。希望というものは、もっぱら、そうした形において存在するはずのものなのだが。また後者は教育にも、余地を残さない。あるのは馴化《じゅんか》だけだ。

夢とは、異なる、より醜悪ならざる世界を創りだそうとする企図なのであるから、いまある世界に順応するのではなく、それを変革しようとする政治的主体にとって必要不可欠であるばかりではなく、——前言をくりかえすことになるが——、およそ働く者すべてにとってなしではすまされないものなのだ。労働者は行為を実行するまえに、まずあたまのなかで、その行為のプロジェクトを構想するからである。

しかし支配階級の利害に即して考えるならば、被支配者の人びとが上記のような意味での夢を夢見ることなく、またユートピアにかかわる政治的学習において未熟であればあるほど、——そして、唯々諾々と「プラグマティックな」言説を迎え容れるようになればなるだけ、かれらは枕を高くして眠りにつけるということになるだろう。

支配階級の一部の人びとが誇示しているモダニティは——かれらは、いわゆる「産業界のキャプテン」たちの時代遅れのやり方に甘んじているわけではないのだが、かといって、その階級的な性格に何かの変化をもたらしているわけでもない。

だが、だからといって、労働者階級は、民主主義的な空間の拡充にセクト的に背を向けるべきである、などということにはならない。その結果として、労働者階級と支配階級のあいだに新しいタイプの関係が構築されるということは、大いにありうる事態なのだ。重要なことは、労働者階級が自らのたたかいの実践をとおして、持続的に学びつづけるということであり、自らの妥協に限界を設定することであり、それはまた支配者にたいしても、かれらがそのなかで動くことのできる限界を示すことにつながっているのである。

結局のところ、階級間の関係は階級知とでもいうべきものの生成をうながすある政治的事実なのであって、どんな戦術をもちいるかを選択するさいには、こうした明察が不可欠なものとなるのだ。戦術は歴史的に多様に変化するが、すべからく、それは戦略的目標に合致するものでなければならないからだ。

資本主義の悪にたいする民主主義のたたかいは、長い目で見れば戦いやすいものになるだろう……

この学習には、じつのところ、特別な教室は要らない。われわれがそのことを学ぶのは、社会諸階級が相互に対立する利害を調整するよりよき関係を模索するほかはなくなった、今日という時代そのものをとおしてなのだ。今日われわれは、国の内外を問わず、まさにそうした時代を生きている。時代の現実そのものが、社会の死活にかかわる緊急の課題に直面した社会諸階級に、新たな形での対峙の必要を訴えているのだ。こうした新しい対峙の場を追求する実践や試行、もしくはその歴史が、労働運動のリーダーたちの学習目標、あるいは学習内容になっていくことは大いにありうることだ。しかし、それはたんに労働運動史の講座内容の一つとしてではなく、リーダーとしての活動をとおして、いわば事後的に学びとられていく理論と実践の内実なのだ。いま、われわれが経験しているのは、まさにそうしたことである。われわれがそれと格闘している危機はかつてないまでに錯綜したものになっており、支配階級と労働者階級のあいだには、それらをめぐって、ときにはきわめて高度な討論が展開されている。しかしだからといって、われわれはいま新しい歴史の時代、社会階級と階級対立が消滅しベルリンの壁とともに社会主義も瓦解した時代を生きていると宣言するのは、すくなくともぼくには、胡散臭い主張に思えるのだ。

「モダニティ」を誇示するネオリベラリズムの言説も、社会階級の存在を帳消しにするだけの力はない。階級間の利害対立の不在を強弁することはできないし、諸階級の対立や闘争をチャラにするだけの神通力もない。現実を直視すれば、歴史的なカテゴリーとしての闘争のありようが見えてくるはずだ。闘争は歴史性をもつ。だから時代と場所が変われば、闘争のありようも変わってくる。闘争は対立者相互の合意と一致の可能性を否定するものではない。合意もまた闘争の一つの環なのだ。

歴史のなかには、社会全体が生き延びるためにどうしてもお互いの声を聞きあわねばならぬ瞬間というものがある。しかしそれは——くりかえしていうが——われわれが階級対立の解消した新しい歴史的時間を生きている、ということではない。たしかにそれは新しい歴史的時間ではあるだろうが、諸階級が依然として存在し、それぞれの利害のためにたたかっていることにかわりはないのである。

たんに「プラグマティック」に現状に適応するだけではなく、労働運動のリーダーたちは、新しい資質、もしくは徳とでもいうべきものを創出していかなければならないのであって、それなくしては、自らの権利のためにたたかうこともますます困難になっていくだろう。

もはやイデオロギーは存在せず、だれもそれに耳を傾ける者などいないこの時代に、なおかつ「イデオロギカルな言説」に執着する左翼は、それによって自らの無能な本質を曝け出しているのだ、というお馴染みの主張は、じつはそれそのものが支配階級の底意を秘めたイデオロギー的言説なのだ。時代によってのりこえられたのは、イデオロギー的な言説ではなく、「ファナティックな」言説である。呪文のくりかえしにも似た不毛な言説であって、そのような言葉を撒き散らすことが不名誉であることに今も昔も変わりはない。さいわいなことに、不毛な空文句、ただただ響きのよさだけを求めるレトリック倒れの言説は、今日ではますますもって通用しがたいものになっている。

たしかに激した進歩派のなかには声を張り上げてこの種の主張をおこなう者がまま見られるのだが、そんな言行は、今日われわれが必要としている政治的前進にはなんら寄与するところがないだろう。が、だからといって現代はすべからく中立性の時代だ、ということにはけっしてならないはずだ。

いわゆる「現実的社会主義」が瓦解したからといって、社会主義自体の妥当性が失墜したことにはならないし、資本主義の優位性が証明されたことにもならない。そのことの理解は、ぼくの心を不動のものにした。

途上国の何十億人もの人びとを貧困と飢餓のなかにたたきこんでいるシステムがどうしてその優位性を主張できるというのか。このシステムは、お膝元の先進国のなかにすら、多くの貧困者、飢餓に瀕《ひん》した人びとをかかえこみ、しかもかれらの存在になんの関心を払おうともしていないではないか。無数の宿なしの男女を尻目にして安眠をむさぼり、それはかれらの自業自得だといってのけるこの社会が、どうして優れた社会だといえるだろうか。性の差別、階級の、人種の差別をほとんど放置し、自分と異なる者を否定し、辱め、傷つけ、軽んずる社会、そしてかれらをダシにして利得を貪ることが、力をもつある個人、階級、人種、性の当然の権利のように見なされているこの社会が。

何百万人もの子どもが死産し、あるいは産まれても早死し、なんとか生き延びた子どもでも幼児のうちに死んでいってしまう悲しい記録をのこしているこの社会が、いったいなんで優れた社会などといえるのか。

三十万人近くの五歳以下の子どもたちが、毎年、先進国ならば死ななくても済む理由のために生命を落としている。世界中の一億一千万の子どもたち（同年齢児童の約二〇％）が初等教育を満足にうけていない。これらの子どもの九〇％以上は最貧国もしくはそれに準ずる国々の児童である（世界開発報告一九九〇年）。

他方でユニセフ・レポートにはこう記されている。

現状のままでいくと、一九九〇年代には年間一〇〇〇万人以上の子どもたちが病気と栄養失調で死んでいくだろう。死因は限られたもので、指折り数えることができるほどのものだ。ほとんどの子どもたちは、かつては工業国でもよく知られていた疾病によって死んでいく。脱水症状をおこし干涸《ひから》びて死んでいく子ども、肺炎、破傷風と麻疹、百日咳による窒息死などだ。この五つの疾病はきわめて一般的なものだが、予防と治療は容易で、さして費用もかからない。来る十年間に幼児死亡の三分の二以上を、あるいは栄養失調児の半数以上の者を救済することは、達成可能な人類の責任なのである。

こう指摘したうえで、ユニセフの報告はつぎのように述べている。

問題をグローバルな視野のなかにおいて見れば、来るべき十年のあいだに幼児死亡と栄養失調児をなくすために新たに支出されるべき費用の年額は、約二・五億ドルである。この数字は(と当惑をこめて報告は指摘しているのだが)アメリカの諸企業がタバコの売り上げを増やすために投じている年間の費用とほぼ見合っているのである。★

ブラジルのノルデスチでは、人びとは、極度の貧困と隣り合わせに生きている。聞いただけだと、作り話としか思えないほどだ。レシーフェの町外れでは、子どもも大人も、飢えた犬たちと争いつつ、食べ物をさがしてゴミの山を漁っている。この悲惨な風景は、サンパウロにだって見られるものだ。

★——UNICEF situação mundial da infancia, 1990, P.16

回虫に食われて、すっかりお腹の膨れ上がった子どもたち、まだ三十代だというのに歯は抜け、背中は曲がってどう見ても老婆にしか見えない女たち、やつれて草臥《くたび》れ果てた男たち、骨と皮ばかりに痩せこけたこの住民たちを目のあたりにして、いったい、だれが資本主義の優位性を主張できるのか。レシーフェの人口の五二%はスラムの住民である。天気が変われば、たちまち、そのとばっちりを受ける人びとだ。衰弱したからだが、病魔に侵されるのは容易《たやす》い。土地をもたぬ農民たちが、奪われた土地で働く権利を求めて簒奪者たちとたたかうとき、かれら・彼女たちが相手どらねばならぬのは、冷血で卑劣な殺し屋たちだ。この体制のいったいどこが優れているといえるのだろうか。

ブラジルの大都市のど真ん中でたくさんの子どもたちが殺されていっても、なんら心を動かすことのない社会、貧しい八百万の子どもたちを学校教育から「門前払い」にし、せっかく学校にはいった子どもの大部分をそこから「追放」して平然としている社会、それがほんとうに優れた社会なのか。それをしも、人は資本主義的近代性と呼んでいるのだが。逆に社会主義のなかに、——現実的社会主義といわれているもののなかに——、私にとっていただきかねるものがあるとすれば、それは社会主義の夢ではなく、その権威主義的な枠組みのなかにあるのである。——スターリンばかりではなく、マルクスやレーニンにもその責がないとはいえないこの権威主義的な枠組みは、社会主義の希望とは矛盾するものだ——。それは資本主義における肯定的なものが、そのシステムにではなく、それが掲げた民主主義のなかにあるのと同断だ。

その意味においても権威主義的な社会主義世界の消滅は、——その様相は多面的で、それは一種の解放の叙事詩であると同時に、以前はいきいきと躍動していた多くの精神を硬直化させ、生気を奪い、錯乱させ、堕落させていった元凶でもあったのだが——、それが崩壊したことによって、われわれのまえには大きな可能性が開かれたことになるのである。すなわち、困難なことであるとはいえ、社会主義の夢を夢見つつ戦いつづけること、そしてあの権威主義的な歪曲、冷たい全体主義、セクト主義的盲目からわれわれが自らを浄化する道がより大きく開かれているのである。だから資本主義の悪にたいする民主主義のたたかいは、長い目で見ればより戦いやすいものになるだろうと、私は考えている。それにつけても必要なことは、自らを近代的と考えている多くのマルクス主義者たちが、その過剰な自己確信を克服して、民衆のまえでより謙虚な姿勢をとること、ポストモダン的に自らの確からしさをより不確かなものに変えていくことだ。

人間は自らの歴史のなかで自らの自然を制御し、それゆえに客体であるとともに主体となる存在……

とりあえず『被抑圧者の教育学』から、一、二の箇所を引いておきたい。

「抑圧者の暴力は、被抑圧者が人間として存在することを禁圧するものであり、そうである以上、この暴力にたいする反撃は、人間であることへの権利を求める渇望に根差すものといわなければならない」

「抑圧者は、他人を虐げ、抑えつけたからといって、だからといって人間として存在できているわけではない。被抑圧者は、自らが人間として存在するためのたたかいのなかで、他者を抑圧し蹂躙《じゅうりん》する権力を抑圧者から剥奪し、それによってかれらの人間性をも回復していく。抑圧を行使することによって失われていったかれらの人間性を、だ」

「被抑圧者のみが、自分を自由にすることによって、抑圧者をも自由にすることができるのだ。**階級**としての抑圧者は、他者はもちろん、自分をすらも自由にすることができない」(太字の部分は今回の引用にあたって、そうしたものである。)

『被抑圧者の教育学』のこの部分を引用しながら思うのだが、ぼくが抑圧者とか被抑圧者というときに、どんな存在を念頭においてそれを言っているかを、これはもっとも明瞭に示している箇所の一つではないだろうか。

右に掲げた一節にかぎらず、この本の全体を通じて、ぼくは、あたかも自らの必然に促されるかのように、ある人間論、ある種の人間理解もしくは人間観といったようなものをところどころにうめ込み、ときにはあからさまに明示さえしていることが見て取れるのだ。それは人間は自らの歴史のなかで自らの自然を制御し、それゆえに客体であるとともに主体となる存在だ、という洞察だ。右の一節だけでなく、ぼくの長年の政治的・教育的言説のなかに一貫しているものは、この社会的・歴史的に自己を構成していく存在としての人間性の概念である。

人間をたんに「生存」するだけの存在と考えることはできない。人間は歴史的・文化的・社会的に「実存」する存在なのだ。自らの道をつくり、その道におのれを曝し、引き渡しながらも、同時にその道をつくりかえ、自らをもつくりかえていく存在なのだ。

生存を存在に変えていく能力をもたない他の動物とは異なって、われわれは実存者として、人格の平等を求め主張して、そのためにたたかう資質を形づくってきた。だからこそ、われわれは生ける存在として、一人ひとりが根本的に異なっているのだ。

われわれは、だれもがそれぞれに異なっている。生ける存在が再製される仕方というものは、そうあるべくプログラム化されている。それゆえに人間は、いつかはかならず平等という概念を製作する必然性をもって生まれついているのである。もしもわれわれがバクテリアのようにどの個体も同一のものであるとすれば、平等という観念は無用の長物であっただろう。(フランソワ・ジャコブ)☆

われわれが実現した巨大な飛躍とは、たんに生得的なものだけを発動させるのではなく、また獲得形質だけを機能させるのでもなく、両者の関係を活かして活動する、ということのなかに存するのである。「ある個人がつくりだされる過程というものは」と、同じテキストのなかでフランソワ・ジャコブは指摘している。「生理学的な見地からいっても、また知的・道徳的な見地からいっても、生得的なものと獲得されたものとの不断の相互作用と照応しているのである」。

人間は想像力と好奇心を働かせることによって、「自分から離れて」自分自身をとらえ、自分の生のありようについて何かを知ることができるようになった。われわれはある段階において、たんに「生きる」だけではなく

☆――Francois Jacob　フランスの分子生物学者。タンパク質合成の遺伝的制御機制の研究で、ジャック・モノー、アンドレ・ルウォフとともにノーベル賞を受賞。自伝『内なる肖像』(辻由美訳・みすず書房)は現代の自伝文学のもっとも傑出した作品の一つである。本書引用部分の出典は、Jacob Nous sommes programmés, mais pour apprendre, (「人間はプログラム化されていますが、ただし学習すべくプログラム化されているのです」) Le Courrier, UNESCO, fuv. 1992.

なく、自分が生きているという事実そのものを「知る」ことをはじめたのである。知ることを知り、それゆえにもっと多くを知ることが可能だと知るにいたったのだ。われわれは想像力と好奇心をもつ存在であるがゆえに、一時も、学ぶこと、探究することを、ものごとがかくある理由を探査することを、やめることができない存在になった。われわれは明日を、ものごとの行方を、問うことなしには存在することができない。未来の何に組みし、何に逆らうか、だれを利し、だれを不利にするのか。「未然の可能性」を現実のものにするために、われわれはどうしたらよいのか。それを問い、そのためにたたかうことなしには、われわれは、自らの存在を全うすることができないのだ。

それというのも、われわれは、そのようにプログラム化された存在であるからだ。とはいえ、一義的に決定されているのではない。「実際には、それぞれのプログラムは全面的に固定されているわけではない。それは諸構造を決定するが、構造は傾向と可能性を示すにとどまるものだ。遺伝子はたんに個人の組成を決定するにすぎない」。ということは、人間においては遺伝子の構造と学習という行為とがしっかりと結びついている、ということだ。

われわれは絶えず探究する、好奇心に満ちた存在だ。自らと自らの生に「距離をおく」存在だ。われわれは冒険と「知る情熱」に身を投じ、それゆえに自由を不可欠のものとして求める存在だ。自由は、そのためのたたかいのなかで形づくられる。まさにそういうものとしてわれわれが存在しているのは、そのようにわれわれの存在がプログラム化されているからであり、しかし同時に、そうあるべく決定されているわけではないからである。かくして「人間になっていく(人間化していく)」こと、その使命からの逸脱である「非人間化」――具体的な歴史的事実としてそれは現前しているのだが――を忌み恐れることが、すなわちわれわれの使命なのだ。人間の使命はこれを措いてほかにはない。人間化も非人間化もあらかじめ決定づけられた人間の運命ではない。だからこそ、人間化の道を選ぶこともできれば、その使命から逸脱することもできるのだ。

より高きを、あるいはより人間らしく、という人間の存在論的な使命を語るとき、けっして原理主義の立場に陥らぬようにすることが重要だ。原理主義はつねに保守的だ。だから人間化という使命は、歴史の先験的な所与などではなくて、歴史のなかで形成されてきた何かであることを、強調しておくことも重要だ。が、他方において、人間化をめざすたたかいと、それを実現する手段は、時代と場所によって多様に変化する歴史的なものであるだけではなく、あきらかにあるユートピアを要求する。ユートピアは、そこに自由への希求が欠けていたら、——人間化という使命と不可分な自由への希求が欠けていたら——、ユートピアたりえない。また希望がなければ、私たちはたたかうことができない。

人間化への夢は、つねに過程的に具体化されていくもので、それはつねに生成であり、現実の、具体的な、政治的・経済的・社会的・イデオロギー的束縛との角逐をとおして生まれてくるものだ。かくして夢は、歴史の絶えざる過程をとおして形成されてきた要請であり、人間の生きる条件なのであって、われわれ人間は、そうした歴史をつくると同時に、その歴史のなかで自らをつくり、つくりかえてきたのである。

人間性も超歴史的なものではなく、歴史のなかで形づくられてきたものだ。その含意は上記の使命のなかにこそ示されているといわなければならない。

抑圧者が被抑圧者を非人間化することによって、おのれ自身をも非人間化しているのは、まさにそれゆえなのである。抑圧者がどんなに旨いものを食べ、どんなによい格好をして、どんなに安眠を享受しようと、それは非人間化の状況を変えるものではない。自らを非人間化することなしに他人を非人間化することはできない。人間化の使命とは、それほどに根源的なものなのだ。君が人間たりえないなら、ぼくだって、人間たりえない。ましてぼくが、君が人間であることを封じているとするならば。

だから抑圧者は、階級としても個人としても、だれをも解放しないし、自分自身も解放されない。だから被抑圧者は、個人として、そして階級として、自らが必要とする正義のたたかいをとおして、自分を解放するとともに、抑圧者をも解放するのである。ほかでもなく、被抑圧者たりつづけることを自らに禁ずることによって、である。

解放と抑圧が冷厳な人間の運命として歴史のなかに書き込まれている、と考えてはならない。同じように、歴史のなかで生成する人間性というものも、それそのもののなかに、人間化とその対立項としての非人間化の運命を刻印しているわけではない。

歴史を機械論的・決定論的にとらえた政治的実践は、人間の非人間化の危険を軽減するうえでなんら寄与するところがない。

人間は歴史のなかで、さまざまな仕方で動物化を強いられてきた。自らを未決の存在、限定され条件づけられた存在として知覚することができたとき、まさにそのときに、そのぶんだけ、われわれは自分を解放する可能性を開発しえたのである。さらに重要なのは、この未決定性、この被限定性と被拘束性を知覚するだけではまだ不十分だということを知覚することだ。それに加えて、世界を変革する政治的なたたかいが必要なのだ。個人の解放は、社会の変革と結びついたときに、奥深い意味を獲得するのだ。

「手なずけられた未来」の観念を、反動家たちと「革命家たち」とは、それぞれの流儀で共有している……

それにつけても夢が必要となり、行動の要件となる。

まさにこの点をめぐって、ぼくの議論は、多くの批判をよびおこすことになった。要するにそれは、ぼくが現実変革の過程における主観性の役割を、あるいは主観性と客観性、意識と世界の二分化することのできない関係を認識し、いまも重要視しつづけていることとかかわっている。『被抑圧者の教育学』の刊行以後、ぼくは何度となく、インタビューで、論文で、各種のセミナーで、このテーマについて書いたり語ったりしてきた。ここでもう一度その問題をとりあげて少しく再論しておくのも悪くはないだろう。

哲学的省察のなかにきまって登場するこの問題は現在でもアクチュアルな問題でありつづけているだけではなく、世紀の変わり目のいま、この問題を考えることは決定的に重要になっている。それは哲学的省察の対象でありつづけるとともに、そのことの必然的な結果として、認知論、政治学、イデオロギー論、言語学、教育学、現代物理学の中心的な考察対象ともなっているのだ。

われわれがまず認識しておかなければならないことは、「歴史の大道を歩む」のは、そう易しくはないということだ。実践にたいして「距離をとって」それを理論化する場合でも、実践にコミットする場合でも、その困難に変わりはない。一方において、客観性を過大に評価して、意識をそこに還元していこうとする誘惑があるし、他方に、意識を過大視して、意識こそは世界を意のままにつくり、つくりかえていく全能の力だと考えてしまう落とし穴が、われわれを待ち受けている。

主観主義と機械論的な客観主義は、どちらも反弁証法的なもので、だからして意識と世界との不断の緊張関係を学ぶ素地をもたないのだ。

事実、弁証法的な視点にたつときにのみ、はじめてわれわれは歴史における意識の役割を不当に大きく見積もったり、無視したりする誤りから免れて、正しくそれとして理解できるのである。だから弁証法は、意識を客観的な物質関係のたんなる「反映」とみなすことを拒絶するように求めるし、同時に意識を具体的な現実のありようを左右する決定的な力と考えることをも拒絶するのである。同時に弁証法的なものの見方は、ぼくが『被抑圧者の教育学』のなかでも、またこの論文のなかでも批判してきた「鉄の規則に支配された未来」という考え方とはぜんぜん両立しえないものであることがわかる。明日というものは今日の反復であるとか、さもなければ、あらかじめ約束されたもの、いうなれば約束された福音のように主張する議論を、われわれはけっして受け入れてはならないのだ。こうした「手なずけられた未来」の観念を、反動家たちと「革命家たち」とは、もちろんそれぞれの流儀においてではあるが、共有している。前者においては未来は現在の反復であり、その現在は、ごく副次的な形においてしか変化されざるものとされている。後者においては、未来は「鉄の法則性にもとづく進歩の所産」だ。どちらもきわめて宿命論的な歴史観を表しており、そこには真の希望はその場をもたない。

未来は鉄の法則性にもとづいてやってくる確定的なものだという観念は、ぼくが「解放の宿命論」とか「宿命論的解放論」と呼んできたものを構成するが、それは解放をある種の恩寵としてとらえるものだ。未来は約束されたものであるがゆえに、必然的にそうなるというわけだ。

弁証法的な視点にたてば、われわれが夢見る未来は、鉄の必然にもとづいてかならずそうなるというようなものではない。われわれが未来を創出しなければならないのである。しかもきたるべき未来は、われわれが目指したものとは、多かれ少なかれ異なったものになっていく。もちろん、われわれの夢は気まま勝手なものであってはならないだろう。具体的なもの、物的な現実を素材にして、しかし企図と理想をもって、われわれは未来をつくりだすのだ。機械論的でドグマティックな観点にたつと、ぼくのいう批判的な意識なんぞは、社会構造の変化にともなっておこる何か自動的で機械的な随伴現象のようなものになってしまうのだが、弁証法の立場にたつと、意識は、たしかにそれだけで現実がつくりだされるわけではないが、しかしぼくがくり返し言ってきたように、たんなる現実の反映ではない、という意味においてきわめて重要なものになるのである。教育が大きな意味をもってくるのは基本的にはその点においてである。ぼくのいう教育とは、ある教育内容を教授するということよりも、われわれの意識が多かれ少なかれそれによって拘束されている諸事実、ぼくが「金しばり」と呼んできた身体と精神の情況を生みだしてきた経済的・社会的・政治的・イデオロギー的・歴史的な諸事実を、その背後のからくりにまで踏み込んではっきりとさせていく認識行為を意味している。[39]

五〇年代のぼくは、おそらく現象を批判的に理解したうえでというよりも、直観的にとらえたうえで、すでに上記のような考えに達していた。すなわち前記の学位論文でも、また後の『自由の実践としての教育』のなかでも、いわゆる「前過渡的な意識」consciência semi-intransitiva から「ナイーブ☆な過渡意識」consciência transitivo-ingênua への移行が社会変容の波に押されて自動的にすすむのにたいして、より重要な段階である「ナイーブな過渡意識」から「批判的な過渡意識」への移行は、その目的に向けられた本格的な教育労働と不可

☆——ナイーブ。ポルトガル語では、ingênuo　辞書には「無邪気な」などと書かれているが、適当な訳語が見つからないので、ナイーブとした。篠田節子『女たちのジハード』の登場人物の言を借りれば「英語でナイーブというのは、ほとんど馬鹿だってことよ」。事態を正確にとらえず短絡的な行動をとることを、ポルトガル語では ingenuidade という。

分であることを論じていた。

ＳＥＳＩでの諸経験、それにジャボアタンでの青少年時代の記憶は、この問題についての理論書を読みあさるようになる以前から、何かとダイナミックでけっして機械的ではない意識と世界の相関関係の理解にぼくを差し向けていた。当然のことながら、当時のぼくは先にのべた危険を、――機械論か観念論的な主観主義かという二者択一の落とし穴を――、避けることができなかった。そうした関係を論ずるときのぼくは、いつしか意識を特権化するという方向にすべり込んでいったのである。

一九七四年に、ぼくはジュネーブで、世界教会評議会教育局が主催した座談会で、イヴァン・イリイチと対談する機会をもった。イリイチはそこで「脱学校化」という概念を、ぼくは自分の「意識化」という概念を再度とりあげて討論したのだが、この対談にさいしてぼくは小さな文章を書いておいた。読者の参覧を煩わすのもどうかと思うので、テキストの該当部分をやや長くなるが引用しておこう。

たしかに客観的な現実のヴェールを剥ぐことなしには意識化ということはありえない。意識化の過程に踏み込んだ主体は、この現実を、認識の対象として捉えるにいたるのだ。だがこの現実の暴露は、たしかにそこから現実の赤裸々な姿が新たに見えてくるとはいえ、真の意識化という点からいうといま一つ不十分なのだ。認識の運動がたんにある既成の知識の獲得に終始するだけではなく、新たな知識の創造にまで発展するように、意識化は、現実の暴露の段階にとどまっているわけにはいかない。現実のヴェールを剥ぐ実践が、現実を変革する実践とダイナミックに、弁証法的に結合したときに、意識化は真にその名に値するものとなるのである。

これらの考察から出発して、いくつかの指摘をおこなうことができるし、そうすべきだろう。その一つは、ぼくが『自由の実践としての教育』のなかでの自分にたいしておこなっている批判で、社会的現実のヴェールを剥ぐことを、社会の変革をもたらす心理的な動因として取り扱っていることにたいしてである。ぼくの誤りは変革の過程における現実認識の行為の基本的な重要性を認めたことにあるのではない。ぼくの誤りは、現実認識と現実の変革という二つの過程を、弁証法的に捉えそこねている、という点にあった。現実のヴェールを剥ぐことが、あたかもそのまま現実の変革を意味するかのように考えていたのである。

第4章

死をまぬがれるために服従する奴隷は、「服従する」そのことが、かれにおいては闘争である……

もし当時のぼくの立場が機械論的なものであったならば、ぼくが意識化について語ることはなかっただろう。いくぶん観念論的な方向に走っていたとはいえ、はやばやと自分の立場を見なおす傾向がぼくにあったことと、自分の実践を理論化して考えていくと、そこに意識と世界の弁証法的な運動が仄かにではあれ見えてきたこととが原因して、ぼくは意識化について語るようになった。

もしぼくが世の機械論者と同じように反弁証法的な観点をとっていたら、ドラスティックな社会変容を目のあたりにして意識化なんぞという考え方は否定して、教育の役割を正しく理解しようとはしなかったであろう。

すでにのべたように反弁証法的な考え方は、批判的意識というものを理解できない。それは社会変化の結果として生ずる随伴的な現象にすぎず、社会変化を生み出す要因とは考えないのである（エリカ・マルクーゼ一九八六年）。

興味深いことに、意識と世界の関係を弁証法的にではなく、観念論的に理解してしまうと、われわれは、世界の変革の手段としての意識化について語りはするものの、それを意識の内部で具現するものと考え、世界そのものには触れずじまいで過ぎてしまうことになるのだ。行きつくところは、たんなる言葉だけのおしゃべりだ。

教条的な機械論からすれば意識化などというものは語るに値しない無用のものだ。だからドグマティックで権威主義的な政治指導者は民衆との対話など必要としない。ただ民衆に為すべきことを語るだけだ。

抑圧者と被抑圧者との関係において何がおこっているかは機械論や観念論のやり方では理解できない。個人の関係においてであれ、階級総体としての関係においてであれ、それは同じだ。

くりかえして言うが、意識と世界とがどのように相互に規定しあっているかを弁証法的に理解すれば、被抑圧者の内部におとされた抑圧者の影、前者の後者にたいする癒着と同調、抑圧者を自分の外部におくことが被抑圧者にとっていかに困難か、といった現象も理解が可能になるだろう。

ぼくは一更ならず、二十五年まえにクエルナバカのかれの自宅でエリヒ・フロムから聞いた言葉を思い起こす。青い近視の目を輝かせて、フロムはいったものだ。「教育実践というのはね、一種の精神分析なのですね。歴史的で社会的で、文化的で政治的な、一種の精神分析」。

ドグマにこり固まった機械論者には、これはわけの分からぬ言葉で、観念論の一語で斥けられるのは必定だ。

民衆の大多数に社会のからくりについての批判的な理解が欠けているとしても、それはかれらが生まれつき無能であるからではなくて、たまたま生きた条件が劣悪であったために知ることが許されなかったためで、そこからの出口は、イデオロギー的なプロパガンダや「政治的なスローガンの盲信」ではない。それは批判的な努力だ。人間が、いぶかりをもって問いを発する主体、たえず事物のレゾンデートル(かくある理由)を探究し暴きだしていく主体としての責任を引き受けていくのは、そのような努力をとおしてである。ぼくが成人識字教育の分野で、昔から「世界を読む、言葉を読む」と呼んでいる方法を提唱してきたのは、それゆえである。言葉だけを読むのではない。また世界だけを読むのでもない。二つの行為を弁証法的に結びつけようとしたのである。

「世界を読む」というのは、自分がおかれた閉じた状況、つまりそこを一歩踏み越えることで「未然の可能性」が見えてくる所与の状況を、ますます批判的に解読できるようになっていく、ということだ。

とはいえ、このことを明らかにしておかなければならない。ぼくが自分に課した弁証法的な立場を貫くならば、世界と意識、実践と理論、世界を読むことと語を読むこと、コンテキストとテキストの相互関係をしっかりと見つめつづけるなら、世界を読むという行為は、アカデミックな読み方を民衆に押し売りすることではありえないのだ。

さりとて民衆文化を尊重するからといって、民衆の経験知のまえで自らの口をつぐみ、もっぱらそれに適合しようとする教育者たちの迎合的な行為に読みを終始させてよいということでもない。

弁証法的でデモクラティックな立場は、逆に、知識人がその任務に忠実であるかぎり、「介入」は不可避であることを示している。これは民主主義への裏切りではない。民主主義の立場は、権威主義的な態度や実践とは対立するものだが、しかし何でもありの自然発生論的な実践とも矛盾するものだ。

こうした意味において、ぼくは、進歩的な教育者が民衆の語義や語法に通暁すること、人びとの世界の読み方を理解すること、抵抗の文化に常套であるごまかし・すりかえる知恵をしっかりと見つめることの必要性を、あらためて力説したいのだ。そうした狡知を身につけることなしには、人びとは、ふりかかる暴力から身を守ることはできなかった。

抵抗の文化の血肉をなす祭りの意味を理解すること、信心深さと宗教性に感受性をはたらかせること、それをたんなる疎外の表現と見るのではなく、弁証法的な視点から力動的にとらえること、そうしたことが決定的に重要だ。人びとの権利として、それを尊重することだ。自分は宗教なんて認めないといって、それを十把一からげに拒絶するのではなく、さりとて民衆が宗教を受け入れるそのとおりの仕方で、それを受けとめる、ということでもない。

最近、ぼくはブラジルの社会学者で、カンピナス大学の先生でもあるオターヴィオ・イアーニ☆と対談する機会があった。そのときに聞いた話なのだが、かれは一九六三年にレシーフェの監獄で、ある若い左翼の活動家に接見したのだそうだ。イアーニは、そこでかれが聞いた言葉がどんなに感動的だったかを率直に語り、

☆――Octávio Ianni　社会学者。多くの著作をとおして、現代のブラジル資本主義が内包する諸問題を分析した。代表的な著書に『ブラジルにおける国家と経済計画』『ブラジルにおける人種と社会階級』『ポピュリスモの崩壊』『土地へのたたかい』などがある。

その活動家の、民衆文化、とりわけその宗教的信仰にはらう尊敬に共感を示した。

「なにか差し入れるものはありますか?」と、イアーニは、その活動家に訊ねたのだそうだ。

「バイブルです」。それが若者の答えだった。

「君は『何をなすべきか』あたりを言うのかと思ったよ。レーニンのさ」

「レーニンは、いまはいいのです。バイブルが欲しいのです。農民の宗教の世界をもっとよく理解したいのです。その理解なしに、どうしてぼくは農民たちとコミュニケートできるというのでしょうか?」

　これは進歩的な教育者たるものが踏まえねばならぬ民主主義的・倫理的な義務を示すものであるが、同時に、レシーフェの青年の言動が鮮やかに示しているように、こうしたやり方は、まずはコミュニケーションの前提としても必要不可欠なのである。

　教育者が民衆の文化と無縁ならば、かれの言っていることを聞くのはかれ以外の者には困難だろう。相手に届かないだけならまだしも、かれの言葉が上流階級の「言語的優越性」のひけらかしになって、人びととの支配と従属の関係をかえって強めてしまうこともありうるのだ。

　このようにして世界と意識、経済的な生産と文化的生産の関係を弁証法的に理解していくと、ぼくとしては、進歩的な教育者たちに、ぜひとも文化の、その否定性と肯定性の対立を内包した運動に、注意を向けてもらいたいと思うのだ。たとえば過去の奴隷制の痕跡が、今日のブラジルにも、まだ全体として残存していることは疑うべくもない。それは社会階級を横断するかたちで、支配階級のなかにも被支配階級のなかにも残っている。両者はそうした世界観を共有しており、また、どちらの行動様式を見ても、奴隷制時代の過去を思わせる要素が何かにつけてふと顔を出すのだ。奴隷制の過去[40]は、命令し威迫する領主の経験として、あるいは死をまぬがれようとして主人に服従する奴隷の卑屈さとしてあるだけではなくて、じつは両者の関係としてあるのだ。死をまぬがれるために服従する奴隷は、「服従する」というそのことが、かれにおいては闘争であることに気づくのである。そういう行動をとることによって、奴隷は生存をかちとるからである。この学びは人から人へと継承されて、抵抗の文化とでもいうべきものを根づかせていく。この文化には狡知がつまっていると同時に夢もはらまれている。外見的には順応しているようだが、その底に反逆への意志が秘められている。

キロンボ結社は、その典型例だ。奴隷たちは、やむをえざる「服従」から出発して、自由を求めて旅立っていった。奴隷たちは反逆のすべを学び、生活を再創造し、自らを歴史的存在へと高めていったのだ。[41]
最近『ブラジル文化史における民衆の位相』という討論記録が出版されて、ぼくも上記の社会学者のオターヴィオ・イアーニとこの討論に参加しているのであるが、イアーニは、この奴隷制度の遺制とそれが今日のブラジル社会に刻みつけている痕跡についてふれ、さらにその積極的な特徴にも関心を喚起している。それはすなわち奴隷たちの抵抗の伝統、反逆の歴史である。かれはまたキロンボの今日の姿として、現代の土地なし農民、宿なしの貧民、学校にいけない子どもたち、食物のない人びと、職のない失業者についても語っていた。

こうしたたたかいと抵抗の伝統を活かし、それに学ぶことは、われわれ、進歩的な教育者の任務である。生粋の観念論者や機械論者、教条主義者、権威主義者から見れば、これは邪道もいいところだろう。なにしろこの手合いは、教育をたんなる「教授内容」の伝達に変えてしまいたいのだから。

教え学ぶという行為、その中心をなす認識するという行為は、教育実践の本質をなすものだ……

ここで、もう一つ触れておかざるをえないのは、教育内容の問題である。この点にかんするぼくの議論は、しばしば不十分にしか理解されていないようだから。

これは教育実践そのものについての考察を要求するものだ。自らの実践を目のまえに引き据えて、その実際のありようを、もう一度捉えなおしていくことが必要なのだ。

必要なことは、自らの実践に「距離をとる」ことだ。ペンを握ったぼくが、静まり返ったこの書斎のなかで、いや、町全体が静まりかえったこの夜更けの沈黙のなかで、いま、そうしようとしているように、自分の実践から離れることによってそれにもっと近づくこと、その実践の構成要素をつきとめ、その一つ一つがどのように関係しあっているかを考察すること。

好奇心の——認識を促すぼくの好奇心の対象となった教育実践は、——それから離れることによってぼくがそれに接近することになる教育実践は——、その隠された相貌を、ぼくのまえに示しはじめる。まず何が見えるか。すべての教育実践には、複数の主体、教えつつ学ぶ男女と、学びつつ、教える者を教える男女がいる、ということ、それから教え学ばれる対象、認識され再認識される対象が存在する、ということ、つまりは教育(学習)内容が存在する、ということ。まずはそのことが見えてくる。つぎに教える主体が、教育者と被教育者を媒介する教育内容にアプローチするための方法。教育内容は、教える者がこれなら生徒が理解できると認めることによって教育内容となるのだが、当の生徒が実際にその内容にくいつかなければ学習は成立しないのであるから、それはたんなる教育者から被教育者への知識の伝達、たんなる知識の預金行為ではありえないのだ。

教育実践にはこのようにいろいろな要素が内包されており、技術、目標、期待、願望、不満、理論と実践の、自由と権威の、不断の緊張、その軋轢《あつれき》の激化といった複雑な過程がつねに現出するのだ。権威主義や自由放任に反対する教育実践の場合でも、この事情は変わらない。

教育者が批判的であろうとするならば、——自らに恃《たの》むところの多い、一貫性をもった教師であろうとするならば——、教育実践の省察において、はたまた教育実践そのものにおいて、上記のことをつねに総体として視野に収めていなければならないだろう。

たとえば、教育実践の中心は、生徒にあるのでもなければ、教師にあるのでもない。また、内容にあるのでもなければ、方法にあるのでもない。それらの諸要素の関係に、——それらの教材、方法、技術を、教師がどのように首尾一貫した形で活用していくかということのなかに、あるのである。

内容のない教育などというものが、かつて存在したことはないし、いまも存在しない。そもそも存在しうるはずがないのだ。そのようにして人間が自らを変えてきたという事実を仮に否定するなら、今日のわれわれが知っているような形での知識の伝承のプロセスは意味を失うだろう。

教え学ぶという行為、その中心をなす認識するという行為は、教育実践の本質をなすものだ。系統性の有無は別にして、一定の教育内容をもたぬ教育などというものはない。そして「教える」という動詞は、関係を表す他動詞だ。教える者は、何か(つまり教育内容)を、だれかに(生徒に)教えるのである。

問題は、内容主義者の異議申し立てに足をとられて、教育内容ぬきの教育がありうるかどうかを論ずることではない。あらためていうが、内容を抜きにしていかなる教育実践もありえないのだ。

基本的な問題は政治的なもので、イデオロギー的にも無色透明のものではない。いったい、だれが教育内容を選ぶのか。その教えは、だれを、何を利するために、なされるのか。また何に、だれの利益に逆らって、か。生徒はカリキュラムの決定に参与できるのか。給食係、用務員、守衛といった職掌の人びとが、学校の教育実践のなかで、どんな役割を担うのか。家族、社会・地域団体などの関与は？

生徒、父母、守衛、用務員、コック、そんな連中はのけ者でよい、と、時代遅れの貴族風を吹かすのは、もうやめよう。カリキュラムをどうするかは、もっぱら専門家が、その任務に向けての養成訓練をうけた一部の人間だけが、決定を下す権限と能力をもっていると、かれらは主張する。この種のもの言いは、どこかで聞いたもう一つの台詞と一蓮托生だ。――文盲に選挙権はいらぬ、というお馴染みの主張と。[42]

まず第一に、生徒たち、そして親たち、守衛、用務員、食堂のコックさんたちが、学校の教育内容を選ぶための研究に参加する権利を擁護することだ。サンパウロの教育庁は、ルイザ・エルンディナの労働党政権[43]下で、いままさにそうした試みをおこなっている。そうはいっても、これは専門家の排除を意味しているわけではない。教育実践のもっとも基本的な構成要素を、かれらの「縄張り」の内部で排他的に決定しない、ということだけのことだ。その意味するところは、教育内容を選定する権力の民主化である。それは必然的に、その教育内容をより民主主義的な仕方で提示していく方法をめぐる討論へと発展し、たんに一方的に教師から生徒に知識を伝達していくだけではない、生徒の学習の促し方をめぐる論議を呼び起こしていく。これもサンパウロ教育庁がとりくんできたことだ。[44] 教育内容の選定が民主化されても、教え方が民主化されなければ何にもならない。[45]

これをしも、ポピュリズム、もしくはカッコつきの「民主主義」と同一視して欲しくない。ぜんぜん違うのだ。それは民主主義を装うのではなく、民主主義を追求するものだ。進歩をいうのではなく、進歩的なのだ。

民主主義者や進歩主義者は、市の未来にかかわる論議に民衆が批判のくちばしを入れることを――学校運営への参加は、その第一歩だ――無益な思慮に値しない雑音としてではなく、民主主義のポジティブな兆候として捉えるのだ。カッコつきの民主主義者にとっては、そうではない。自らを組織した民衆が公的な事業や事柄に介入することは、かれらにとっては民主主義がうまく機能していないことを示す悪しき兆候なのである。

民主的な学習のあり方をめぐって人びとが学校に介入するだけでなく、われわれは、人びとに学び、また人びとに教えることのできる学校というものを想像することができるだろう。コック、用務員、守衛、生徒たちの父母が、自分たちの「既成の経験知」をのりこえ、より批判的でより精度の高い知を追求する、その自己教育の支援をおこなう場としての学校というものを。人びとは、そうした知を追求する権利をもっている。――すでに知っていることをよりよく知る権利、いまだ知られざる知の生産においても何らかの形で参与する権利。それはまさに民衆の権利なのであり、自らの立場に忠実な進歩的な教育者は、この権利を承認するとともに、そのためにたたかわなければならないのだ。

批判的で民主主義的なカリキュラムをつくっていくうえでとくに留意する必要があるのは、それを魔術化するという浅はかな誘惑にけっして身を委ねぬということである。興味深いことには、教育内容を魔術化すればするほど、それを中立的なものと見なしたり、取り扱ったりする傾向がそれだけつよくなるということだ。教育内容を魔術的に理解する人びとは、内容それ自体のなかに、ある魔力のようなものが内在していて、それを生徒のなかに注入するとおのずと所期の変化がかれらのなかに生ずる、と考える。かくのごとく教育内容が何か魔術的な力をもつものとして理解されれば、その力を護符にして教師たる者はただただ生徒に教育内容を伝達していればよい、ということになってしまう。社会的・政治的・経済的・文化的現実をめぐる、ドグマティックではない議論、いっさいの批判的な議論は、不必要である以上に耳障りなものになっていく。

われわれはディシプリンを希薄にすることをよしとする学校批判を擁護するつもりはまったくない……

そういうものではないだろう、と、ぼくは思う。教育内容は何よりも認識の対象なのであるから、認識主体としての教師と生徒の知的好奇心に訴えるものでなければならない。その場合、教師は教える者だが同時に学ぶ者、生徒のほうは学ぶ者であると同時にまた教える者でもある。

認識対象であるということは、政治的・イデオロギー的な含意を避けて、それを教えたり、理解したり、学んだり、認識したりすることは不可能だ、ということだ。認識する主体は、対象的知識の意味をも把握しないわけにはいかないのだ。テーマ語の認識、内容の、認識対象の、認識は、しばしば「世界の解読」とダイナミックに関係しあっているのである。

それぞれの読み手は、教師としての、あるいは生徒としての自分の仕事について、さまざまな問いをめぐらすことだろう。分野のいかんは問うところではない。数学の授業でもそうだし、歴史の授業でも、あるいは生物や言語の授業でも、事情は同じだ。各人は、領域のいかんを問わず、自問しつつ、教師として、生徒として、批判的に知識を教えるという実践、「世界を読む」というすぐれて政治性を帯びた実践に参加していかなければならないのだ。

民主主義的な実践においては、教師が生徒に、方法はどうあれ、自らの「世界の読み方」を注入したり、そうした意図にそって教育内容を配置する、ということがあってはならない。ぼくは右と左の権威主義とたたかってきたが、さりとて、教育内容の中立性などというありうべくもない原則をふりかざすつもりはない。それは自らの選択を隠蔽するごまかしに過ぎない。

進歩的な教育者は自らの「世界の読み方」を提示するにあたって、それとは異なる、しばしばそれと対立さえもする他の「世界の読み方」もあるのだということを明示しないわけにはいかないし、また義務としても提示すべきなのである。

もう一度いうが、教育内容のない教育実践は存在しない。その場合に教育者のイデオロギーのいかんによって、明らかに二つの傾向が生じうる。一つは教育者の権威を肥大化して権威主義に走っていく傾向、いま一つはその逆で、教育者の権威を放棄してなんでもありの状態に落ち込んでいくことだ。二つの実践形態は、教育内容の取り扱いの、二つの異なる形態と対応している。

第一の場合、権威主義的な権威の肥大化は、教育者による教育内容の「私的占有」によってささえられている。その教育内容の選定が教師自身によってなされたものかどうかは別にして、いったん定められた知識内容の取り扱いについては、それを煮て食うか焼いて食うかは教師の自由と考えられているのであり、知識をあたかも「自分の所有物」のように思い込んでしまった教師たちは、生徒についても自分が勝手にうごかすことのできる将棋のコマのように考えてしまうのだ。進歩的で民主的であることを自称する教育者でも、自分が言っていることに少なくとも完全には忠実ではない権威主義的な左翼の人たちは、批判的で訝《いぶか》りの目をもってものごとを見る生徒、自分の意見にアーメンといってくれない生徒が現れると、すぐに気分を害してしまうのであって、その点は右翼の権威主義者とたいして変わらない。

第二のケースは、教師の権威をまったくなくして、上に述べたように何でもありの雰囲気のなかに溺れこんでいく形で、被教育者は、その気分の赴くままに、何かをしたりしなかったりする、というものだ。いかにもとりとめのないこの種の自然発生主義は、人間存在における基本的な何かを、すなわち自発性というものを、引きちぎっては称揚するのだが、とはいえ教育内容の厳然たる必要性を否定しきるだけの力をもってはいない。その結果、ボロの見え透いた「ごまかし論議」のなかに迷走していくのである。

だからして進歩的な教育者の教育内容にたいする態度は、社会の民主主義化のための不断の闘争にコミットすることを措いてほかにはない。その社会の民主主義化ということのなかに、学校の民主主義化、したがってまた教育内容の民主主義化とその教授の民主主義化が含まれているのである。しかしつけ加えて強調しておかなければならないが、学校のカリキュラム選定と教育方法の民主主義化に着手するためには、それ以前に、まず社会の根本的な変革と民主主義化を期待しなければならない、ということではけっしてない。学校の民主主義化は、とりわけそれをささえる地域機関の組織化にかんしては、民主的な政権交代によって、われわれは一定程度の影響力を行使することができるようになっている。それがまた社会の民主主義化を促す一つの条件にもなっているのである。いいかえれば、学校の民主主義化は、社会総体の変革のたんなる随伴現象、その機械的な帰結ではないのである。それは変化をもたらす要因でもあるのだ。

一貫性をもった実践を行なおうとする進歩的な教育者は、教育内容とのかかわりにおいて民主主義的な実践に着手する前提条件として、ブラジル社会全体の民主主義化を待機する必要などはない。明日の民主主義のために今日は権威主義でいく、などという理屈は、なりたたない。

市町村レベルであれ、州や連邦のレベルであれ、保守的な政権にカリキュラム制定や教育方法の民主主義化を期待することは不可能だが、「進歩的」な政権であっても、ぼくが批判してきたような「教条主義」に冒されている政権なら、話は同断だ。権威主義ではなく、放任主義でもなく、実質としての民主主義こそが必要なのだ。

一九六〇年にぼくはレシーフェ教育調査センター主催の「ブラジルのための教育」というシンポジウムで、「ブラジルのための小学校」と題する小論文を発表した。それはブラジル教育研究誌 **Revista Brasileira de Estudos Pedagógicos** 第三五号(一九六一年四―六月号)に掲載されている。

いまの議論とかかわっているので、その一節を引用してみたい。

いまわれわれが早急に必要としている学校は(と、ぼくは一九六〇年時点で書いているわけであるが)、実地に即して学び、労働する学校だ。われわれが他の教育者たちに和して学校の主知主義的な傾向を批判するとき、われわれはディシプリンを希薄にすることをよしとする学校批判を擁護するつもりはまったくない。わが国の歴史において、けだし今日ほど、教え、学び、研究することが大きく必要とされている時代はなかった。読み、書き、算の学習、歴史や地理の学習、自国の現状を理解するための学習。われわれが打倒しようとしているのは、空疎で無内容な、言葉主義の教育なのであって、それはわれわれを囲繞《いにょう》している生活現実、われわれを生み、育て、いまもなお大いに育んでいる環境的世界とは、なんの関わりももとうとはしない。われわれはこの種の主知主義を警戒すると同時に、いわゆる反伝統主義の主張にも心を許してはならない。それは学校の仕事をたんなるあれこれの「経験」に解消するものであり、厳しく困難な修練、誠実で真面目な研究、その結果として成立する知的ディシプリンというものを欠落させている。[46]

いわゆる前衛的な指導を特徴づけているのは、まさにこの権威主義的で魔術的な教育内容観である。この人びとにとっては、人間の意識というものは、内容によって満たされることを期待されている空虚な「スペース」でしかない。『被抑圧者の教育学』のなかで、ぼくはこの種の教育観を厳しく批判した。いままた『希望の教育学』と相容れぬものとして、ぼくはこれを批判の対象にせざるをえないのである。

教師の専横化でも対話が成立しないように、自由放任主義の下でもやはり対話は成立しない……

しかしこのことをはっきりと言っておかなければならない。権威主義的な前衛指導者がすべての意識するからだ、すべての意識を、空虚なスペース、何かの内容をもりこまなければならない空虚なスペース、と考えているわけではない、ということだ。早い話、かれ自身の意識は、そうではない。おのれ自身は社会の特別なグループを構成すると考えているのだ（エリカ・マルクーゼ）。なぜなら、かれらは天与のものとして批判的な意識を「所有」しているからだ。自分たちはすでに自由な存在、支配の手の届かない人間であり、その使命は他の人びとを**教え**、**解放する**ことだ、と思い込んでいる。知識を教えることとかかわっての、それは教授され伝達されるべき知識であるという確信、そこではらわれるほとんど宗教的ともいえる心づかい、ほとんど魔術的ともいえる、だが堅固な確信にささえられた挺身、そうしたものがその結果として生まれてくる。**教えられるべき**ことを教え、伝えること、それこそが基本的な問題なのであって、民衆と対話しつつその世界の読み方を論じあったりするのは、「無益なおしゃべりによる時間の空費」にすぎないと、かれらは信じ込んでいるのである。

被教育者の期待に関心をはらうこと、それが義務教育機関の生徒であれ、若者であれ、民衆教育講座に参加している成人であれ、教育を受ける人びとがいま何を求めているかを考えることは、すべて人民崇拝の迎合行為にすぎないのである。被教育者の文化的アイデンティティを害なわないようにしようとする民主主義的な教育者の配慮も、たんなる偏向と見なされることになる。民衆知にたいする敬意を表すいかなる言動も、おしなべてポピュリズム(大衆追随)としか見なされない。

このような考え方は左翼の、マルクス主義に由来するドグマ的思考にきわめて根強く貫かれており、その考え方からすれば、批判的で歴史的な意識はいわば特権的に「指定済み」(エリカ・マルクーゼ一九八六年)のものであって、これは右翼に根強いエリート主義の思考と正確に見あっている。右翼の考え方からすれば、支配階級は生来、知者であり、被支配階級は生来、無知なのである。そこで支配階級は気が向いたら教え、被支配階級のほうは大いに難渋しながら学ぶ、というわけだ。

学校で教えるドグマティックな教師と労働組合や都市のスラムで活動する教条主義的な同志とは、活動の性質こそ互いに異なっているものの、この点ではひどく共通しているのである。ある教育内容の学習が生徒にとって重要であり不可欠であることを知悉《ちしつ》しているのは教師のほうであり、それを生徒の「空っぽ」な意識のなかに「つめこむ」ことが何よりも必要であるとドグマティックな教師たちは考えるが、教条主義的な活動家たちのほうは、労働者階級の階級意識を民衆の「空疎な」意識のなかに「注入」することが至上の課題だと考えているわけである。活動家たちによれば、労働者は階級意識をもたず、それをもっているのはどうやら中産階級であるかれら・彼女たちのほうであるらしい。

かつての東ドイツで四人の教師たちが言っていたことを、ぼくはいまもって鮮明に憶えている。七〇年代はじめの、ある夜のことだ。一人の教師の自宅に集まって、ぼくらは話し合っていた。なかの一人が口をきり、他の教師たちが相づちを打った。「先日、あなたの『被抑圧者の教育学』をドイツ語版で読みましたよ。教育内容をどうするかという議論に学生が全然参与できていないことを、あなたが批判しているのは、たいへんよいことだと思います。ブルジョア社会ではね」。切り口上でかれは話しつづけた。「ブルジョア社会では大いにこのことを言い立てて、この件で学生たちを扇動する必要があります。しかし、ここでは事情が違う。われわれは、学生たちが知るべきことをよく承知しているのです」。

話は暗礁に乗り上げた。ぼくが反論すると、ぎくしゃくとした議論になって、もう会話は成立しない。ぼくはそうそうに訪問を切り上げた。予定した時間よりもはるかに早く、ぼくは止宿先の友人の家に舞い戻ったのであった。

なかなか寝付かれなかった。ぼくは考えこんだ。その夜、聞いたことと、ベルリンに滞在中、毎日のように大学の若い科学者や研究者たちのグループと会い、話したこととを思いあわせて、ぼくは頭を抱え込んだのだ。コントラストはあまりにも甚だしい。若者たちは権威主義的な体制を批判していた。かれらの目には、それはきわめて退嬰的で、反民主主義的で、独善的なものに見えていたのである。だが、その批判は内側からの批判であって、社会主義に外在的に反対するといった性質のものではなかった。

その晩そこにいた教育者たちの姿は、若い科学者たちの言い分を忠実に、あるいは倒立した形で、立証するものであった。

「近代的」な教育者たちが不動の確信を表明するときの、あのあまりにも自信に満ちた態度を思い起こして、ぼくはしばらく寝付くことができなかった。「ここでは事情が違う。われわれは、学生たちが知るべきことをよく承知しているのです」。

この自信は権威主義者のそれ、教条主義者のそれであって、民衆が何について何を知っているか、何を必要としているかは、わざわざ当事者たちと語りあうまでもなく、先刻われわれが承知している、ということなのである。その一方で、民衆がその日々の社会的実践をとおして知ってきたことは、権威主義者たちから見ればまことにたあいのないもの、支離滅裂なもので、ぜんぜん意味をなさない、ということになる。意味をなすのは、自らがものの本で読んだこと、あるいは書いたことだ。自分がすでに知っていることこそが、基本的で不可欠な知識であると思い込んだかれらは、それを教育内容化して、民衆の「空疎な意識」のなかに、それを「貯蓄」しようとするのである。

もしだれかが、それに反対して、進歩的で民主主義的な態度をとり、教育内容のプログラム化と、その教授の方法を民主化すること、つまりはカリキュラムの民主主義的再編を主張するならば、権威主義者たちはそれを自然発生主義、なんでもありの自由放任主義、あるいは不真面目なお遊びと見なすことになるのだ。まえにも指摘したように新自由主義がなんと言おうと、階級と階級闘争が消えてなくなるわけではない。とはいえ現存する社会主義を特徴づけている教条主義と権威主義、カリキュラムなどというのは上で決めて下に降ろせばよいと言い放つ硬直した思想と行動は、もはや今日性をもちえない代ものだ。

ネオリベラルの論者は、イデオロギーが死を迎えたこの時代に(かれらはそう考える)左翼の連中は相変わらずイデオロギーを振りかざしている、といって、左翼教条主義を批判し否定するのだが、左翼の言説と実践の誤りはイデオロギー的であるという点にあるのではなく、そのイデオロギーが人間の知的好奇心に歯止めをかけ、その疎外を強化するイデオロギーである、という点にあるのである。

「もし他人もまた考えるのでなければ、ほんとうに私が考えているとはいえない。端的にいえば、私は他人をとおしてしか考えることができないし、他人に向かって、そして他人なしには思考することができないのだ」

これは対話的な性格をふくんだ定言であり、したがって、権威主義者にはなじまない。だからこそ権威主義者たちは対話を、生徒と教師の思想の交流を、頑強に忌避するのである。

教師と生徒の対話は、両者を同等の立場に立たせるものではないが、しかしそれは、両者の立場を民主主義的なものにする。教師の立場は生徒のそれと同じではない。その理由はいくらでも列挙できるが、その相互の違いこそが、教師を教師たらしめ、生徒を生徒たらしめているのである。もし両者が同等なら、一方が他方に転ずることもありうるはずだ。対話は、対話する双方の主体が自らのアイデンティティを保持するだけでなく、互いのそれを擁護し助長しあう、ということを意味している。だからして対話は、けっして水平化をもたらすものではなく、一方を他方に解消するものでもない。対話は、一方が他方におこなう譲歩ではない。それは一方が他方をとりこみ、同化するための手練手管でもない。そんなものではなく、それは対話に参加する諸主体の相互の尊敬、権威主義が引き裂き、妨げてきた互いに尊重しあう関係の樹立を意味しているのである。自由放任主義もまた、形こそ異なれ、同じ偏向を示している。

教師の専横下で対話が成立しないように、自由放任主義の下でもやはり対話は成立しない。対話的な関係は、しばしばそう考えられているように、教える行為を不可能にするものではない。逆だ。それは教える行為を基礎づけ、それをより完全なものにし、また、それと関連するもう一つの行為、学ぶという行為にも刻印されることになるのだ★。両方の行為が真に可能になるのは、教育者の批判的でけっして安住することのない思考が、生徒の批判的な思考能力を抑えることなく発揮されるときである。それどころか教師の批判的な思考が、生徒に波及し、その知的好奇心を掻き立てていくときである。教育者の思考が、被教育者の思考の発展を阻害し、圧迫し、難しくするとなれば、そのとき教育者の権威主義的な思考は、それにさらされた生徒たちのなかに、ともすると萎縮した、真正ならざる思考を誘発し、さらには直接的な反抗を引き起こすことすらも稀ではない。

対話が歪められた形でおこなわれているからといって、対話自体にその責を帰するわけにはいかない。じっさい、対話はたんに形だけ模倣されたり、戯画的な形に歪曲されたりすることが少なくないのだ。教師と生徒が行き当たりばったりに進めていく勝手気儘な「漫談」[47]に対話を堕してはならないのだ。

教育においては対話は、ある学習内容や認識対象をめぐっておこなわれるものだから、当然それについての提示を教師の側は生徒にたいしておこなうことになる。

その点とかかわって、講義という形式での問題提示について、もう一度ここで考察しておくことにしよう。これもまえに論じたことではある。★★

じつは講義や教師がおこなう説明が悪いのではない。ぼくが銀行型の教育として批判してきたのは、もっと別なものだ。ぼくは、教育者が自らを被教育者の唯一絶対の教育者と見なしてしまう、そういう教師と生徒の関係性を批判し、いまも批判しつづけているのである。こういう銀行型の実践では、教育者は、対話的な関係性という認識行為のもっとも根本的な条件を否認し、台なしにしてしまうのだ（ニコル一九六五年）。教育者は、aなり、bなり、cなりという教育内容や知識を生徒に伝達するのだが、その場合の生徒は、それらの知識を移し入れるたんなる器にすぎないのだ。

★——Nicol, Eduardo, Los principios de la ciencia, Mexico, Fondo de Cultura Económica,1965.

★★—Freire, P. e Guimarães, Sergio, Sobre educação —— diálogos, Rio de janeiro. paz e Terra, 1984.

昔も今も、ぼくはそういう批判をしつづけている。いまここで浮上する問いというのは、以下のようなものだ。世に講義といわれるものは、すべてこの範疇に入るのか？　そうではないだろう。そうではない、と、ぼくは言いたいのだ。たしかに銀行型としかいいようのない講義もある。教師から生徒への一方的な知識の詰め込み。上から下への教え込みの講義だ。教師たちは権威を振りかざしながら、生徒に知識を詰め込むという、認識論的にいっても不可能なことをあえてしようとしているのである。

他のタイプの講義もある。一見したところでは、知識の詰め込みとは違うが、生徒の批判的な思考能力の発動をおさえこんでいることでは、前者と同断だ。それは挑戦というよりも子守り歌を思わせる講義だ。子どもをおとなしく眠り込ませる子守り歌。生徒たちは教師の単調な声に揺すられて心地よく「熟睡」する。下手をすると教師自らが舟を漕ぎかねないのだ。

しかし第三の立場があって、ぼくは、そうした講義は高く評価されるべきだと思う。それは教師がテーマについての手短な説明をして、ついで学生たちがその提示された問題を教師とともに分析するという参加型の講義である。こうした導入のための短い問題提示によって、教師は、学生たちに問題を投げかけるのである。学生は自問し、また教師に問いかけながら、最初の説明を深化し敷衍《ふえん》していくことになる。こうした講義を悪しき意味での学校型の授業として否定的に評価することは絶対にできない。

最後に、これも銀行型と呼ぶわけにはいかないもう一つのタイプの教師がいると思う。たいへん真面目な教師だ。学生たちのまえでは、自らが取り扱うテーマ・内容への深い敬意と愛着を語る。その愛着たるや、ほとんど愛情といってもよいほどのものだ。分析するのが自分のテキストであっても、他人のテキストであっても、それは変わらない。かれ・彼女は、学生たちに、自分がどのようにそのテーマにアプローチし、どのようにそれを吟味したかを証言するのだ。教師が示すそうしたテーマへの迫り方に刺激され、教師のそうした精神の運動に同伴する形で、学生たちは批判的な思考能力を育んでいく。しかし、この種の教師もまた、ある面では誤りを犯しているのである。

要するに対象との関係だけが認識のすべてではない、ということだ。関わりをもつのは、一人の認識主体と認識対象だけではない。関係は他の主体にも広がっていき、根本的には主体—対象—主体という関係が形成されていく。

対話というのはデモクラティックな関係であるから、他者の思考を使い、他者に向かっておのれを開く可能性の追求であって、孤立のなかに果てていくものではない。

二十二年まえに『被抑圧者の教育学』を著したときにぼくを動かしていたのはこの想いであったが、ぼくはいま、それをあらためて実感しているのである。想いはかつてに比べてもより強いものになっているし、この『希望の教育学』においては、込められている意味ももっと濃密なものになっている。

ぼくはこんな言葉で、この本をはじめた。一片の詩、一つの歌、一体の彫刻、一枚の布、一冊の本、一つの音楽、一つの事実、一つの行為、一つの出来事は、けっして一つの理由で説明されるものではない、と。一つの出来事、一つの行為、一つの挙措、一つの愛と憎しみ、一つの詩、一冊の本は、いつもたくさんの要因の影響をうけて成立するもので、多くの縦糸・横糸の折り重なる稠密な織地をなしているものだ。ある理由は他のものよりも出来事や作品により密接しており、それだけ目につきやすいという違いはあるとしても。

ぼくの本にたいする関心とその読まれ方とは、そこには受容とともに拒絶が、くだされた批判もが……

この本の第一部の大半をつかって、ぼくは『被抑圧者の教育学』の背景をなす物語のいくつかを分析してきた。『被抑圧者の教育学』をめぐる諸事実、諸事件について、いま少し語っていくことで、しめくくりに代えたいと思う。

一九七〇年の九月にこの本がニューヨークで刊行されると、それはただちにいくつかの言語に翻訳されて、一方に好意的な関心と批判を、他方に否定的な反応を呼び起こすことになった。一九七四年までにスペイン語、イタリア語、フランス語、ドイツ語、オランダ語、スウェーデン語の諸版が刊行され、ロンドンではそれがペンギン・ブックスのなかに加えられた。この版は『被抑圧者の教育学』をアジア、アフリカ、オセアニアの諸地域に広める機縁となった。

まさに歴史の激動の真っただなかにおいて、この本は世に出たのであった。ヨーロッパ、アメリカ合衆国、ラテンアメリカの各地で、地域ごとに独自な性格をもつさまざまな社会運動が勃発していた。ヨーロッパでは、性差別にたいするたたかい、人種差別、文化差別、階級差別にたいする闘争、環境を守る緑のたたかいが発展した。ラテンアメリカではニューフェイスの軍事政権がクーデタを引き起こし、それらの政権は、その後も長く支配の座を保ちつづけた。クーデタを牽引するのは北米という機関車であった。アメリカは軍事政権のイデオロギーをささえ、自らが当為とする資本主義のレールの上をラテンアメリカ諸国が驀進すべく、あらゆる画策を弄したのである。それに反対してラテンアメリカの各地でゲリラがおこり、またキリスト教基礎共同体の運動が発展した。アフリカでは民族解放闘争が展開していた。旧ポルトガル植民地の独立運動、ナミビアの闘争、アミルカル・カブラル、ジュリアス・ニエレレなどの政治指導。これらの人びとの思想はアフリカ以外の諸地域にも木魂《こだま》して、植民地解放闘争を活性化した。中国では文化大革命。一九六八年五月のフランスの学生たちの問いかけは、世界中にいきいきとした波紋を広げていた。はっきりとした政治戦略にうらづけられた労働組合・教員組合運動の、とりわけイタリアでの目覚ましい発展。ゲバラはすでに暗殺されていたが、その存在は、ラテンアメリカの革命運動ばかりではなく、全世界の社会変革をめざす運動家たちのたたかいのシンボルとなっていた。ベトナム戦争と、それがアメリカ合衆国内部に引き起こしたリアクション。公民権闘争と、この国の六〇年代と七〇年代を吹き荒れた政治と文化の変革の嵐が、すなわちそれだ。

それらの事件の意味と展開は果てしなく多様で、ぼくの本にたいする関心とその読まれ方とは、これら一連の歴史的・社会的・文化的・政治的・イデオロギー的な諸背景と密接にかかわっている。読まれ方というとき、そこには受容とともに拒絶が、そしてぼくの本にくだされた批判もが含まれている。

『教育学』の翻訳が出るたびに世界のいろいろな言語圏から、たくさんの手紙が届くのだが、それを整理して保存しておかなかったことが、いまとなっては悔やまれてならない。アメリカ合衆国からの手紙があり、カナダからの、ラテンアメリカからの手紙が届き、ペンギン・ブックスが出てからは、この出版社が強力な流通網をもつことも影響してオーストラリア、ニュージーランド、南太平洋諸島、インド、アフリカなどの諸地域からも手紙が舞い込むようになった。手紙のやりとりだけでなく、この本の理論的・実践的問題点を討論するための集会に招待されることも多く、手紙そのものが招待状であることも少なくなかった。ジュネーブではほんの一両日のあいだに、一方では『教育学』をテキストにして講座・セミナーを運営する大学教員と学生たちの、他方では大学生に比べてもっと明瞭な政治的な立場をとり、『教育学』の諸論点を掘り下げて考えることによって自分たちの実践と関連づけようとしているイタリアの労働者グループや、スイスでは移民労働者のグループからの招待をうけた。

この本の基本的なテーゼと、当時イタリアで「五十時間」闘争と呼ばれている闘争を組んでいた労働組合指導者の観点とが、政治的・教育的に完全に一致していたことを、ぼくはいまもってよく覚えている。この運動の結果、労働者たちは自らの労働時間について学ぶ権利を自覚するにいたったのである。

ジュネーブでもイタリアでも、ぼくはたくさんのこうした労働組合指導者と出会い、かれらのたたかいの理論的・実践的課題と、ぼくの本の論点とを突き合わせる機会をもつことができた。

この時代にまた、われわれは一つのグループを結成した。エルザ・フレイレ、ミゲル・ダルシイ・ジ・オリヴェイラ、ホシスカ・ジ・オリヴェイラ、クロジウス・セコン、後にマルコス・アルーダが加わって、文化行動研究所 o Instituto de Ação Cultural〔IDAC〕を結成したのである。このIDACのチームは、『被抑圧者の教育学』をめぐって当時ヨーロッパはもとよりアメリカ合衆国やカナダでも開催された各種のセミナーでまことに重要な役割を担うことになった。ぼくもIDACの代表として、それらのセミナーのいくつかに参加し、自著について考えることができた。☆

ドイツの若い大学生たちとジュネーブで、あるいはドイツの大学構内で数時間にわたっておこなった討論から、どんなにぼくが多くを裨益《ひえき》されたかを、いくら強調してもしすぎることはない。かれら・彼女たちのなかには、はっきりと見てとれる強靭な理論的考察への意志と、細心で厳格な読みにささえられた誠実な討論態度が感じられた。学生だけのセミナーの場合も、教員が付き添う場合も、そのことに変わりはなかった。

イタリアやスペインの労働運動のリーダーたちとの討論からも、ぼくは多くのことを学んだ。前者との会合はすでに述べたようにジュネーブとイタリアの両方でおこなうことができたが、後者はもっぱらジュネーブにおいてであった。このころは、『被抑圧者の教育学』も、その著者であるぼく自身も、スペイン、ポルトガルに入ることはできなかったのだ。フランコのスペインとサラザールのポルトガルは、ぼくと『教育学』の双方を締め出していた。[48]

『教育学』が機縁となって、当時のぼくは、第一世界のなかの第三世界の、一筋縄ではいかない厳しい現実の一端と触れ合うことになった。移民労働者の問題である。イタリア、スペイン、ポルトガル、ギリシャ、トルコ、アラブ諸国から、スイス、フランス、ドイツに移住した労働者たちの問題だ。かれら・彼女たちは、さまざまな形での民族差別、階級差別、性差別を経験していた。

ポルトガルの移民労働者の識字とポスト識字教育の問題をとりあげたドイツのあるセミナーでは、移民労働者の何人かが、ぼくに不平を訴えていた。ドイツ人の同僚からいつも馬鹿にされるというのだ。こいつらは、いつまでたったってドイツ語なんて話せんよ、と思っているに違いないのだ。だからドイツ人の労働者がポルトガル人の労働者と話すときは、動詞をわざと語尾抜きで（不定法）で使うことが多い。ぼくと話すときもそうだった。「この集会、面白い。でも、全部はわからない」。

パリで開かれた『被抑圧者の教育学』をめぐるセミナーでは、スペイン人の一労働者が激昂しながらフランスの労働者の階級的連帯意識の欠如を詰《なじ》っていた。「かれらの多くは」と、怒りをあらわにしてその労働者は

☆——IDAC。もともとはジュネーブに亡命したフレイレたちが結成した文化運動体であるが、メンバーが帰国後も国内で活動をつづけている。**A vida na escola e a escola da vida**（学校の生活と生活の学校）など、教育・学校問題にかんする討論用小冊子を多く刊行している。

いうのだった。「われわれが一瞬でも気を許すと、背後から蹴りをかけてくるのだ」。

これは今日流行のネオリベラルの言説を肩入れするような行動だ。その言い分によれば、階級などというものは消滅して、もう存在しない、というわけだ。スペインの労働者がその心のうちを吐露したあの時代において、階級はしかと存在したし、今日においてもなお、それは存在しつづけている。とはいえ、それが存在しているということは、労働者がとりわけ国際的なレベルにおいて連帯関係を形成するということをかならずしも意味しているわけではない。他方において支配階級の権威主義的で差別的なイデオロギーは被支配階級のなかにも浸透している。だからこそ被支配者のある者は仲間にたいして自らを差別化し、故郷を後にして何かと足らざるところの多い移民労働者仲間にたいしてある優越感を抱くことになるのである。

この疲労は、人間の希望を挫き、精気をからっぽにして、冒険と危険にたいする恐怖にとり憑かせる……

明敏で政治的に活動的な移民労働者のリーダーたちが七〇年代に直面していて、『教育学』を叩き台にしてのぼくとの討論を希望していたのは、かれらの仲間が故国の政治闘争にかかわろうとしない、という事実だった。

ぼく自身もまた、スイスやフランスやドイツで、異境での生活の困難をより軽いものにしたいという願望を語るものの、故国に戻る気持ちはさらさらなく、昔の暮らしに比べればそれなりに快適ないまの状態を手放そうとはしない移民労働者たちがかたる話を、いろいろな会合で聞かされてきた。このような会合での見聞、労働者をたたかいに立ち上がらせることの困難さを訴えるリーダーたちとの会話をとおして見えてくるのは、祖国から移住した労働者たちの異境の地でのありようであって、多くの者は、とにもかくにも仕事にありつくことができれば、それでほっとして大喜びするのだが、他方ではその仕事をいつ失うかという恐怖に常時とり憑《つ》かれることになるのである。異境の地で獲得した僅かの安堵を失うという恐怖である。どんなにちょっとしたことであれ、危険をおかしてあえて政治行動に参加するには、この人びとの立場はあまりに脆弱なのだ。故国において、すでにそうだったともいえる。職を得たいという願望、もっと暮らしを安定させたいという希望、それは外国に出かけていって仕事を得たいという希望に向かわせることはあっても、自分たちの社会の構造の変革という方向にははたらいていかない。こんなふうにして故郷を離れていく移民労働者の大部分は、ある種の疲労を、当時のぼくの言葉でいうと「実存的疲労」とでもいうべきものを全身にたたえて、異境の地に辿り着くのだ。この疲労は身体的な疲労ではなく、精神的な疲労であって、それは人間の希望を挫《くじ》き、精気をからっぽにして、とりわけ冒険と危険にたいする恐怖にとり憑かせるものだ。この疲労にいま一つ加わるのが、ぼくが「歴史的麻痺状態」と呼んできたところのものだ。

ドイツで移民労働者と討論したとき、それを主催したのはすぐれた実践を展開している一カトリック教区であったが、そこで一人の若い聖職者がつぎのように語るのをぼくは聞いた。

「ちょっとまえの話ですが、ぼくは三人のポルトガル人の労働者から非難の訴えを聞いたのです。かれらとその仲間が仮住いしているアパートの家主たちから不当に高い家賃をボラレつづけてきたというのです。本当に法外に高い家賃で、借家人の権利と義務を定めた法律をも無視したものでした」

「ぼくは腹をくくりました。ある日曜日のミサでぼくはこのことを話し、その後で、この問題についてぼくと話し合いたい人はだれでもどうぞと、一つの会合を提案したのです。どうしたらよいかをそこで相談しようと」。司祭は話をつづけた。

「教区のいろんな人たちがこの会合に参加してくれました。二回ほど会議を開いてみんなで戦術を練り、家主たちのやり口にたいして一連の波状攻撃をかけることにしました。新聞、ビラなどをとおしての告発、教区内でのデモ行進などです」

「かくして、ぼくは計画を実行に移しました。ところが最初にぼくに話をもちかけた労働者をふくんだ住民委員会の面々が内々にこのキャンペーンを中断するように懇願してきたのです。もしもぼくが糾弾をつづけるなら、おまえたちを追い出すと脅されたというのです」。ぼくはこの聖職者が最後にいった言葉をいまもって忘れることができない。「ほんとうに迷いました。いったい、どちらが正しいのか。被抑圧者の従属感情まで利用してかれらをダシにする搾取者たちとあくまでも闘いつづけるか、それとも住民の弱さを尊重して闘いを終結し、かれらの相対的な安定感を守ることに心をつかうべきなのか。所詮は偽の安定感であるとはいえ、当時のかれらの生活にはそれが不可欠だったのです」。

『被抑圧者の教育学』のところどころで、ぼくは直接間接にこの現象を論じてきた。ぼく以前にもファノンやメンミ☆がやはり同じことをおこなっている。被抑圧者の恐怖の感情が、個人レベルでも階級レベルでも、たたかいを圧し阻んでいるのである。しかし恐怖は抽象的なものではないし、恐怖の原因がわかれば消えるといったものでもない。それはすこぶる具体的なもので、具体的、もしくは具体的と見える動因によってもたらされるものであるから、対策もまた具体的であるほかはない。

こうした運動のリーダーとなる人びとは、なんらかの理由で、他の人びとよりも多少とも恐怖にたいする「免疫力」をもった人びとで、その点で大多数の人びととは異なっているのだから、この恐怖の取り扱いに特段の注意をはらう必要がある。ここでもまたリーダーたちにたいして、先にも述べた戦略と戦術の関係を、真剣に、手堅く考慮することが切望されるのだ。結局のところ、リーダーに求められることは、現実を批判的に解読しながら、どんな行動を、どの程度、実行に移すかを戦術的に解明することだ。別な言い方をすれば、今日できないことを明日おこなうために、いま何をすることが可能か、という問いを立てることだ。ここで引き合いに出したドイツのカトリック教区の例でいえば、労働者の恐怖を取りのぞくことができず、当初の行動を戦術的に中止するという形で、問題を解決したのであった。この行動はさらに先に行って、すなわち政治的・教育的な働きかけがさらにおこなわれて、労働者が部分的にせよ恐怖心を克服するにいたったときに、再度とりくまれることもありうるのである。そうした政治教育は、家主たちもまた労働者と同じように弱味を抱えた存在であることを明らかにするだろう。チェ・ゲバラも、この抑圧者と被抑圧者のディアレクティークな関係について語っている。前者の脆弱性がはっきりと見えてきたまさにそのときこそが闘争の転換点なのであって、そのチャンスを見誤らずに目標を定めることが後者にとって決定的に重要だというのだ。実際、被抑圧者が抑圧者を不敗の存在、どう足掻いても動かしようのない強大な力の持ち主と考えているあいだは、自分たちの力に大きな信頼を寄せることはできないだろう。当時もいまも、その事情に変わりはない。進歩的な民衆教育の任務の一つは、社会的諸対立がどのようにして生まれてくるかを批判的に理

☆——Albert Memmi　一九二〇年、チュニジアでユダヤ人の馬具職人の父と、ベルベル人の母の下に生まれ、その被差別体験をもとに後年、『塩の柱』（前田総助訳・草思社）などの小説、『被植民者の肖像　および植民者の肖像』（渡辺淳訳『植民地——その心理的風土』三一書房）などの社会心理学的な著作を矢継ぎ早に発表、五〇—六〇年代の民族解放闘争に大きな影響を与えた。植民者によって捏造された被植民者の「肖像」が被植民者自身によって受容され、犠牲者側の自発的な服従が確保されていくメカニズムを分析した『被植民者の肖像……』は、ファノンの一連の著作とともにフレイレの『被抑圧者の教育学』の構想にもっとも決定的な影響を与えた書物であった。

解することをとおして、被抑圧者のまさにその弱さが、抑圧者の強大な力をかれの弱さに転ずることのできる力となる、その逆転のプロセスを促進することで、それはかつてもいまも変わらざるところだ。これが、われわれを動かす希望というものである。

われわれはまた、イタリア、スペイン、ポルトガルの移民労働者との出会いを多く経験した……

六〇年代の前半のブラジルは変動期の嵐に揺れていた。六四年のクーデタによって、その動きが断ち切られ、六〇年代の後半を、ぼくは亡命先のチリで過ごした。そこで『被抑圧者の教育学』を書き、この本はたくさんの言語に訳されて、ぼくとこの本をさまざまな挑戦にさらしてきた。そこでの討論は、ぼくの基本的なテーゼの多くを立証し、強化する考察を導きだした。

ドイツ、スイス、イギリス、オランダ、ベルギー、スウェーデン、ノルウェー、フランス、ラテンアメリカ、アフリカ、アジアの各地、アメリカ合衆国、カナダなどの諸大学で学生や教師たちとおこなった討論は、いまも言ったように、ぼくにとってはかり知れぬ重要性をもつものであった。こうした会合の多くはアカデミックな性格のものであったが、労働者グループによって主催された集まりのほうも、負けず劣らず稔り豊かなものであった。

前者の主要なトーンは、ときとして例外的なケースもあったものの、この本の理論的な分析をめざしたものので、——とくに第一世界の公衆はその傾向が強かった——、ぼくがあれこれのテーマを論ずるさいの厳密さの大小だとか、使っている用語の正確さ、あれこれの思想家の著作が及ぼしている影響——ときにはぼくが読んでいないものもあった——などに関するものであった。たとえば二五ページに書いたことと、一二二ページで主張していることのあいだに不整合なところがあるのではないか、といった具合である。ドイツの学生は、そういう批判をたいへん好んだ。

第三世界の学生たちとの集まりでは、トーンが違っていた。議論は政治問題をめぐって展開することが圧倒的に多く、その問題を議論しているうちに、話は哲学、倫理、イデオロギー、知識論へと広がっていくのであった。

われわれはまた、イタリア、スペイン、ポルトガルの移民労働者たちとの出会いを多く経験した。その大部分はイタリア語、スペイン語、フランス語などで『被抑圧者の教育学』をすでに読んでいる読者たちで、これらの読者の主要な関心は、いつもきまって、自らの実践をより批判的に理解すること、そのことによって明日の実践の改善に役立てることであった。

一般的にいえば、大学人は理論のなかから、それを体したある実践像をさぐりあて理解しようとするのにたいして、労働者たちは、自らの実践のなかに埋め込まれている理論をその具体にそくしてつかまえ、理解しようとする傾向が強かった。どんな国の労働運動指導者であるかは、さして重要なことではなかった。世界の変革の方向にむかって政治的に歩んでいる指導者たちは、どこでもつねにそうだった。かれの活動の場が第三世界のなかの第三世界であれ、第一世界のなかの第三世界であれ、そこに変わりはなかった。

ぼくはしばしば、ジュネーブの内外でのセミナーに出席し、労働者と大学人の両方と長い時間にわたって討論する機会があった。大学人は明らかに進歩的な人びとであったが、あの人たちがいまでも、その立場を持続していることを、ぼくは願わずにはいられない。学問をおこなう人間にとっての正確さとは、イデオロギーの死をいいたて、夢見ることは社会改造にとって無力な、ある種の現実逃避であると主張するイデオロギーに屈伏してしまうことではない。

その一例だが、七〇年代のある月の終わりに、ドイツで、大学人とスペイン人労働者と、ひじょうに稔りゆたかな会合をもったことがある。フランクフルトでのことだ。進歩的な知識人のグループが二、三、マルクス主義者とキリスト者のそれで、普段の関係はあまり良好なものではないのだが、ぼくが出席するというので、この日は一緒にやろうということになったようだ。

よきことの口実として使われるなら、ぼくとしても文句はない。そこで二人のドイツの友人、どちらも神学者で、明敏で誠実で創造的な知識人であったが、かれらの招待を受諾したのである。一人は『被抑圧者の教育学』の独訳者のワーナー・ジンペンドアーファー。もう一人は、この訳書の序文を書き、世界教会評議会のディレクターで、ぼくがそこで働く機縁をつくってくれた、いまは亡きアーネスト・ラングであった。

使用した言語はドイツ語。ぼくのために英語への通訳がつき、神学者たちをのぞく他の会衆のためには英語からドイツ語への翻訳がおこなわれた。

スペイン人の労働者がいたために、一方で必要な抽象度を保ちながら、同時に具体性を追求するという、両方のベクトルがうまく均衡した会が成立したと思う。いいかえれば、スペイン人労働者の存在ゆえに、抽象的思考が自らを裏切ってひとり歩きし、具体から遠い模糊とした議論のなかに迷いこんでいく危険性が軽減されたのである。

最初のコーヒーブレイクのとき、その労働者はぼくのところに来て、スペイン語で話しはじめた。理解できたのは、ぼくたちだけだっただろう。そのとき近くにいた人は、ぼくらをのぞけば、おそらくだれもスペイン語をマスターしてはいなかった。

はじめに何やら挨拶めいたことを言ったが、それは話の口火というもので、たちまちスペイン語での小会話がはじまった。労働者は言った。「この若いインテリたちが優秀な人たちであることは認めなければなりませんな。いや、ほんとうに舌を巻きますよ。労働者階級の大義に殉じようとしていて、じつによく勉強もしています。しかし、ちょっと革命的真理を自分の所有物にしちまっている気味もありますね。いまやぼくら移民労働者ってのは」と、ユーモアを込めてかれは言った。「この人たちの新型の玩具になっちまっている」。

かれの話しぶりは分別と好意に満ちていて、悪意や意地悪めいた響きはなかった。言葉がしっかりと真実に根ざしているからこそ、それは自ずと穏やかなものになるのだった。ものの理屈を弁えた人間に特有の静かな口調で、かれは問題の核心に切り込むのだった。ぼくらは、かれが批判するエリート主義、権威主義、教条主義について、すこしく話し合った。その会話のなかで、かれはこんなことも言っていた。「あなたに話したいな、と思うことがあるんですよ。ぼくの経験ですが。それで、じつはまだ『被抑圧者の教育学』は読んでいないのですが、この会には参加したのです」。

「ぼくはある左翼の政治運動グループの活動家です」と、かれは話をつづけた。「スペインの国内でも国外でも活動をつづけています。われわれの課題の一つは移民労働者を組織化し、その政治意識を育成することなのです」。

「一年くらいまえのことです。四人の同志と私が集まって政治問題講座の計画を立てました。土曜の夜、仲間の一人の家に集まって、われわれ五人だけで講座の内容を検討したのです。講座をどういうものにしたらよいのか、どういう内容をとり上げ、その素材をどう配列するか、といった問題です。あなたがた、大学の先生がいつもそうしているように、生徒となる人たちにこれから教える内容のすべてを、あらかじめプログラムに組んでおいたのです。われわれの仲間が知りたいと思っていることばかりか、知らなければならないことまで、われわれは承知していると確信していたのです。そんなことを聞き出すことに時間を浪費している理由はありません。ただ講座のプログラムの説明をしてあげれば、それでよい。後は開講予定を告げ、応募者を受け付ければ、それですむと思っていたのです。

念入りにつくったプログラムと、ぎっしりと詰まった週末の時間表と会場を提示して、ぼくらは受講者の受け付けを開始しました」

「完全な失敗でした。だれも見向いてくれません。ぼくらは無数の仲間に呼びかけ、内容を説明し、かれらの何人かを訪ねさえして、講座とプログラムの重要性を説明したのですが、効果はゼロでした」

「ある土曜日の晩、ぼくらは集まって今回の失敗の点検をしたのですが、そのとき、ぼくのアタマに一つの考えが浮かんできました。どうして、ぼくらの働いている工場で、あらかじめ調査をしなかったのだろう。仲間たちと個々に面談して、一人ひとりがしたいと思っていることを知ろうとしなかったのだろう。かれらが週末をどう過ごし、何を好んでいるかを、どうしてもっと知ろうとしなかったのか。そうしたことを知ることによってこそ、われわれは、かれらに接近する方途を見いだすことができるのではないか。かれらが知るべきだと、こちらが勝手に思いこんでいるレパートリーから出発しても、かれらに近づくことはできないのだ」

「この調査をおこなうことにして半月後に、ぼくらは一夜、その結果を検討する会をもちました」

「五人が集まって報告を持ち寄ったのですが、多くの仲間の週末の楽しみはカルタなんですね。他の人たちは散歩。公園に行ったりしています。それから仲間の家に寄り合っての食事、ビールなどなどといったところです」

「ぼくらは政治に通ずる扉としてカルタ遊びを選びました。こんなふうにして」と、すこぶる熱っぽくこのスペイン人労働者は続けるのだった。「ぼくらはカルタ遊びに努力をいわば〈特化〉したのです。週末は、あいつの家、こいつの家でカルタ遊びに興ずる連中の仲間入りをして、その結果を一週間ごとに集まって報告しあうのです。

ときにはカルタを手で捌きながら、仲間のほうを振り向きもせずに、ぼくは、昨日マドリで起こった事件、知ってるかい、などと問いかけます。〈いや〉というのが、みんなの答え。〈警察がデモを蹴散らしてね。仲間がたくさん逮捕されたよ。要求はささやかなものなんだけどね〉。だれもが黙りこくっています。

ぼくも、その後は無言」。

「こんなふうにして遊びの合間に、政治的な問いを投げかけていくのです。われわれ五人は、いろんな場所で、こんな試みをしてきました」

「五か月もたたないうちに、とうとう、ぼくらは一つの集会を立ち上げることに成功しました。その場で、これを発展させてより本格的に政治問題を論ずる集会を組むかどうかを討論したのです。合議の結果として生まれた最初の集会には三十人が集まり、いよいよ政治問題講座が発足することになったのです。これまでの最高の成果でした」

「たんに民衆のためではなくて、民衆とともに学ぼうとするときには、人びとの遊びについて知らなければならない、というわけですね」

ぼくがそう言うと、かれは笑った。

まさにこうした発想に対立して、つねにしゃしゃり出てくるのが、進歩的と自称するもののじつは権威主義的な教育者たちである。かれ・彼女は自らを知の所有者と考えており、その知は無知な被教育者にただひたすら「普及」されるべきものだ。根っから民主主義的な教育者が生徒に直接はらう敬意は、これらの人びとには、自由放任、自然発生主義の兆しのように思えてならないのだ。

この人びとは、被教育者の世界観から出発するということ、被教育者の世界の理解の仕方から出発するということが、どういうことを意味するかを、いつまでたっても理解することができない。それでいかにも心外そうに、自分の実践の結果からいっても、生徒の水準のままに低迷して、それ以上に何も教えないのなら、教育実践はたちまち行き詰ってしまう、などといってみたりする。行き詰まるのは、あたりまえのこと。いまさら、証明するまでもないくらい自明のことだ。自分たちの実践を検証する評価のセミナーが参加者たちにとってとかく退屈なものになりがちなのは、評価をコーディネートする側の人間が前者を上回るだけの理論的な知を備えていないことが主要な原因になっていることが多い。参加者が実践のなかで直面する諸障害を解明する知識をコーディネーターの側がもたなければ、評価のセミナーが無味乾燥なものになるのは、ことさらに調査するまでもなく明らかなことだ。そこでこの種のセミナーはとかく空席が目立つという仕儀になりがちなのだ。教師が物理を知らなければ、物理の授業は効果的たりえない。だれだって自分の知らないことを教えるわけにはいかない。しかし民主主義的なパースペクティブに立つかぎり、なんびとも、すでに知っていることを新たに知り、また自分が教えようとする相手が何をどれくらい知っているかを知ることなしに、自分の知識を闇雲に教えこんではならないはずである。自分の知に拘泥せず、教える者の知識よりも、学ぼうとしている当事者がもつ世界観に何が内包されているかをこそ、出発点と考えるべきなのである。

自分なりに民主主義を信条にしておこなってきた実践から、ぼくが学んできたのはまさにそのことであったし、以上に語ってきたスペイン人労働者が、かれの実践から学んだものも、ぼくのそれと同じであった。

教育者は、その時代、その状況について、必要と思えることを教える権利を、いや義務をすらもつ……

このスペイン人労働者の経験については、もう少し、考察をつづけようと思う。

はじめは政治倫理とかかわる問題で、教育者は自分の確信に照らして、その時代、その状況において、これはどうしても必要と思えることを教える権利を、いや義務をすらもつ、ということである。自らを越えて進む、というすぐれて指導的な性格をもつ教育実践は、それゆえにつねに目標、夢、投企を追求する。そして、それにともなう権利と義務を、教育者に課するのだ。まえにも言ったことだが、もしも自分の夢についての強い確信がなかったら、どうしてぼくは教育者になどなっていたことだろうか? かといって、すべてを自分の真実、自分の確信に委ねてよい、ということでもない。くだんのスペイン人労働者のように現代政治の考察において何が重要かを把握し、それに深い確信をもつ者であっても、だからといって、そのテーマ、その政治的省察や分析を他人におしつけるというわけにはいかない。モラリスティックな観点からすれば、上記のスペイン人労働者が仲間に接近するために、そしてスペインの政治問題を持続的に研究する会をつくるという目的を秘めて、仲間たちのカルタ遊びにつき合ったという話に、いくぶんの不実を感ずることがあるかもしれない。しかし、ぼくはそうは思わない。かれの行動は、きわめて倫理的なものだ。それは、大学人がその研究において要求される倫理性と同質のものだ。ぼくの第二の省察はより提言的なもので、スペイン人労働者の仕事の原理と、その方法は、今日のラテンアメリカにおいても十分に通用するものだ、と言いたいのだ。民衆教育者は民主主義の立場を採り、思想と行為において、それを貫くことが求められるのだ。

どんなところで、いつおこなわれる民衆教育であろうと、およそ民衆教育というものは、一方で教育者を、他方で被教育者を、たんなる事実ではなく、その事実の根底にはたらく存在の理法に向かって差し向ける批判的な努力を伴うものでなければならず、実際、この両者は分離不可能なものとしてあるのである。民衆教育は、生産協同組合、労働組合、地域の子どもたちのための学校を建設する親たちの運動(といっても、それは、民衆に教育の機会を提供するという国家の義務を免責するものではない)、さらには保健衛生、識字、ポスト識字教育などの諸課題と結びついておこなわれることが多いが、どんな場合であれ、認識の発展という契機をそこから除外することはできないのである。知るというプロセスは、まさに教育の本性そのものをなしており、いわゆる民衆教育の実践も、その例外ではありえない。

進歩的な観点からすれば、民衆教育を、たんなる技術訓練に解消することはできない。たしかに労働者の諸グループがいま求めているのは、そうした教育ではあるのだが。純粋な技術教育は、どうしても狭く閉ざされた教育になっていくもので、労働者階級をそういう存在として「再生産」することで、支配階級を利するものだ。進歩的な観点においても、技術教育は、それなりに重要なものだ。だが他にも重要なものがあって、それをタナ上げにして技術だけを教育する、というわけにはいかないのである。労働者は、旋盤の、機械の、石工の、指物師の仕事を学んでいかなければならない。できるだけ最良の方法で、それを学ぶ権利と必要がかれにはあるのだが、同時にその技術的ノウハウについて、どうしてそうなるのかを知ることもかれの大事な権利なのである。労働者はまた、テクノロジーの歴史を知る権利をもつ。技術を知的関心の対象にすえ、それが約束する明白な進歩と、一方でどんなリスクにわれわれを晒すかを洞察すること。ニール・ポストマンは最近のすぐれた労作のなかで、われわれに警告している。「これはアクチュアルな問題であるばかりか、われわれの時代の死活の問題なのだ。労働者階級は、チャプリンの『モダンタイムズ』の労働者のような、流れ作業のなかでボルト締めの作業を繰り返すだけの存在になってはならないのだ」。

今日のわれわれにとって、すなわち現代の機械工、物理学者、教員、石工、指物師、生物学者であるわれわれに、もっとも必要とされているものは、テクノロジーをまえにしての批判的で慎重な態度、鋭い問いかけの精神ではないだろうか。テクノロジーは悪魔でもなければ、神でもない。

半ば決まり文句になってしまった観もあるが、「テクノロジーの暴走を制して、人間のために奉仕させる」という言葉が、今日ほど、人間の自由を守る転轍点として切実な意味をもってきている時代もない。これを欠けば、民主主義の理想は空語と化してしまうのだ。

民主主義的で、進歩的なポストモダンの立場にたって見れば、労働者階級の自己形成は、自らの社会の仕組み、おのれの権利と義務、働く者の歴史、より民主主義的に社会をつくりかえていくうえでの民衆運動の役割、といったようなことを知る権利の自覚を伴うものだ。自国の歴史と地理・言語、もっと正確にいえば、思考と世界との関係において言語を批判的に理解すること、イデオロギー・社会階級・教育についての理解、それらも労働者にとって欠かせないものだろう。

政治性の衰退は人びとの実存的疲労を深め、その宿命論的な性格を確実につよめていた……

最近、短期間のヨーロッパ旅行をしたとき、アフリカから帰任したばかりのヨーロッパの社会学者の友人から、アフリカのある国の政治活動家たちが「もうフレイレの時代は終わった」といっていると聞かされた。

かれらによれば「いまや必要なのは、世界の批判的な理解をめざす教育などではなくて、労働力として役立つ人間を養成する狭い意味での職業訓練教育なのだ」そうだ。まるで政治と技術をきっぱりと二つに分けることができるかのようだ。この二分化をあえてするのは、先にも述べたように、支配階級である。これ一つをとってみても、プラグマティックな理想をふりかざし、資本主義的諸価値の名のもとに既存の世界への順応を説く支配の言説に、今日のわれわれがいかに十重二十重に囲繞《いにょう》されているかが分かろうというものだ。階級もなく、個人のいさかい以外には社会的な対立もない新しい歴史時代。われわれがなしうることはといえば、大多数の人びとの手を血豆だらけにしておいて、きれいな手をした少数の者がお祭り気分でこの世をつくりかえるのを傍観するだけだ。

ぼくは、こんな言説は信用しない。しかし悲哀をこめてではあるが、上記のアフリカの活動家たちが絡めとられている誤りを理解することはできる。きわめて悲劇的な長い受難の歴史。かれらは長きにわたって、その犠牲でありつづけてきた。ペドロとしてアントニオとしての、人間として階級としてのアイデンティティを否定され、性、民族、文化、歴史を無化され、生活を引き裂かれてきたかれら・彼女たち。どんなに黒人たちの生活が破壊されても、白人支配者にとっては何ら痛痒の対象ではなく、やつらはただそこにいるだけの動かざるモノ、でも、ものをしゃべり、歩き、当然、われわれの権力の下にとどまりつづけるべき何かだったのだ。そのやつらのだれかれが、どこに消えてなくなろうが、そんなことは白人たちの知ったことではない。アフリカ黒人の長い受難の歴史は、人民の崇高なたたかいによって人間化された。だが依然として人びとのなかには、先にも述べた満身の疲労がゆきわたっており、それはまたヨーロッパの移民労働者のなかにも同様に見られるものであった。スペインの労働者たちもまた、時代は変わったと思い、いまや技術が政治教育に完全にとって代わる時代になったと考えていたのである。だが政治性の衰退は人びとの実存的疲労を深め、その宿命論的な性格を確実につよめていたのである。この宿命論の罠にかかると、世界の変革はたんなる番外の余興にすぎないものになってしまう。

事実はまったく別だ。どんな社会にわれわれが生きているにせよ、エンジニア、石工、物理学者、看護婦、歯科医、旋盤工、教育者、農業者、哲学者、漁師、生物学者の養成にあたっては、自分を歴史的・政治的・社会的・文化的存在として理解することが必須であり、またこの社会がどういう仕組みで動いているかを理解することが重要なのである。たんに技術的であると僭称《せんしょう》する職業訓練の、これはよくなしえないことである。

もう一つ、民衆教育とかかわって関心を寄せざるをえないのは、教育実践と平行して、あるいはそれに先立っておこなわれる、とりわけ農村部での民俗知の調査である。今日では、これがブラジルのエスノサイエンス熱を大いに高めるものになった。農村の民衆は——インディオであることもあればそうでないこともあるが——、どのような知を伝承しているのか。その知識を、人びとはどのように組織化し、たとえば農法や薬草学へと集成しているのか。その結果として、かれらは、高度に体系化された、植物、ハーブ、樹木、スパイス、根などのタクソノミー(分類語彙)を発展させているのである。面白いのは、精密な分類と占いめいた効能の能書きとが奇妙に混淆《こんこう》していることだ。ある木の根の茶はガンに効くといわれる一方で、それは失恋の痛みを癒すともいわれているし、ある草は男性の回春に薬効著しいとされている。安産のための特別の葉っぱ、佝僂病《くるびょう》に薬効ありとされる薬草など、いろいろだ。

近年、ブラジルの大学でおこなわれた調査は、こうした民衆知の知見の正しさを明らかにするものであった。

大学での研究が民衆知のいくつかの知見の正しさを検証したことを、たとえば農民との討論の話題に乗せることは、教育的・政治的にいって高度に重要である。そうした話は民衆に自信をあたえ、自分たちの考えにたいする矜持《きょうじ》の度合いを高めるための助けとなるだろう。自信をもつということは、世界をよりよいものにしていくたたかいにおいて不可欠なもので、その必要性はすでに本書のなかでも言及しているとおりである。

ともあれ以下のような一連の問いを不問に付したうえで、民衆教育について考えたり、ましてそれを実践したりすることは、ぼくには到底不可能なことに思えるのである。かつてもそうだったし、いまだってそうだ。

どんな内容を教えるのか。教えて何になるのか。だれのために、そしてだれに抗して教えるのか。だれが教育内容を択ぶのか。それをどう教えるのか。教えるとは、そもそも、どういうことなのか。学ぶとは、どういうことか。教えることと学ぶこととの関係は？　既有の経験知とは何か。それを不正確なもの、筋道のたたぬものとして排除してしまってよいのか。どのようにして、それを乗り越えるのか。教師とは何者か。その役割は？　生徒とは、そして生徒の役割とは？　教師が生徒と同等ではないということは、教師が権威主義的であるということなのか。教師が生徒とは異なる存在として、つまり教師としてとどまりつづけながら、それでもなお、民主主義的で対話的でありつづけることは可能なのか。対話とは、「なりゆきを見守る」ことをもって理想とする、とりとめのないおしゃべりなのか。世界を読む、ということを抜きにした語の読み書きが、真面目な話、ほんとうに成立しうるのか。銀行型の教育を批判することは必要であるとしても、だからといって批判をおこなうその教師が何も教えなくてよい、教えてはならない、ということになるのだろうか。教えない教師などというものが、存在しうるのだろうか。コード化とは何か。☆ 認識の理論のなかで、それがはたす役割は？　理論と実践の関係を、たんなる決まり文句以上のものとして、どう理解し、どう生きたらよいのか。草の根主義、自然発生論をどう乗り越え、同時に主知主義、ことば主義、空論の誘惑をどう克服したらよいのか。言語と公共生活の関係に、われわれはどのような働きかけをすべきなのか。

こうした問いにたえず突き動かされることによってのみ、そして、それにたえず応答する行為をとおしてこそ、教育は、すぐれて政治的で、認識において啓発的な実践となりうるのである。

そうした問いをこの本で提起したぼくのやり方そのものが、思うに、ぼくの応答を内包しているのだ。その応答のなかに、ぼくの政治的・教育的立場――本書でも再確認したそれ――が表出されているのである。

☆――codificação　フレイレたちの識字教育においてはキーワードに対応する場面がまず映像として映しだされ、それを見ながら参加者たちが討論を展開する。キーワードの映像化の過程をコード化(コード表示)と呼んでいる。訳注「言葉の小宇宙」(一一三ページ)を参照。

第5章

スペインの労働者たちは、スイスの学校を批判的な分析の対象とするもう一つの学校を構想した……

ジュネーブの自宅で、ある日、ぼくは一通の電話を受けた。日曜日の朝だった。厳寒の朝で、太陽は雲間に隠れ、彼方からジュネーブの街を見下ろすフランスの山々は靄につつまれていた。典型的なスイスの一月の日曜日であった。

電話の主はスペイン人の移民労働者で、ほかの二人の仲間と一緒に、来週のしかるべき夜に、ぼくを訪問したいというのだ。自分たちが組織して、実施してきた子どもの教育プログラムについて、ぼくと話したいのだそうだ。かれらは『被抑圧者の教育学』を読んでおり、この本についてもぜひ、ぼくと話したいのだという。もしもお時間があって、ご関心をお持ちいただけるなら、一度といわず二度三度とお目にかかりたいのだと、その電話の主はいうのだった。

約束の日時に、かれらは、あれこれの資料や子どもたちの作品をたずさえてやってきた。

時候の挨拶から話ははじまって、当地の寒さ、スペインの気候、ブラジルの四季と、しばしお天気談義がつづいて、ぼくたちはようやく本題に入った。とはいえ、かれらとしては、ことのしだいとして、まずは自分たちがどんなことをしているのか、どうしてそうせざるをえないのかという説明から話をはじめるほかはない。かれらは移民労働者の状況について語った。家族をともなっての滞在はきびしく制限されており、多くの労働者がひとり暮らしを強いられていること、たった一年のビザが切れるたびに帰国しなければならず、帰国したらビザが更新されるかどうかは何とも保障のかぎりではないこと、などだ。

この法的な制約はまた、スイス政府に、移民労働者にたいする教育、保健面での財政支出を免責する口実をあたえており、その分野だけをとってみても、労働者たちの生活はつねに心労の多いものになっていく。この不安定な生活が原因となって、労働者たちは先にも述べたような「実存的疲労 cansaço existencial」に陥っていくのだ。三人の訪問客は、仲間の労働者のだれかれの例をあげて、不安の塩をふりかけた糠喜び、故国では得られなかった仕事を得たにもかかわらず、明日にもそれが奪われてしまうかもしれない危惧、疑わしい、あまりにも疑わしい明日に慄《おのの》く現在を生きるこんな仲間たちが、どんなに多いかを語った。家族の温もりを欠いた日々の暮らし、ぽっかりと穴の空いたその不在感が、労働者たちの感情・活力・精神力を内部から浸蝕していくのだ。だからかれらのなかには、「実存的疲労」や「歴史的感覚麻痺」の泥沼にどっぷりと浸り、個人的な問題と関心事だけにかまけ、自らが漬かっている「閉塞状況」の彼方に「未然の可能性」が開かれているなどとは思ってもみない者たちが多いのだ。アパシーの根っこになっているこの「歴史的感覚麻痺」、この政治的不感症から、政治性をもった問題や議論に人びとの関心を差し向けていくことの困難もまた、ここに存する。多くの者をとらえているこの「歴史的感覚麻痺」にかてて加えて、スイスの文化的・政治的・イデオロギー的なクリマ(風土)は、表立った政治的意思表示にたいしてきわめて敵対的なのだ。この会見のほんの前だったか後だったかにジュネーブのある大きな建設現場で移民労働者たちがストを打ったことがあるが、それにたいする反応はひじょうに冷淡なもので、ぼくはどこだかの労働組合が、公に、もしくはなかば公に、労働者の行動を非難する声明を発していたのを読んだことがある。「かれらはスイスではじめて、それゆえに、この国の旧慣をいささか踏み外すかたちで、力に訴えることで自らの要求をかちとろうとした。かれらはストライキという手段を行使したのである」と、その声明は慨嘆していた。こうした論評が移民労働者のアパシーの克服、自らのリーダーシップにもとづく政治参加をはげますものでないことは明白である。

あからさまにストを戒めるこうした言辞は、上に述べた労働者の「歴史的感覚麻痺」をさらにいっそう強めるものとして機能したのである。

進歩的なスペインの移民労働者運動の指導者の目から見れば、このコミュニケはかれらの運動にたいする挑戦であると同時に、同胞の政治教育の必要性に応えようとするかれらの企図の正当性を確証するものと思えたのである。

先に語ってきた教育プロジェクトに話を絞って言えば、これは、直接には家族の合法的なスイス滞在が認められているスペイン人労働者の息子たち・娘たちのための教育プロジェクトであったが、しかし、この学校の性格は根本的に「反・学校的」であった。それは一つの学校であったのだが、その学校たるや、スペイン人の子どもたちが通っているスイスの学校を根本から問い直すことを企図した学校なのであった。移民労働者の子どもたちが、スイスの学校を「問題化」してとらえる、そのための「学校」なのだ。

ときあたかも七〇年代のはじめで、アルチュセール学派の研究者たちの、学校を支配的イデオロギーの再生産装置としてとらえる研究が出はじめた時期であった。まかり間違うと歪曲と拡大解釈を免れえない理論であった。ぼくの記憶では、ぼくらの会話のなかで「再生産理論」が引き合いに出されたことは、たぶんなかったと思うが、話の中心はやはり学校の役割、教師の役割を——教師が保守的であれ進歩的であれ——どう批判的にとらえかえすか、という点におかれていたように思う。支配階級のイデオロギー権力と、それにどう抵抗するかという点をめぐって、会話がくりひろげられた。スペインの労働者たちがどうしてもぼくと話し合いたいと思っていた自主学校のプログラムは、かれらの子弟がふだん通っているスイスの学校そのものの問題とトータルにかかわっていた。かれらが企図していること、そしてその夜ぼくと話し合いたいと思っていたのは、まさにそのことなのであった。

スイスの学校の教育実践に随伴するかたちで、つまりその教育内容と教育方法をうけて立つかたちで、スペインの労働者たちは、スイスの学校を批判的な分析の対象としてとらえるもう一つの学校を構想したのである。子どもがそこに参加するにあたっては、一つの基本的な条件が付されていた。短期の試験的な通学の後で、子どもたちは通学をつづけるかどうかを、自分で決定しなければならない、というものだ。この学校は全日制の学校ではない。開校日は週に三日で、一日の時程は二時間を越えない。つまりスイスの学校にとって代るようなものではないのだ。言うなれば補習学校、ものごとについて批判的に思考する経験を積むことによって学校の欠を補完するための学校だ。ぼくと語りあったスペインの労働者たちは、自分たちの息子・娘たちにとって、まじめな学習、もっとちゃんとした知的な訓練が必要だと痛感していたが、それは、スイスの学校では、少なくともきわめて部分的にしか達成されていないように思えたのだ。

子どもたちは、まる一日、スイスの学校にいて、それから下校してもう一つの学校に行き、昼間、習ったこと、習いつつあることをそこで再考する、というわけだ。

労働者たちがもっとも気にかけていたことは、自文化から遠ざかって暮らす子どもたちが陥りがちな文化的疎外の危険性をできるだけ少なくすることであったが、スイスの学校はこの疎外の危険性をますます強める傾向をもっており、支配者の観点からすれば、つべこべ論ずるまでもなく、学校がそういうものとしてあるのは当然のことであった。労働者たちのもう一つの関心事は、上に述べたように、子どもたちの批判的思考を刺激することであった。そこで自前の学校という、かれらのプロジェクトが生まれてくるわけだ。この学校のもう一つの目的は、学校の教育実践を問題化し、そのカリキュラムを――明示的なカリキュラムと同時に隠されたカリキュラムをも――分析に付する、ということであった。

この「問題化」学校では、教師を特定しない。都合のつく者が、交代で教師となる。夜とか週末とかを利用してセミナーを開き、教師の練習をする。

それから子どもたちと一緒に児童書のなかの童話にこめられたイデオロギーを検討する。話がスイスの教科書に載っているか、いないかには拘泥しない。

かれらが笑いながら話してくれたのは、こんな話だった。まるで子どものように興にのって話すのだが、そこにふくまれたイデオロギーには批判的だった。それは簡素ではあるが幸福な暮らしをいとなむ豚の家族の物語だ。登場人物は父さん母さんと、三匹の子豚。いちばん年下の子豚は物見高く、旧いしきたりを守らない。なんでも験さないと気がすまず、いつも新しいもの、けいろの変わったものを追いかけている。

だから、いつも失策ばかり演じている。年上の子豚たちは決まりをよく守って行動しているから、なにも問題はない。ある秋の日曜日、青く晴れた広々とした空の下で、子豚はつのる好奇心を満たすために家出をしてみようと決心した。これという当てはなかった。足の赴くがままに立ち入り禁止の敷地にはいり込んだ子豚は、さっそく犬の猛攻撃をうけ、あわや噛み付かれる寸前をからくも逃げのびる。懲りない子豚はあたに好奇心を燃やして遠征をつづけ、またまた「短い棒で猛犬をつついた」。この度の猛犬は、ハチの大群だった。かわいそうに子豚は狂暴なハチたちに刺されて満身創痍となった。あちらでも、こちらでもひどい目にあって、子豚はほうほうの体で、夜、わが家に戻った。がっくりと首をたれて思いに沈んでいた。あらたな冒険を考える元気なんぞは、もうなかった。思慮深く、しかし柔和な教育者に特有な温かな雰囲気をたたえて、父さん豚は息子を待ち受けていた。すべてを心得ているかのように父さん豚はいうのだった。「いつか、おまえがこうするだろうと、父さんには分かっていたんだよ。みんなが踏んできた道を踏み外してはいけないと、おまえがそう悟るためには、この失敗が必要だったのだよ。なにか変わったことをしようとすれば、自分を危険にさらして、大きな苦しみを背負いこむことになる。そう、今日のおまえのようにね」。

子豚は後悔の念に苛まれ、悪かったという思いで胸を一杯にしながら、父親の、「思慮深く」も分別を弁えた言葉に、黙って耳を傾けるのだった。

スペイン人労働者の問題化のための学校は、こうした教え、こうした去勢と飼い馴らしのプログラムに抗して、創設されたものだ。その理想とするところは、開かれた民主主義的な教育、問うこと、知ることへの情熱、好奇心、創造の喜びと危険をおかす喜び（危険をおかす喜びのない創造の喜びなんてありえない）を、子どもたちのなかに呼び起こすことだった。

この点で、『被抑圧者の教育学』（その後もつづいた何度かの会見のなかで、ぼくたちはこの本について語りあった）と、かれらの問題化学校の経験とは、大いに呼応するものがあったのだ。☆

『被抑圧者の教育学』の読書体験がかれらの教育学的直観のいくつかを確固たるものとし、かれらを上記の構想の具体化に向かって突き動かしていったのだ。抑圧者と被抑圧者の弁証法的な諸関係、支配者の被支配者内部への投影、銀行型教育、権威主義、問題提起型教育、対話、民主主義的な**歩き方**☆☆など、ぼくがこの本のなかで展開した分析と省察のすべて、進歩的な教育実践においては生徒の好奇心の喚起こそが重要であるということ、教える者と学ぶ者、教育者と被教育者の関係をめぐる批判的洞察、両者はともに教え、学ぶ者であるということ、かといって両者が対等だというわけではないこと、教える者が学ばず、学ぶ者が教えない、という通念は虚妄だ、という指摘、そうした議論の一切合財が、ちょうどぼくが『被抑圧者の教育学』の原稿を読み返している最終段階でファノンやメンミを読んだときがそうであったように、かれらを心底、刺激してやまなかったのである。

おそらく自らの教育実践を念頭におきながら『被抑圧者の教育学』を読んだかれらは、ぼくが『地に呪われたる者』や『植民者と被植民者』に没入していたときに感じたと同じ感動を感じていたに相違ないのだ。自分の確信が根拠づけられたときにわれわれが感ずるあの悦びの感覚、それをかれらは感じていたのではないか。

労働者たちがぼくに語ったところによると、学校創設のポジティブな結果といえるだろうが、問題化学校の親たちが自分たちにも同じようなことをさせてほしいと言い出したのだそうだ。もう一つの学校をつくって、そこでスイスにおける自分たちの問題、故国スペインの政治状況などを一緒に議論したいというのである。

子どもの学校の問題を問題化する学校を実際に動かすことをとおして、親たちは、自分たちの政治教育のための講座やセミナー、あるいは集会を組織するにいたったのだ。成人講座は「遊学塾」と命名されたが、このジュネーブの学校の「遊び」は、カルタのゲームではなかった。

先生に絵を引き裂かれたということは、自分のからだの一部を引き裂かれたようなものだ……

労働者たちの経験を知った翌年——かれらは自らが教育者となって子どもたちの学校経験を問題化し、批判的思考を促そうとしていたのであるが——ぼくは、著名なブラジルの漫画家で当時はジュネーブで暮らしていたクラウディウス・チェコンから、かれの息子のフラヴィオに起こった一件を聞かされることになった。ある日、心の痛手をうけたフラヴィオが悲しげに父親に告げていうには、今日、先生に自分の絵を引き裂かれてしまったという。家では、フラヴィオは自由の精神を学んでいた。好奇心を押さえつけず、愛と尊敬を重んずる雰囲気のなかで、自分の創意を発揮する習慣を身につけ育んできたフラヴィオにしてみれば、かれにたいする教師の仕打ち——じつはかれにたいしてばかりではなかったのだが——他人の絵を破るという侮蔑的な教師のふるまいは、なんとも理解の域を越えるものであった。先生に絵を引き裂かれるということ

☆——escola problematizante, 直訳すると、「問題化学校」である。Robert R. Barrの英訳では「チャレンジ学校」と訳されていた。
☆☆—démarches democráticas, démarcheは「歩行」を表すフランス語。「正しい歩行という概念は正しい道という概念に勝っている」(ブレヒト)。なお、二一七ページを参照されたい。

は、自分のからだの一部を引き裂かれるようなものだ。ぼくの絵は、ぼくの作文や詩と同じように、ぼくの創作物であり、敬意をもって取り扱われるべきものだ。布の人形だって木の車だって、何でつくったものであれ、それは子どもにとって作品だ。要するにそれはぼくの作品で、にもかかわらず、先生はそれを引き裂いた、ということだ。

民主的な考えの親なら、だれでもそうするであろうように、クラウディウスも、先生を訪ねてこの一件について話し合おうとした。

教師はフラヴィオを高く評価している女教師であった。かれの才能と自由闊達な行動能力を褒めそやし、あたかもヒーローでもあるかのように、かれを褒めちぎった。

女教師の話を聞き、その身振りや声に接しているうちにクラウディウスにはわかったのだが、絵を引き裂いた先生の行為にフラヴィオが許しがたいとの思いをつのらせているとは、当の教師のほうは思ってもいないようなのだ。まして、フラヴィオの創造性を踏みにじることが、かれの人格そのものを踏みにじることになるなどとは、露ほども思っていないようなのであった。

大いに賞賛していた生徒の父親の来訪に女教師はすっかり有頂天になり、浮き立つような口調で授業のようすを語りはじめた。クラウディウスは仕方なしに彼女の話に耳を傾けながら、もはや怒気も萎えて、静かに例の一件をきりだすチャンスを待った。

何を思い出したのか、彼女は生徒の絵の一束をとり出して父親に見せてくれたのだが、それらはどれも同じような黒猫を描いた絵であった。一匹の猫の複製がずらりと並んだような趣きで、どの一つをとって見ても、ほとんど変化というものがなかった。

「なんですか、これは?」

クラウディウスの声は、答えを期待しての質問というよりも、ほとんど叫びに近かった。

「生徒たちが描いたのですわ」と、先生はいった。「黒猫の置物をもってきたのです。模写させようと思って」。

「生きた猫を教室につれてくるほうがよかったんじゃないでしょうかね。のそのそ歩いたり、走りまわったり、跳んだりするやつを」。クラウディウスは言葉を継いだ。「子どもは、自分が見てとらえたとおりの猫を描けばいいのです。子どもはほんとうに猫を創造します。自分に納得がいくように自由に猫を創造させたらばよいのではないでしょうか。なによりも自由ですよ、創造に必要なのは」。

「ちがう! ちがいますわ!」

叫ぶように女教師はいった。「あなたのお子さんなら、たぶんそうでしょう。たぶんね。あの子は感性が鋭いし、利発で創造的で、自由な心をもっています。でも、他の生徒たちはどうしましょう? 私だって、子どものころを思い起こすと、とてもそんなふうにはいきませんでしたわ。自分で選びなさい、決めなさい、創造しなさいと求められる場面を、私はいつも恐れていました。だから、先日も、私はフラヴィオの絵を(引き裂いた、という言葉は避けて)取り上げたのです。あの子はありもしない猫を描きました。多彩色の猫です。そんな絵を受け入れるわけにはいきません。あなたのお子さんに有害なだけではなくて、何より他のみんなに害が及ぶのです」。

なべて学校というものは、こんなふうになっていくもののようだ。自由とか、創造とか、冒険とか、危険を冒すと聞いただけで、もう恐怖にかられて尻込みしてしまう。この女教師にとっては世界は変わってはならぬもので、子豚のお話のように、子どもは世間が踏み固めてきた軌道を一歩も踏み外さずに歩いていかなければならないのだ。道は宿命としてもう決められている、というわけだ。

歩きながら道をつくるだって！　世界をつくる、世界を変えるだって！　滅相もない！　こうしたことや、おそらくはもっと深刻ないろいろなことが積み重なって、スペインの移民労働者たちは自らの学校を創設するにいたったのだった。一方にスイスの学校、他方にかれらのチャレンジ（問題提起）学校を、というわけだ。

ぼくたちはね、〈わが神〉と言ってはいけないんですよ。〈あなたがたの神〉と言わなければ……

七〇年代の、『被抑圧者の教育学』と結びついた思い出のなかには、ひじょうに鮮烈で、忘れようにも忘れることのできない出来事がいくつもあって、それらはいまでもぼくの脳裏に残っている。

どうしても書いておきたいのは、南アフリカの黒人の、あるいは白人の、知識人たち、学生や教員たち、宗教家との出会いである。会ったのは、ジュネーブの、世界教会評議会の執務室であったり、グラン・ランシイ街にあったぼくのアパートであった。七〇年代をとおして、南アフリカ連邦に住んでジュネーブに立ち寄っただれかれから（南アっ子であるなしにかかわらず）、現地の、ちょっと考えられないくらいに凄まじい、不条理そのものの人種差別の惨状を聞かされない月はなかったといっても言いすぎではない。

当時はアメリカ合衆国に出向くことも多く、そこでも人種的には多様な南アの人びとと出会う機会があった。ジュネーブと同じようなきっかけで知り合うこともあれば、そうでないこともあった。

そういえば、こんなこともあった。電話のベルが鳴って、ぼくが出ると、相手は息をきらしてこんなことをいう。「二時間まえにジュネーブについたのですが、今夜、南アに帰国する予定です。ええ、『被抑圧者の教育学』はもって帰れません。要らぬ危険は冒したくないですからね。それで昨日から今日にかけて、徹夜で本を読んだのです。今日、お会いできませんでしょうか。飛行機に乗るまえに」。もちろん、こうした申し出には、ぼくは絶対に素気ない返事をしなかった。予定していた会見を日延べしたり、インタビューをキャンセルしたり、日程表を再調整したりして、とにかくこの種の依頼にはけっして嫌とはいわぬように心がけたのである。頭痛、不調、いらいら、疲れがあっても、ホームシックにかかっていても、読みたい本、書かねばならぬ原稿がたまっていても、そんなものはこの依頼を断るなんの理由にもなりえない。ぼくに会いたいという要求は、たんに政治的な必要ばかりではなく、差し迫った感情的な必要に根ざすものであるだけに、そうしたことの緊急性にくらべれば、すべてのぼくの事情は第二義的なものに思えてしまうのである。ときには土曜の夜とか日曜日の朝に至急に会いたいという連絡が飛び込んでくることもあったが、ぼくが嫌という理由にはなりそうもなかった。

だれかが電話で面会を申し入れてきて、そうすることの緊急性と重要性がじつによくわかる場合は、会いたいといっている先方以上に、ぼくのほうが何としてもお会いしたいと感じてしまうのだ。断りでもしたら自分自身が欲求不満に陥るハメになっただろう。

もっとも露骨であからさまな差別からもっとも隠微で偽善的な差別にいたるまで（隠微であるからといって、いささかも暴力性と犯罪性が薄まるわけではない）、ぼくはいっさいの差別にたいして少年時代から深い嫌悪感をいだいていた。ずいぶん若いころから、人種差別を匂わせた言葉、行為のいっさいに、なかば本能的に反発する習性があった。貧しい人びとにたいする差別についても同様で、長ずるに及んで、これは階級差別にたいする反発に収斂していった。

ジュネーブで、あるいはアメリカ合衆国で、南アの白人や黒人から聞いた証言は、ぼくにとって衝撃的なもので、いまだにそれを思い出すたびに、ぼくは心をかきむしられるような気持ちになる。人種差別の残忍性はまことに言語に絶するもので、ほんのすこしでも人間的な感受性をもつ者なら、怖気をふるって「なんたることだ！」と叫ばざるをえない性質のものだ。

ぼくと同じように人種差別を憎んでいる南アの白人や南ア在留者たちから、ぼくは信じられないような差別の実例を数かぎりなく聞かされたのであった。黒人からも、同じような話を聞かされた。ある黒人の青年の言葉を聞いて、ぼくは驚きのあまり、しばし自分の耳を疑った。「ぼくたちはね、〈わが神〉と言ってはいけないんですよ。白人のまえでは」と、クリスチャンであるその青年はいうのだ。「白人のまえでは、〈あなたがたの神〉と言わなければいけないのです」。

白人であっても黒人であっても、南アフリカから来た人びととぼくとの会話でかならず話題にのぼるのは、抑圧者と被抑圧者、植民者と被植民者、白人性とネグリチュード（黒人性☆）といった問題で、これはファノン、メンミ、そして『被抑圧者の教育学』に共通する理論枠とでもいうべきものであった。ぼくらはまた、自らの教育実践のなかで、いかにして具体的な状況を問題化するか、民衆が自らの被抑圧経験を深く捉えかえすことで、どのようにして以前の世界の見方を変えていくことができるかを、論じあった。世界の見方を変える、ということは、いいかえれば、現実や世界についての新しい知的な理解を獲得していくということであるが、とはいえ、世界の見方を変えたからといって世界そのものが変わるわけではない。だが、世界についての知的な視野が開かれれば、世界を変えようとする「性向」のようなものが自分のなかにうまれてくるはずだ。

あの当時、公正を求めて思想的な彷徨をつづけていた人びと、ぼくに助言を求めてやまなかった反逆的な知識人たちが、鳴り物入りの新自由主義の言説に唱和して、いまではすっかり牙をぬかれてしまっているのではないかと、ぼくは心配でならない。結局、歴史とは、人生とは、こんなものなんだよ。有能な人間がものごとをとりしきって、大いに儲け、富を造りだすのさ。いつかそのときがきたら、下の者たちもおこぼれに与《あずか》るだろうさ。社会的な正義を振りかざす議論なんて、もうナンセンスだよ。いつまでも「新しい歴史」なんて寝言をいっていると、ものごとの自然の流れを妨害することになるんだぜ。能力のある人間たちが、世界をつくりかえるのは、当然のことじゃないのかね。——こういう言辞をふりまいている連中が、支配的イデオロギーの嘘を暴露する政治教育は、もう要らないと主張するのは当然のことだ。かれらが求めるのは、技術訓練と労働力養成に専念する「中立的」な教育であり、技術万能主義と科学主義に彩られた空疎な教育内容の伝達だ。それにしても、なんとまあ旧態依然の言い分であることか！

闘争そのもののなかで教育実践が、いかにあるべきかを、ぼくらは論じあった……

南アフリカから来訪した人びとと接触し、その怒りをさもありなんと共感しながら聞いたこの時期は、ぼく自身がはじめてアフリカの地を踏んだ時期と重なりあっていた。行ったのはザンビアとタンザニアであった。このたびもまた、機縁となったのは『被抑圧者の教育学』であった。ザンビアに滞在したのは、キトゥエの神学研究センター（ミンドロ・エキュメニカル財団）で開催される一週間の合宿セミナーに出席するためであった。その後、タンザニアに回って、ダルエスサラーム大学で、もう一つのセミナーに出る予定だった。

☆——negritude　一九三〇年代にパリに在留したエーメ・セゼール（後のマルティニック大統領）、レオポルド・サンゴール（後のセネガル大統領）など、アフリカ・西インド諸島出身の若きシュールレアリスト詩人たちが起こした文学運動（ネグリチュード運動）の中心理念である。かれらはフランス語をもちいつつ、同時にフランス文化への「同化」を拒絶して、黒人の感性とその精神的諸価値を呼び戻す表現形式を探求した。

どちらも『被抑圧者の教育学』を中心テーマとする集りで、それで、著者のぼくが招かれたのであった。ルサカの空港についてキトゥエ行きの地方便に乗り継ごうとしていると、アナウンスで、待ち合い室においでくださいという呼び出しがかかった。北米人の若いカップルが、ぼくを待っていた。二、三年まえに、たしかボストンで会ったことのある若い夫婦である。二人はボランティアとしてザンビアで働いていて、MPLA（アンゴラ解放人民運動）☆のリーダーたちとも密接な関係をもっているという。

型通りの抱擁の挨拶がすんで、ぼくは、キトゥエには明日行くことにして、今夜、ルサカに一泊してはいただけないかと訊ねられた。ルサカのMPLAのグループが、解放区での教育や識字の問題で、ぼくと話したいと言っているのだそうだ。ぼくに異存がなければ、センターへの連絡と明日の便の予約はこちらでするという。

午後一時、ぼくらは夫妻の自宅で、ルシオ・ラーラをはじめとするMPLAのリーダーたちと昼食の食卓を囲んでいた。ラーラはその数年後には、アンゴラのナンバー2の、党政治局長になった人物である。

その日の午後から夜にかけて、ぼくらは討論の時間をもったが、話題をイメージ化するために、そのあいだに何本ものドキュメンタリー・フィルムが上映された。

はじめにラーラが解放闘争の現状を語り、ついで、闘争そのもののなかでの教育実践がいかにあるべきかを、ぼくらは論じあった。ぼくらの議論は一点で白熱した。闘争のなかで自らの生命を守るためには、「呪文」やお守りよりももっと厳密で、もっと有効な手段や対処の方法を身につけることが必要になるが、それをどのようにして学んでいったらよいのか、という問題だ。人命を救うという切羽詰まった場面においては、常識や世間知をこえることが死活の課題となり、そうした俗信の影響力を弱めていかなければならないのだが、しかしその場合においてすら、それにたいする敬意を失ってはならないのだ。われわれは常識知を、常識知そのものを媒介にして克服していかなければならない。そういう議論が、すでにこの時代におこなわれていたのである。

これは、旧ポルトガル植民地における民族解放運動の精神的支柱となったアフリカの大指導者の一人・故アミルカル・カブラルが、特段の力をこめて論じたテーマでもあった。かれは前線を訪れるとかならずといってよいほど同志の再教育のためのセミナーを開催したが、それはかれの言葉をつかっていえば、兵士たちの「文化的欠点もしくは脆さ」を克服したいと考えたからだ。カブラルは述べている。

「闘争の指導者たちが、ベルトにお護り札をつけていれば死なないと信じているなどと、だれにも思ってほしくない。死なずにすむのは、戦争をしない場合か、さもなければ敵の弱いところを攻撃した場合だ。間違いをおかして、自らを窮地におけば、うまくそこから抜け出さぬかぎり、われわれはきっと死ぬだろう。さまざまなケースを思いうかべて、諸君はぼくにこう反論するかもしれない。『カブラルくん、君はご存じないようだね。お護り札の力で同志の生命が救われたのを、ぼくらはたしかに見ているのだよ。弾丸が飛んできたけれども、撥ね返されてしまった現場をね』。あなたがたは、そんなふうに言うかもしれない。しかしぼ

☆——MPLA(Movimento Popular de Libertação de Angola アンゴラ解放人民運動)。ポルトガルの植民地支配とたたかう運動体として一九六二年に発足、一九七五年のアンゴラ独立後は政権を掌握するが、UNITAなどの対抗組織との内戦によって政情は泥沼化の様相を呈している。詳しくは青木一能『アンゴラ内戦と国際政治の力学』芦書房、ウィルフレッド・バーチェット『立ち上がる南部アフリカ1』(吉川勇一訳・サイマル出版会)などを参照。詩人アントニオ・ネトはこの組織の初代議長である。

くとしては、ぼくらの子どもたちのそのまた子どもたちには、こう言ってもらいたいものだと思う。われわれのたたかいの話を聞いたかれらが、いかにも腑に落ちたように、おじいさん、ギニア・カーボヴェルデ・アフリカ独立同盟☆の闘争は現実にしっかりと根ざしたものだったんだね、と、こう言ってくれたら万歳だ。おじいさんたちはよくたたかったけれど、おかしな迷信をもっていたんだね、と、かれらに言わせたくはない。この話を、ぼくはおそらく、いま現在の君たちよりも、もっと未来に向けて語っているのではないかと思う。それでも、ぼくの言わんとするところは君たちにわかってもらえると思うし、もっともだと言ってくれる同志もきっと多いのではないかと確信する」★

ぼくらはまた、映画の上映をあいだにはさんで、識字教育のこと、闘争の過程で切実に、かつ必然的に軍事的な技術教育への必要性が高まっていること、より高性能の近代兵器が使われるようになれば、より高度な軍事的知識が要請されるであろうこと、などなどの問題について論じあった。この種の戦士の養成という課題を、アミルカル・カブラルは批判的に理解しており、それによれば、闘争のための政治教育は、あくまでも武装した活動家の養成でなければならず、たんなる軍人の養成であってはならないのだ。

世界の変革を夢見る、世界中の、ありとあらゆる地域の進歩的な人びとと出会うことができる……

ルシオ・ラーラとは後年、ルアンダで再び話し合う機会があった。ラーラはそのときは党の政治局の代表をしていて、ぼくはかれと、詩人でそのころはアンゴラの教育相でもあったアントニオ・ジャシントの招きで、この地を訪れたのであった。ぼくは世界教会評議会をとおしてアンゴラ教育省の助言者の立場にいたのだった。

ルサカと同じような出会いが、ダルエスサラームでもあって、ぼくはここでフレリモ(Frente de libertação de Mozambique)☆☆のリーダーたちと会い、かれらに伴われてダルから少し離れたところにある幹部研修所に赴いた。キャンパスはタンザニア政府から提供された景勝の地にあった。そこで交わした会話も、ぼくには、きわめて印象的なものであった。つまるところ、ぼくは百戦錬磨の活動家たちと対話するハメになったのだが、知的な空論や侃々諤々《かんかんがくがく》の争論にかまっている時間のゆとりなどは、かれらにはない。かれらが望んでいたのは、「文化行為、あるいは文化の一要因」(カブラル一九七六年)としての自らの実践・闘争を、ぼくを交えたかたちで、批判的・理論的に省察することであった。かれらが、ぼくを進歩的な知識人として信用してくれたことが、ぼくにとっては、ほんとうに大きな励ましとなった。かれらは、ぼくがマルクスと同列に農民の言葉を引用したからといって、ぼくを批判したりはしなかった。歴史における意識の役割の重要性を強調したからといって、ぼくをブルジョア教師と見なしたりもしなかった。

教育実践について考えることを仕事にしているぼくのような者が、武装闘争であろうとなかろうと、現に闘争を担っている活動家たちに理解されて、その闘争についての対話集会に招かれるということは、ほんと

☆——PAIGC(ギニア・ビサウ、カボーヴェルデ・アフリカ人独立党)。西アフリカのギニア・ビサウ、カボーヴェルデにおいて民族解放闘争をになった組織。独立後も一九八〇年にいたるまで政権党として国政を担当。その間、フレイレは教育コンサルタントとして度しげくこの国を訪れ、成人教育プログラムの作成に協力している。この間の経験と思索は、『ギニア・ビサウからの手紙』にまとめられている。

★——Cubral, Amilcar, Obras escolhidas, vol. I. A arma da teoria——unidade e luta, P148. Lisboõa, Seara Nova, 1976, P.141.

☆☆—FRELIMO(モザンビーク解放戦線)。ポルトガルの植民地支配とたたかう独立運動組織として一九六二年に設立された。一九七五年の独立後は、政権党となる。バーチェット『立ち上がる南部アフリカ2』吉川勇一訳・サイマル出版会、「モザンビーク」刊行会『モザンビーク』柘植書房を参照。

うに喜ばしいことだ。七〇年代を通じて、ぼくはそうした機会に恵まれてきたし、いまでも、その状態はつづいている。本書の末尾で言及するエルサルバドル訪問、モザンビーク以外の旧ポルトガル植民地諸国への旅、タンザニア訪問とニエレレ大統領との対話、かれの『自立としての教育』とぼくの『被抑圧者の教育学』をめぐる対談、ニカラグア訪問、アメリカの侵略を受けたあのカリブの美しい島国グレナダへの訪問、そしてキューバとの出会い。しかし、そうした出会いのよろこびと並ぶ、もう一つの大きなよろこびがあって、それは、世界の変革を夢見る、世界中の、ありとあらゆる地域の進歩的な人びとと出会うことができるということだ。『被抑圧者の教育学』がぼくより一歩早く世界中の四方八方に先着して、ぼくが何らかの仕方でそこに行き着く準備をしてくれているのである。

キトゥエとダルエスサラームの夜々に、ぼくは厳しくも強烈であったアフリカ訪問の一部始終を知友たちに書き送ったことを覚えている。手紙のなかで、ぼくはアフリカ人たちが語った独立以前の経験をそのまま紹介した。かれらが語るザンビアやタンザニアの独立以前のエピソードにたくして、ぼく自身も、植民地主義と人種差別の傷跡がいかにただならぬものであるかを力説した。

「何年かまえまではですね」と、ぼくと連れ立ってホテルのバーの扉をくぐったタンザニアの教授はいうのだった。「いまのようにこのバーにご一緒することはできなかったのですよ。そんなことは許されませんでした。この砂浜には警告を記した看板が掛かっていましてね、そこには〈犬とブラックの立ち入りを禁ず、犬とブラックの立ち入りを禁ず〉と書かれていたんです」。ぼくの友人のダルエスサラーム大学教授は、テーブル越しにぼくを見つめながら、低い声で、うたうように「犬とブラックは立ち入りを禁ず」と呟いた。あたかも、この厚顔無恥な台詞をくりかえすことで、人種差別主義の究極の人間侮辱を目のあたりにした全世界の人間たちの正義の怒りを代弁するかのようであった。

ぼくらはバーを出て、かつてはかれの立ち入ることのできなかった浜辺を歩いた。白人だけが、立ち入りを許された地区だ。その「遺伝的劣位性」ゆえに、黒人の足が白い浜辺に入ると砂浜が台無しになり、その身体が海に入ると海の青さが不純になると、「たまたま」白人に生まれた大先生が、「科学的」に証明してくれたのだそうだ。「犬とブラックの立ち入りを禁ずか」。かれはもう一度、低くそう呟いてから、浜辺を後にして自宅に向かった。ぼくはかれの家の夕食に招待されていたのである。

もうタンザニアの海辺には、こんな標識はないけれども、いまでも人種差別は強力に生きていて、生命を傷つけ蹂躙《じゅうりん》し、世界の顔に泥を塗りたくっている。

ポポ・モレッフェとパトリック・レコタは、南アの反差別運動の傑出した指導者だが、パトリックは、ある友人への手紙でこう述べている。

「いま、われわれは裁判を受けている。もう少しまえまでは、ぼくは家族のことが気になってならなかった。ぼくは長い年月を闘争についやしてきた。だから、あの親父は家族への義務なんかもう忘れてしまっているのではないかと、そんな疑念が家族の者の頭をよぎることもあるに違いない。でもいまでは、すべての思いが南アフリカの法システムへの抑えがたい怒りに変わってしまった。先週のこと、ヤコブス・フォルスターというアフリカンスのごろつきが、黒人労働者を木に括りつけて撲り殺した、という罪科で、一二〇〇ドルの罰金刑を言い渡された。かれは釈放されて自分の農園への帰宅を許され、未亡人には一か月五〇ドルを向こう五年にわたって支払えばよい、という判決だった。殺された労働者は誤ってフォルスターの一匹の犬を殺し、もう一匹に傷を追わせてしまったのだそうだ。——この国のアフリカ人の生命のお値段のなんと軽いことか★」

ここに一つの差別の実例がある。しかし、この実例の背後に、いったい何百万の、同じように暴力的で、醜悪で、不条理な類例が控えていることだろうか。

少数者と呼ばれる人びとにとって必要なことは、ほんとうは自分たちこそが多数者なのだと認識すること……

一九七三年の一月三日から二月の半ばにかけて、世界教会評議会と連携する宗教者グループの招きで、ぼくはアメリカ合衆国の十二の州を駆け足で歩く旅をした。この旅で、ぼくは無数の教育者たちと語りあう会合をもった。この度も『被抑圧者の教育学』を仲立ちにして、かれらの実践をともに議論しようという趣旨であった。それぞれのコンテキストをふまえつつ、自分たちの実践を批判的に検討しようというのだ。ついでながらいっておくと、かれらの歴史や社会的コンテキストについてぼくがおこなう分析に、アメリカの参加者たちがつねに賛成してくれたわけではない。見解の不一致はしばしば問題の本質的な部分に及んでいたが、後述するように、この衝突は対話を豊かでダイナミックなものにしていくうえでは何の妨げにもならなかった。

この巡回集会の実現のために奔走したのは教会関係の人たちだったから、かれらはまず十二の州に散在するソシアル・ワーカーの諸グループとコンタクトをとって、参加を希望する団体や個人で実行委員会を結成し、この委員会で集会の日程などを決定していったのである。

その結果、どの曜日にも、ぼくはかならずどこかの集会に出ることになってしまった。教会と結びついた人たちとの共同企画とあって、はじめは参加を辞退してきた団体も中途から参加したいといってくるようになって、となれば、こちらもそれなりの対応はしなければならなかった。

一つの州を巡回すると、その週末に、州内のどこかの都市で、七〇人程度のやや大きめの集会がもたれる。主要に話し合われたテーマと議論の概略は、詳細なレポートにまとめられた。旅の全日程が終了したフィナーレに、十二の州の代表がニューヨークに集まって、各州から出されたレポートを総括する、エヴァリュエーションのための合同セミナーが開かれた。

まえにも述べたように、一九六七年以来、講演だの集会だので、この国にはすでに何度か訪れたことがあり、とくにケンブリッジには、ブロードウエイ・ストリート三七一の居住者として、ぼくは一年以上にわたって長期滞在した経験もある。しかしこの度の旅のように系統的・直接的な仕方では、北米の高度工業化社会の複雑な現実に触れたことはなかったのだ。この四十八日は、ぼくにとっては強烈このうえない経験であり、学んだものもまた甚大であった。ぼくは、すでに学んだことを、あらためて再学習した。わかりきったことといってしまえばそれまでなのだが、それは、たとえば以下のようなことだ。権力者のお決まりの準則が「分割支配」だとすれば、被排除者、存在を否認された人びとがそれに対置することのできる有効な準則は、「多様性の下での統一」以外にはない、ということが、それだ。多様性の下での統一がなければ、この合衆国において、いわゆるマイノリティが、もっとも基本的な(そういってよければ最低限の)人権のためにたたか

★——Moss, Rose, *Shouting at the Crocodile*, Boston Mass, Popo Molefe, Patrick Lekota and The Freeing of South Africa Beacon press, 1990.

うこともできなくなるだろう。少数者のまえにはさまざまな障壁が立ちはだかっていて、少数者が少数者として自立すること、「自分自身であること」を阻もうとするのだが、その壁をのりこえて、他者と敵対してではなく、他者とともに自分自身でありつづけようとするならば、「多様性の下での統一」こそがそのたたかいの原則とならなければならないだろう。

ぼくがこの「多様性の下での統一」の原則をはじめて口にしたのは、週末のセミナーの一つ、シカゴでのセミナーにおいてであった。ぼくがエルザと宿泊しているホテルで、早朝からセミナーが開かれることになっていたのだが、このホテルで、じつに具体的に、ぼくらは差別を経験することになったのだ。朝食をとろうとして、ぼくらはレストランに座ったのだが、われわれの前後左右の客たちのあいだを行き来するボーイは、向こうで呼ぶ声には応えても、ぼくらの存在はまるで無視して通りすぎるのだ。われわれ二人は、奇跡の妙薬を飲んで透明人間となったSF映画の主人公のようだった。

これは忘れがたい経験であった。なぜ忘れがたいかといえば、それを自分で経験することで、おそまきながら差別とはいかなるものかを身をもって知ったからであるが、同時に、自分は差別の対象にはならないと、心のどこかで思い込んでいたことに気づかされたからでもある。控えめにいっても、これは、当方の奢りというものだろう。

結局、われわれは朝食をとることができなかった。ぼくの当然の抗議と、これまた当然な憤怒の爆発――エルザのとりなしで、いくぶん和らげられたとはいうものの――をあしらう支配人の弁解に「見送られて」、ぼくらは引き下がらざるをえなかったのだが、この支配人もボーイたちと気脈を通じた人種差別主義者であることは明らかであった。

もう開会の時間がきていたので、ぼくらは、角のバーでオレンジ・ジュースとコーヒー一杯を飲んで、朝食に代えた。

こうしてぼくは、すでに大勢の参加者たちの詰めかけている大広間に入っていったのだが、心には、何ともいいようのない不快感、怒りと無力感が重くのしかかっていて、卵焼きとトーストパン、ぼくの大好きなあのアメリカ式朝食を食いそびれた空腹感といまいましさが、この不快感をいっそう掻き立てていた。

コーディネーターが開会をつげ、諸グループのリーダーたちがつぎつぎに立って発言した。「われわれは黒人である。われわれは自分たちだけになりたい」「われわれはインディアンである。われわれも自分たちだけで集まりたい」「われわれはチカノス(在米メキシコ人)だ。われわれは自分たちだけの場をもちたい」。ある黒人の青年は、冗談にではあろうが、白人のグループに向かって、「この人たちは違うグループの人たちだ」と揶揄《やゆ》した。押し黙っていた白人たちは無言のままだった。

ぼくが全面的に誤解しているのでないとすれば、私は人種差別主義者ではないと思っている白人であっても、多くの場合、黒人との関係において、どこか腰の引けたところがあって、だから人種差別主義とのたたかいにも本格的に乗り出せないでいるようなのだ。少なくともぼく自身の場合について考えると、ある強い罪障感をもちながら、ぼくは黒人のだれかれとつき合っているように思う。およそ何がといって、この罪障感をもって応接されることほど、最高に被差別者を苛立たせるものはないだろう。罪障感をもつということは、その理由を多少なりとも抱え込んでいるということなのであって、つまりはいまだに偏見から解放されてはいないということなのである。上記のような状況にあって白人の多くがことなかれ主義的な態度をとりがちなのも、理由はまさにそこにある。ぼくが言いたいのは、こういうことだ。黒人であれ、メキシコ人の男女であれ、同性愛者であれ、ホームレスであれ、白人の労働者であれ、はたまた黒人の労働者であれ、その人びとの何人にたいしても、ぼくは、罪障感を示す慈恵者の身振りで接してはならないのだ。かれら・彼女たちと議論し、ときには意見を違え、にもかかわらず共にたたかい、共に歩むことのできる仲間として、かれら・彼女たちと論争しなければならないのだ。

実際、存在を否認され禁止された人びとは、われわれの「生暖かな同情」などは必要としていない。かれらが必要としているもの、それは、われわれの熱情であり、連帯であり、愛なのだ。二心と虚飾のない、そして感傷のない愛、ティアーゴ・デ・メーロの詩の言葉をつかっていえば、「武器を手にした愛」なのだ。[49]

各グループのリーダーたちが各自の孤立を要求するスピーチをおこない、一座がしんと静まり返ったその沈黙のただなかで、ぼくはあえて発言を求めたのだった。

「あなたがたの立場を、ぼくは尊重します。しかしぼくには、どうしてもこう思えるのです。いうところの少数者がそんなふうな態度をとって、おたがいに自らを閉ざしてしまったら、もっとも安らかに眠りにつくことができるのは、ほんとうの少数者である支配階級だけなのではないか、と。どんな時代においても、権力をもつ者はさまざまな権利をわがもの顔に主張するものですが、権力者が権力者であるための前提条件として、かれらはきまって、ある一つの権利を絶対化しようとします。それは、権力なき者のプロフィールを描き、かれらを勝手に叙述する権利です。こんなふうにして、権力をもつ者が権力をもたざる者の肖像をえがき、後者がそのプロフィールを実際に体現してしまうなら、えがいた権力者の権力がいっそう強化されることは明白です。植民地の先住民が、植民者から、知的で有能で文化的な人間、自由な権利の主体、言語的生産者、自らの言語を駆使して歴史的・社会的に変化し前進し成長していく存在と見なされたり、絵にかかれたりすることはありえません。ぜんぜん反対です。植民地の住民は野蛮で、非文化的で、植民者たちがやってきて、そこに歴史を『持ち込む』までは『無歴史の』存在であった、ということになっています。かれらが話すのは方言で、その方言をもってしては『科学的真理』も『超越的神秘』も『この世の美しさ』もけっして表現できない、というわけです」

「権力をもたざる人びとは、権力者によってつくりだされたこうした自己イメージを最初は受け入れてしまうことが多い。しかし被支配者がかならずしもそれに服するものではないことを示す証の一つは、権力者によっておしつけられたこのイメージはたえず裏切られるということです」

「少数者と呼ばれている人びとにとって必要なことは、ほんとうは自分たちこそが多数者なのだということを認識することです。自分たちを多数者と考えるためには、たんに差異を見るだけでなく、自分たちのあいだの共通性に注目し、『多様性の下での統一』をつくり出していくことが必要です。それなしには自己改革も、ラディカルな民主主義の実質をつくりあげていくことも、不可能なのではないでしょうか」

一部の出席者にとっては、ぼくの言葉は疳《かん》に障るものであったようだ。「それは白人の台詞だ」と、拳を振り上げ、鋭い眼差しでぼくを睨んで、ある黒人の青年は言った。

「違う。白人の台詞ではありません」と、ぼくはこたえた。「黒人であれ、青い目のアイルランド人であれ、あるいはメキシコ人であれ、要するに何人であれ、進歩的な視点でものを見ている人になら、はっきりとわかる自明の理を言っているにすぎないのです。現状維持をよしとする人間、自分の利益を心得ている人種差別主義者なら、口が裂けたって、こんなことは言いません。しかしいろいろな事情で、この『多様性の下での統一』を実現する段階に、われわれはまだ到達していないのだ、という議論はありうるでしょう。それぞれの『少数者』集団の基盤はまだ未成熟で、相互の対話の余裕はまだない、ということなのかもしれません。集団ではなく、たんに指導者が未成熟なのかもしれませんが。だが、それとこれとは話が別です。『多様性の下での統一』の原則そのものが、白人の言い草だとおっしゃるなら、こたえは断じて否です。そんな非難はまちがっています」。

諸グループは結局は分かれ分かれになって、てんでんばらばらの議論をおこない、若干の問題について各自の結論を導きだすことになった。

第6章

多文化主義は、自然発生的な現象ではない。それは政治的にたたかいとられた成果なのであり……

セミナーの閉会にさいして、ぼくは先の一件を蒸し返しては、こう主張した。少数者にすぎぬ支配者にたいしてじつは多数者たる〝マイノリティ〟諸グループが、多様性のなかの統一を求めて長く困難な、しかし不可欠な歩みを歩むとき、かれらは多くを学ぶことになるのだ、と。

歩く人は、かならず、歩くことを学ぶ。歩行によって道をつくることを覚える。歩くことで、目指す理想を再形成し、さらに確かなものにしていくことを、人は学ぶのだ。シカゴの土曜の朝からかくも長い年月を経たいま、他者が語る同じ言葉にぼくは耳を傾けている。一九九二年リオ環境サミットで、セリンゲーロ（ゴム採集人）のリーダーであるオスマリノ・アマンシオが、――何年かまえに卑劣な手段で暗殺されたシコ・メンデスの衣鉢を継いで、☆「森の民」の一グループ、セリンゲイロの現役リーダーとして活動しているオスマリノ・アマンシオが――、率直に、力をこめて、こう言っているのだ。かれの言葉は、ほかならぬヤノマミ人（アマゾンインディオの一民族）の首長をまえにして語られた言葉であって、それは、ぼくをシカゴの記憶に引き戻さずにはいないものだ。

「はじめ私たちは権力者にそそのかされて、インディオはぼくらの敵だと信じこんでいました。そしてインディオもまた、同じ権力者に誑《たぶら》かされて、セリンゲイロはインディオの敵だと思いこまされていた。だいぶたってから、私たちは気づいたのです。私たちの相違は、権力者を利するためにわれわれがお互いに殺し合う理由には、けっしてなりえないと。私たちは、みんな『森の民』ではないか、同じ一つのことを私たちは願ってきたし、これからも願いつづけるだろう。だとしたら、そのことをとおして、私らは結束しなければならないと、そう気づいたのです。森の民は」と、アマンシオは言葉を結んだ。「いまや相違のなかで一つに結ばれているのです」。

とりわけ北米のような高度に複雑化した社会では、もう一つの学びが、――あまりにも重要でありながら、あまりにも達成の難しいもう一つの学びが――、おこなわれることになる。いわゆる少数派諸集団の文化的自己理解のことをぼくは言っているのであるが、この学習は人種や性差の問題につきるわけではない。階級関係についての理解も要求されるのだ。言葉をかえていえば、性の問題だけですべてを説明することはできないし、人種だけでも、また階級だけでも、それは同じだ。人種差別を階級の問題に還元することはできないし、性差別もそうだが、しかし少なくともぼくの考えでは、人種差別や性差別、いわゆるマイノリティ諸集団に対する差別という現象は、階級的差別の問題を抜きにしては十全に理解することのできないものだ。「色」づけされるのは、皮膚の色や性差ばかりではない。イデオロギーにも「色」があるというわけだ。

多文化主義の問題も見過ごすことのできない重要な問題だ。多文化主義とは、いろいろな文化がたんに併存していることではない。いわんや、一つの文化が強大化して他の諸文化を圧倒することでもない。それは、たたかいとられた自由であり、それぞれの文化が相互にその存在を尊重しあって、安んじて自分自身でありつづける権利、相互に異なっていることを恐れず自由に表明し、それでいて、ともに成長することができ、圧倒的に優勢な一文化によって他の諸文化が禁圧されることからくる不断の緊張状態を免れえていることを意味している。

多文化主義のもとにおいても文化間の緊張はつねに必要だが、しかし、こちらは質の異なった緊張だ。それは民主主義的な関係のもとで差異が自由に表明されるからこそうまれてくる緊張であって、それが民主主義の推進力になってもいくのである。多文化主義がすでに確立ずみのものとして偽装されるのではなく、た

☆――Chico Mendes アマゾンの熱帯林にはゴムの木が野生しており、その採集のために主として東北部の貧しい農民たちがゴム採集労働者としてこの地方に呼び寄せられた。シコもそうした労働者の末裔である。牧場化による近年の森林破壊はかれらの生活を根底から脅かすものであり、ゴム採集人は、長く敵対関係の下にあった先住民とともに、熱帯林破壊に激しい抵抗をつづけている。一九八八年にシコが暗殺され、折からの温室効果による気象異常とあいまって、アマゾンの「開発」の真相と「森の民」のたたかいが世界の関心の的となった。詳しくはシコ・メンデスの遺著『アマゾンの戦争』(神崎牧子訳・現代企画室)、A・シューマトフ『世界は燃えている』(日敬介訳・新潮社)、アンドリュー・レヴキン『熱帯雨林の死』(矢沢聖子訳・早川書房)などを参照。先住民のたたかいについては、南研子『アマゾン、インディオからの伝言』(ほんの木)があり、リオ・サミットのようすも報告されている。

えず創造の過程にあるもの、現在、制作中のもの、もうこれでよいという終着点のけっしてない探求の過程として存在するからこそ、こうした緊張が必要となるのである。未完成であるからこそ、探求があり、葛藤が生ずるのだが、その葛藤は、しかし恐怖から生まれる敵対的なものではないし、支配文化の優越性の誇示、生きる疲労、一見、いつ果てるとも知れぬ不正をまえにした人びとの絶望、歴史感覚の麻痺、怨念とその暴発などなどに彩られたものではない。

これもはっきりさせておかなければならないが、経済的・社会的・歴史的な諸事情に促されて他民族の人びとがある社会に流入し、従属的な関係のなかに組み込まれるのだが、その移住先の社会にも支配階級がいて、その階級の文化があり、言語があり、趣味の基準があり、理想、目的や課題、価値と歴史的なプログラムなどがあるわけである。支配階級の人びとは、そうした理想、課題、価値、言語を、自分たちのもの、だからして「国民」のものと宣揚し、それを模範に仕立てるだけでなく、だからと称して、それをさまざまな方途で他者に「贈与」し、拒絶を許さない。学校も、この贈与の一つだ。多文化主義の追求がないかぎり、多言語併用どころか、その名に値する二言語併用すら実現しないのは、そのためだ。多文化主義は、自然発生的な現象ではない。それは政治的にたたかいとられた成果なのであり、大きな苦難と努力をとおして形成される歴史の産出物なのである。

だから多様性のなかの統一が重要であることを再度指摘しなければならない。差異のなかにあって統一を追求するたたかいが一歩でも進捗《しんちょく》しているという事実は、すでにそのこと自体で、多文化主義社会の創出が端緒についていることを意味している。多文化主義とは異なる文化をもつ者が同一の空間で共生することだが、この現象は自然発生的なものでも、おのずから達成されるものでもないことを、再度強調しておかなければならない。それは歴史的な創出物であり、それぞれの文化集団が共通の目的をめざしておこなう政治的な意志決定、組織的な取り組みの結果として実現されるものだ。それゆえに、そうした目的に相応しい内実をもった教育実践が必要となるのである。差異の尊重に根ざした新しい倫理が求められるのである。

多様性のなかの統一を求めるたたかいは、——これは明らかに政治的な性格をもったたたかいだが——、たんに自由主義的な民主主義を突き抜けて、それをより深化し発展させる方向で文化的諸力を組織化し、運動化することからはじまるだろう。（その過程で階級闘争がはたす役割を軽視することはできない。）われわれは民主主義を追求しぬかなければならないのだ。あれこれの社会で人間が自由を享受しているからといって、それで万歳というわけにはいかない。その自由は飢えて死ぬ権利であったり、子どもを学校に行かせることができなかったり、住む家がなかったりすることであったりするのだ。アスファルトの上で夜を過ごし、保護もなく老いに耐え、生きることを拒絶される自由なのだ。

社会的に生み出された失敗や失意の責任をもっぱら個人に帰属させ、社会やその仕組みの責任を問おうとしない社会とそのイデオロギーを踏み破って、われわれはもっと先に向かって歩みを進めなければならない。黒人の子が英語の勉強で難渋すると、それは本人の責任だ、黒人は「遺伝的に」頭が悪いのだのということになる。黒人たちが曝されてきた階級的・人種的差別も、エリート階級の文化を「教養の基準」として子どもたちにおしつける権威主義的エリート主義（これは民衆知や民衆の語法に対する蔑視と同根だ）も、なんら責任を問われない。同じことはブラジルでもおこっている。スラムの子どもが勉強ができないのは、あれは「生まれつき」無能だから、ということになってしまう。

これらの言説は、当時としてはかなり論争的な内容をふくんでいた。

反応がすぐに跳ね返ってくるのは、往時もいまも変わりがない。

最悪なのは、不同意を押し隠した慇懃《いんぎん》な沈黙だ。いろいろなグループがあって、たとえぼくの見方に反対でも、そのことを率直に言ってくれるグループがあることは、ほんとうにありがたい。

一九七三年から九二年のいままで、ぼくに対する反論の内容はあまり変わっていない。反人種主義や反男性優位主義の運動に階級論議を持ち込むことには賛成できぬ、という反論、それは多様性における統一という先のテーゼにたいする反発ともつながっている。

最近も、ぼくは、妻のニッタとボストン大学のドナルド・マセード教授をまじえて、ある旧知の黒人大学教授と激論したのだが、誠実で有能な彼女は猛然とぼくに反対して、階級と人種差別とのあいだには何の関係もないと言い張るのであった。

ぼくは一九七三年に反対者たちにたいしてそうしたように、彼女の主張に敬意をもって耳を傾けたし、それは彼女も同じであった。

これがもし、ぼくの主張に彼女が立腹し、彼女の主張に、ぼくのほうが立腹してしまったらどういうことになるだろう。ぼくは階級だけで人種差別を説明しようとは思わないが、しかし階級の問題を無視して人種差別を理解するなんて、ぼくにはできないよ、いや、私ならできるわ、ということで、われわれは人種主義をくさしながら目糞鼻糞のセクト的思考に陥っていたに相違ない。

もっと最近の事例でいえば、今年の七月、ぼくは優秀な知識人たちの一団から強烈な反撃を浴びた。大部分はカリフォルニア在住のメキシコ、プエルトリコ出身の人びとで、可能な夢、ユートピアの必要性、自己ゲットー化への衝動の克服、多様性のなかの統一をめざす政治的努力など、どの命題もダメだというのである。北アメリカ社会を分析するときに社会階級という概念を用いることにたいしても、受け入れがたいものがあるようであった。

セミナーの合間に、ぼくはマニング・マラベレの本を読んで、感動した。

権力の専横とはいかなるものか、かれらの抱く自由への恐怖と憤怒、文化へのテロル、思想への侮蔑……

もう一つ思い起こされるのは、はじめてカリブ海の島々を訪れたときのことである。ジャマイカ島を手はじめに、この地域のいろいろな島々で集会がもたれることになっていた。例外もあったが、ほとんどの島の集会を立案しコーディネートしたのは、貧しい人びとの地域で、領域的にも階層的にも多様な民衆の社会運動を支援している諸組織であった。

ここでも『被抑圧者の教育学』を読んで、そこに記されていることを実際に適用しようとすると、同じような問題にぶつかるもののようだ。ぼくはどこでも、まとう「衣」こそ異なれ、本質的には似たりよったりの問題に直面することになった。

冗長を避けるために道中で経験したもっとも示唆的で印象的な三つの事件を選んで語ることにしたい。

一つ目は、ぼくがハイチへの入国を拒まれた話だ。その首都でぼくは識字教育とポスト識字教育をめぐるセミナーを開くことになっていた。

ジュネーブでは世界教会評議会を通じて、ぼくはハイチ入国のビザを取得していた。ところがジャマイカの首都キングストンに着くと、ハイチの主催者からの連絡が入って、当局からぼくの入国を禁ずる通達が出されたという。そこで仕方なく、セミナーの開催地をハイチから隣国のドミニカ共和国に代えたのである。

ここには特筆に値するいくつものことが示されている。権力の専横とはいかなるものか、かれらの抱く自由への恐怖と憤怒、文化へのテロル、思想への侮蔑、人民不在の独裁政治のそれら数々の特徴がここには遺憾なく露呈されていて、まさにそれゆえにその頃のぼくはハイチへの入国を禁止されてしまったのである。後々きいたところによると、セミナーの主催者側からの願い出でぼくの入国予定を知るにいたったハイチ政府は、おそらくブラジルの軍事政権の意向をおもんばかって、ポルト・プランスの同国大使館にお伺いを立てたようだ。

同じ消息筋の情報では、回答は判で押したような「否」であったそうな。もちろん、真偽のほどを確かめる手立てとてないが、誠実で民主的でご清潔であると自称する軍事政権がその支配期間中に、ぼくだけでなく、他の数多の亡命ブラジル人にたいしておこなってきたばかげた締め付けの一端が、ここにも示されているのである。ぼくが最初に名誉博士号をいただいた大学では、それに先立って、政府筋からの漫画チックな嫌がらせに患わされなければならなかった。ぼくがユネスコに赴任したときも、FAO☆から報酬をもらうことになったときも、当時のブラジルの軍事政権は反発を示して、これを悪しざまに非難した。支離滅裂な、しみったれ根性の透けて見える抗議内容であった。

妻のエルザは、ジュネーブのブラジル領事館を相手どって、三年あまりまえから更新を拒まれている自分と子どもたちのビザの発給を、市民の権利としてくりかえし要求してきた。その圧力におされてかブラジル政府はスイス国内にかぎって有効と称する滞在許可証なるものを領事館に発給させたのである。察するにぼくらの家族は、ジュネーブからチューリッヒに旅行するためのビザを必要としているらしいのだ。ブラジル外務省のこの種の「小細工」の非凡さを、ぼくは外の世界に大いに吹聴してきた。打つ手に窮してこの国の外交官たちはパスポートに代わる「逗留ポート」なるものを捏造して、危険度の低い亡命者のスイスへの「一時寄港」を保障してやった、というわけだ。

なんとも面白いことに、エルザはこの「逗留ポートfica porte」なるものを携行して、ぼくと一緒に世界中を歩いているのである。空港の係官はこの珍妙な外交文書をしげしげと見つめ、慎重に尋問をおこなったあげく、にっこり笑って承認の印を押してくれるのだった。fica porte なるものを受け入れたからではない。それを差し出す人間を受け入れたのである。

本題に戻ろう。

ハイチへの入国が差し止めになって、代わりにドミニカ共和国で集会がもたれることになったしだいはすでに述べた。この度の主催者は、カトリック系の民衆教育組織であった。約二十人から二十五人の男女の教育者たちが参会したが、かれら・彼女たちの希望は、ぼくととりわけ生成テーマについて、つまり教育内容の設定の方法と、いわゆる「銀行型教育」の批判について語りたい、とのことであった。じつはドミニカ共和国に向かう途中で、ぼくらはポルト・プランスで飛行機を乗り換えた。国連の技術専門家とジャマイカの女性教師がぼくに同行していた。技術的なトラブルで飛行機の離陸が三時間ほど遅れることになったので、国連の技術専門家は当地の友人に電話をかけたのだが、彼女はさっそく空港にぼくらを迎えにきてくれて、市内観光ということになってしまったのである。

こうしてぼくは入国できないはずの国に入りこんだ。友人の青いパスポートに重ねてぼくのスイスでのパ

☆――FAO　国連食糧農業機関。国連の専門機関の一つ。飢餓対策と栄養改善を目的として、第二次世界大戦後に創設された。六〇年代は多収量品種の普及や、農産物輸出の振興につとめたが、農村開発などの活動もおこなっている。

スポートを差し出したので、ぼくのそれは「青化して（空の青さに飲み込まれて）」、係官の注意を削いでしまったようだ。

　この小さな町は、ぼくに深い感銘を与えた。なかでも目を引いたのは、三々五々、広場の片隅に画架を立てている民衆画家たちの姿であった。色彩感あふれるそれらの絵は、民衆の暮らしを、その苦悩と喜びを、いきいきと語りかけていた。こんな経験ははじめてだった。芸術的な美と創造性のこれほどの乱舞、これほどの色彩の饗宴をまえにして、ぼくは堰を切って語りはじめた民衆の多声的な語り《ディスコース》のなかに自分が身を浸しているかのように感じたのだが、それはまさにそのとおりだったのだろう。存在を否認され、読むこと、書くこと、語ることを禁じられた民衆、抗議の声、告発と希望を表明する自由を封殺されたハイチの民衆が、たった一つ自らの言葉を表現することのできた手段が、すなわち芸術だったのである。

　こうして画家たちは家族を養っていたのだろうが、かれらが養っていたのは、家族だけではないのだ。おそらく、そうと意識することなく、画家たちは、自らの生きる希望を養っていたのである。

　ぼくはもう一度、今度は合法的にハイチに入国したいと切望しつづけてきた。ところが合法的に選挙された民主的政府が、この国に泥を塗るもう一人の山師によって覆されて、多くの民衆がまたもや獄に繋がれることになってしまった。ハイチでは新たな民衆への裏切りがおこなわれ、いま、ぼくの希望は叶わぬ夢となった。世紀末になるというのに、それどころか一千年期の終わりにさしかかっているというのに、自由と民主主義、人間の生きる権利に敵対する卑劣な攻撃があいも変わらず繰り返され、歴史を狂わせているのは、ほんとうに残念なことだ。またもや一握りの支配者が、銃と破壊的な暴力を後ろ盾にして政治と経済の実権をにぎり、ハイチの多数派の人民の自由を蹂躙したために、無防備な民衆はかつての沈黙と無気力の洞穴に再度舞い戻ってしまっている。かれらがあらわに抗議の声を上げることはおそらくないだろうが、その声は、民衆芸術のなかに、かれらの祝祭のなかに、その音楽とからだのリズムのなかに浸透して、いまも抵抗の表現として機能しているのである。

ぼくは無数の「望ましからざる人物」の一人であり、「危険分子」であり、「テロリスト」であり……

ドミニカ共和国への飛行中、つぎに待ち受けている事態を、ぼくはまったく予想することができなかった。ぼくはブラジル国籍であったから、入国ビザを取得することはできなかった。問題は、ぼくがブラジルの「逗留許可」も得ていない、ということにあった。スイスのパスポートがあるだけなのだ。

ドミニカの空港警察によると、ぼくはスイス人であって、ブラジル人とは認定しがたいのだそうだ。スイス人であるからには、ビザの取得が必要だという。ビザがないから、ぼくの入国は許されない。かなり手荒なやりかたで、ぼくは同じ便がつぎのプエルトリコに向かう出発ロビーに連行された。

この間、国連職員の友人は入国ゲートをくぐって、出迎えロビーでぼくを待っていた神父に事態を告げた。十五分後には、プエルトリコ行きの便が出て、ぼくはそこからニューヨークへ、そしてジュネーブへと「回送」されることになるのだ。警官が近づいてきた。ぼくを手荒に出発ロビーに連行した警官だ。今度は打って変わった慇懃《いんぎん》さで「セニョール、ちょっとなかにご同行ください」という。

そのときのぼくは、もうこんなところに留まるよりも、さっさと帰国の途につきたいという気持ちのほうが強かったのだが、ぼくの到着を待ってくれていた人びとには何のトガもないはずだし、それに、ドミニカ来訪の目的を完遂しないで立ち去るという手はなかった。恐縮する警官につれられてパスポート・コントロールにきて見ると、そこに神父がいて、かれはまだ、ぼくを入国させるために大奮闘中なのであった。空港警察には「人物照会録」なるものがあって——いまならさだめしコンピュータが使われているのだろうが——、ぼくは「望ましからざる人物」として指名されていたのであった。Paulo Reglus Neves Freire——そこに記されていたのは、たしかにぼくの名だ。一字の誤りもなく、ぼくのフルネームが記されていた。これは、ぼくの入国の不可能性を決定的に告げるものであった。しかもその理由は、最初に言われていたスイスのパスポートのなかのビザの不在などではなくて、もっと重大なものであることがわかったのだ。もう絶体絶命であった。ぼくは無数の「望ましからざる人物」の一人であり、「危険分子」であり、「テロリスト」であり、密輸人であり、麻薬運搬人の同類なのであった。

判断を下すために呼び寄せられた警察の係長は、招待者の神父に、出入国管理局の総監に談判する以外に解決の方法はないと言った。入れるか出すかの最終判断は、かれの権限に属するという。係長は自分で電話をとって、総監につないだ。

「わかりました」と、神父は受話器の向こうの総監に言った。「フレイレ先生がその条件を承諾してくださるなら、私のほうで責任をとりますよ」。

受話器を右の掌で覆って、神父は、ぼくに問いかけた。「滞在は五日間、その間にセミナーの会場から外には出ない、あなたの来島を報道機関に報せてはいけない、だれとも会ってはいけない。そういう条件だそうですが、お受けになりますか?」

「もちろん、受けますとも。ぼくは話し合ったり、教えたり、学んだりするために、ここに来たのであって、観光やインタビューのために来島したわけではありませんから。全然、問題はありません」。そう、ぼくは答えた。

「結構です、総監。お申し越しの条件で入国できるなら、よろこんで従うとフレイレ先生は申しております。私の責任で約束はかたく守ります」

神父は受話器を係長に渡し、総監の命令がかれに伝えられた。

こうしてぼくはドミニカに入国し、五日間のセミナーに出席した。この島の都市部や農村部でのすぐれた実践の報告に接した五日間であった。

ぼくはこれがためにドミニカに来たのであった。もしぼくが自分を貶められたように感じて面目にこだわって総監の申し出を拒否していたら、それはぼくの政治的未熟さを示すものとなっただろう。

五日間というもの、ぼくはインタビューを受けることもなく、街に出ることもなく、ただただ自分のなすべきことに専念した。

最終日、神父は空港に向かう車をわざと迂回させ、ぼくが首都の概況をつかむことができるように用心深く市街地を一巡した。

その数か月後にアフリカのガボンの首都リーブルヴィユのホテルでぼくが一夜を過ごしたときの経験は、明らかにこれとは異質なものだ。そのときぼくは建国まもないサントメ・プリンシペの招きで、アフリカを旅していたのである。

中継地のガボンのその名もリーブルヴィユ（フリータウン）という町で、何とも皮肉なことに、ぼくは「不届きな本を書いた危険人物」として身柄を拘束されてしまったのである。この度は遠慮なしのあけすけな言葉で、ぼくはそう呼ばれたのであった。

「しかし、セニョール」と、ぼくは一見してお偉いさんとわかる風采の警官に言った。「ぼくはたった二十四時間をこちらで過ごすだけなんですよ。明日の午後にサントメ・プリンシペ行きの便が出るまでのあいだです。それにぼくはサントメ・プリンシペ政府の招きで、この国を通過するんですよ。どう見てもこれは権力の乱用ではないですか。ぼくは断固として抗議します。明日の便が出るまで、ぼくをホテルに監禁するとおっしゃいましたね。そんなことを認めることはできません」。

「拘束なんかではない。あなたは、あくまでもこの国のお客さんです。ただし部屋から出ることはできません」。

しばらくして、ホテルのぼくの部屋に、だれかが外側から鍵をかけた。

これが拘束でないとは！　何とも奇怪なこじつけだ。

はじめてのカリブの旅のなかでも、この美しい小さな島国ドミニカでの経験は、ぼくにとってひじょうに思い出深いものだ。

生産と直結した民衆教育の実践としては、もっとも理想的なかたちで機能した事例の一つ……

経営危機に陥ったあるファゼンダ（大農場）があって、そこで農業生産を担っていた農民たちが、政府に非私有化を迫り――ぼくのきいた話では――、経営母体のイギリス系企業そのものを買収したうえで、さらに長期の延べ払いの形で、それを自分たちに払い下げさせたというのである。

ファゼンダの非私有化と同時に農民たちは一つの協同組合を設立した。農場のかつての職員たちの技術面での助力も当て込まれていた。

ぼくが訪問した時点ではすでに一年が経過していて、農場の運営は目覚ましい成果を収めていた。ひじょうに個人的な思い出があるので、この本でも、ぼくはそのことを語ることにしたいと思う。ジュネーブに戻ってからも、真っ先に子どもたちに話したことだ。ぼくは協同組合の組合長の家に泊まった。ファゼンダの経済、対外折衝、教育などのいっさいを取り仕切っている人だ。子どもはなく、いたって簡素な家に妻と二人で暮らしていた。ブラジルでいう一種のモッホ、丘のうえの掘っ立て小屋で、電気は引かれていなかった。家のまえには葉を茂らせたマンゴーの木があり、ちょっとした藪と青々とした芝草が植えられていた。

雨の日だった。車から降りて粘土質の斜面を上るのだが、地面はねばねばした泥土で、ブラジル・ノルデスチのマサッペ土壌のいわば「兄弟分」だ。ここもつるつる、そっちも危ない。ぼくの右手は組合長の腕をしっかりと握り、足は踏み場を探して抜き足差し足、やっとのことで、われわれはケロシン・ランプの灯る今夜の宿にたどりついたのだった。ぼくと組合長はほんのちょっと言葉を交わしたが、かれの妻は部屋の片隅で耳を傾けるだけで、口を利こうとはしなかった。

ぼくはくたくたに疲れていた。ただ眠りたくて、他のことには頭がまわらなかった。

さて寝室に行こうとして――その寝室というのは組合長夫妻の部屋で、友愛の印として二人はそれをぼくに明け渡してくれたのであるが――ぼくはそこはかとなくトイレに行きたくなってきた。そして、はたと気づいたのだ。ぼくは本を書き、農民たちの勉強サークルでその本が読まれ、かれらと話し合うためにここに招かれているのであるが、それでいながらぼくは、農民たちの具体的な日常生活からなんと遠く隔たったところで日々をおくっていることだろうか、と。

尿意はますます募ってくるのだが、トイレがどこかを、ぼくはますます問いだしかねていた。すっかり話をややこしくしてしまっていた。ぼくは考えあぐねていた。トイレがどこかときいて、もしトイレがなかったらどうしよう。相手は、どう思うだろうか？

ふと思った。罪悪感に捉われずには黒人と話すことのできない白人、ちょっとまえのページでぼくが言及したことのあるあのリベラルな白人たちと、いまのぼくはちょっとばかり似ているんじゃないだろうか、と。ただ、この場合の断絶は、階級のそれだ。ぼくは思いかえして訊ねてみた。

「トイレはどこにありますか？」

「トイレ？　ああ、世界中にありますよ」

組合長はそういって、ぼくを恭しくマンゴーの木の下に導いた。二人は肩を並べて、草の上に落ちる雨の雫にぼくらの雫をしたたかに追加した。

トイレのつぎにぼくがぶち当たった大問題は翌日の朝のシャワーであった。朝、シャワーを浴びるというぼくの習慣は、ぼくの階級的な立場とつながっている。話し方、たとえば主語と動詞の活用を一致させる習慣だとか、身だしなみ、歩き方、ものごとの趣味などと同じように、それは帰属階級を示す符丁なのだ。

この夫妻だけでなく、農民たちが一般にどのような暮らしをしているのかを身をもって体験する機会をもてたことは、ぼくにとってたいへん仕合わせなことであった。農民たちと協同組合の支援者たちが実際にどのようにして教育と文化の問題、農業者としての自己訓練の課題にとり組んでいるかを観察することは、ぼくにとって何にもまして裨益《ひえき》するところの多い経験であったのだ。

もともとそう願っていたので、リーダー層の集まるセミナー会場のほかに、――ここには約六十人の農民が参集してカリキュラムの問題、教育方法の問題などを議論しあったのであるが——、その間の二、三日は、村自体を訪問することにしたのである。

一年有余か月の民主的自治の経験をとおして、ファゼンダの運営はまさに模範的ともいえる成功を収めていた。手ばなしの自由と放縦を抑える一方で、権威の乱用も厳しく抑えられていた。農業指導に携わる技術者たちは、その誠実さと有能さで、すべての農民たちの信望を集めていた。

ファゼンダのほぼ全地区に合計十のセンターが設置されており、各センターの活動は運営委員会と、そこから選挙によって推された一人のコーディネーターの指導下に置かれている。かれらが建てたたたきの床の田舎風の集会室には、大きな板が据えられていて、それだけで使えば仕事机として使えるし、そのうえにクロスを被せればテーブルにもなった。小屋には調理場も付設されていた。センターの会員たちはお昼時になるとここに集まってきて、一緒に食事をするのである。地区の人びとは鶏だの魚だの果物だの、自分の調達できる食材を思い思いに家から持参してくる。男女二人の炊事係が交代で決まっていて、その連中が食事の用意をすることになっていた。

毎日二時間の昼休憩があって、その時間に日常の諸問題が合議される。交代でだれかが書記になり、その日の話し合われた内容や指摘された事項を記録にとる。毎日の話し合いのなかで問題になった事項は農業技師や各種の専門家も交えた二週に一度の土曜の総会に提議される。農民にとってのファゼンダはたんに経済的な意味での生産のセンターであるだけでなく、文化の中心でもあるのだ。ファゼンダのなかの十の「文化センター」は、各ユニットが「小集団」としてまとまり、お互いによい協働関係をつくりあげていく最善の方法であったが、一方、総会のほうは分化した小集団を再統合していく働きをもっていた。生産と直結した民衆教育の実践としては、これは七〇年代にもっとも理想的なかたちで機能した事例の一つといえよう。

最近、ぼくはジャマイカのモンテゴで開かれた国際会議に参加し（九二年五月）、ドミニカから来た女教師に会ったので、さっそくこの共同農場がその後どうなったかを訊ねたのだが、「つぶされました。政治的な理由だそうです」というこたえが返ってきた。


今度の行き先はグレナダである。美しい小さな島だが、そこで魔法のように、率然と革命が勃発した……


一九七九年の暮れから一九八〇年のはじめにかけて、ぼくは再度、カリブ海地域に滞在した。今度の行き先はグレナダであった。美しい小さな島だが、そこで魔法のように、あたかも一夜にして、といってもよいように率然と革命が勃発したのである。美しい温順な島にしてなお、怒れる人びとの怒りの牙を――大地の主たる農民たちの、そして農民でこそないけれども革命的眞理をわが家と心得る人びとの憤怒と痛憤の歯軋りを、よく免れることはできなかったのである。

グレナダの革命は、人民を深く信頼するまだ若い青年リーダーの、ほとんどドン・キホーテ的ともいえる蜂起行動によって、最後の決着がつけられたのであった。

政府の首相の不在という異常事態を利用してモーリス・ビショップと一ダースほどのその同志たちは警察署を襲撃した。警察はなんの抵抗も示さず、かれらに建物を引き渡した。接収した武器でかれらはつぎつぎに馳せ参じる他の活動家たちを武装化し、さらに国軍も運動に加わるに及んで権力はブルドーザーで薙《な》ぎ倒されるかのように全面的な崩壊を遂げた。満を期した革命の条件が、その機を待ち受けていたことは明らかであった。民衆の困窮と、変化にたいする熱い期待がなければ、ビショップたちの蜂起が、つぎに立ちはだかる障壁を乗り越えることはできなかっただろう。

歴史というものは、不遜な主意論者の意志にしたがってくるくると形を変えるようなものではない。人民の意志と、賢明な指導と、歴史的好機とがあい合して、社会変革がなされるのである。そうすることで民衆運動は、社会的コストを最小限にとどめつつ、権力の奪取に成功した。反動勢力が反撃するいとまさえなかった。島は変革を待ち受けていた。異なる政権が樹立されて、それは島の相貌を大きく変えるものであった。

ぼくのグレナダ訪問は、その一か月まえに、当時、ぼくが滞在中のマナグアで決定されていた。ぼくは「識字十字軍」のコーディネーターで、後にニカラグアの教育相となったフルナンド・カルデナル神父☆の招きで、この町に滞在していたのである。「十字軍」のスタッフに少しばかり自分の教育思想を伝えるのが、マナグアでの、ぼくの仕事であった。アフリカのサントメで一緒に働いたことのあるアルトゥーロ・オルネリェスが当時は米州機構（OEA☆☆）の教育局で働いていて、この友人が、グレナダ教育相がぼくの同国訪問を望んでいるという話を持ちかけてきたのである。君の意向しだいだけどね、と、アルトゥーロはつけ加えた。

ぼくとしては異存のない旨を、アルトゥーロがグレナダ政府に伝えてくれた。ぼくの身分は世界教会評議

☆──Fernando Cardenal　ジェスイット会の聖職者であり、ニカラグアにおける「解放の神学」の中心的な担い手の一人である。早くからサンディニスタ民族解放戦線（FSLN）に参加し、革命後は政権に参画して、とりわけ成人識字教育の分野で指導的な役割をはたした。サンディニスタ政権の閣僚にはミゲル・デスコト、詩人のエルネスト・カルデナル、エドワルド・パラレス（後にOEA代表）など、聖職者も多く、政府要職からの離脱を迫るバチカンとのあいだに確執をうんだ。一九八五年、フェルナンドは僧職を離脱。ニカラグアの識字運動の情況とフレイレの教育思想とのかかわりについては、里見「ラテンアメリカの識字運動」（国学院大学教育学研究室紀要・第二十二号）を参照されたい。

☆☆──Organization of American States　通称OAS（米州機構）。アメリカ合衆国が中心となって結成したアメリカ諸国の集団的防衛機構。近年は社会開発や人権保障の分野にも活動の領域を広げている。ポルトガル語ではOEA。

会の教育部の職員だったから、政府から同評議会にその旨の申請をしてもらう必要があったが。

こうして段取りが決まって、十二月の月半に、ぼくはグレナダに着いた。だれもが噂するように、政府から放り出されたパワー・エリートとその「来賓」たちは、この国の新しい指導部を不倶戴天の敵と見なしていた。この反感はさもありなんである。かれらは階級と白人の利益を何が何でも擁護しようとしていたのだ。

ビショップ氏が無能で邪《よこしま》な、権威主義的でかつ狂信的なセクト主義左翼によって暗殺されたとき、これらのエリート諸君は歓呼の叫びを上げたに相違ない。これはフィデル・カストロの激しい反応を呼び起こし、島への侵攻はいまや容易なものになった。米軍の侵略は民衆の夢を打ち砕いた。グレナダの民衆はまたもや困難な生活に耐え、宿命論の泥沼のなかで藻掻きつづけることになる。ユートピアは潰《つい》えさったのだ。

これがぼくが二度目に訪れたときのグレナダの情況だが、最初のときは、まったく雰囲気が違っていた☆。人びとの顔には感染性の喜びの感情が満ち溢れていた。人びとは希望をこめて、新しい社会の創造にのりだした要人たちのことを噂しあっていた。

最初の訪問のさいの三つの会合は、ぼくに深い印象を残した。

一つは教育相を交えて、教育者たちのチームと、これから実施しようとしている新しい教育の基本構想を議論した会合。われわれは、求める教育の未来像をともに考えあった。子どもの世界を理解し、尊重しながら、しかも批判的に考えるという行為に向けて、かれらを挑発すること。知識を教えるということと、考えることを教えるということとを、けっして二分化しないこと。ドグマを排し、かつまた皮相さを排する教育。批判的な思考を重んじ、同時にたんなる思い付きに陥ることをたえず戒める教育が必要だ。

こうした構想を実行する努力、すなわち子どもの世界を理解しつつ同時にかれらにより深い思考を挑発する教育、知識と思考を二元化しない教育を実現するためには、不断の教育者の教育が必要だ。その教育には科学も必要だが、何よりも必要なのは古い権威主義的な、そしてエリート主義な自らの残滓《ざんし》を克服していく誠実で一貫したとり組みだ。それは自分の人となりのなかにしっかりと根をはって、いわば「住み着いて」おり、何かにつけて再活性化して動きだすのだ。この残滓を克服しようとすれば、どうしても、われわれの主観性が重要になってくるのであって、主観性をたんなる客観的現実の反映に還元して矮小化してしまうドグマティズムに捉われているかぎり、学校をデモクラティックな方向に変えていこうとするすべての試みは、構想倒れにおわってしまう。

上記の二つの原則こそは、学校とそこでの教育実践の全変革を基礎づけるものといえるだろう。ぼくがその集会に参加した教育者たちに語ったことは、この二点から出発して改革をあらゆる領域におし広げていくことが可能だということである。カリキュラムの改革、教師と生徒の関係の変革、校長—教師—用務員—警備員など、学校のすべての人間関係の変革、学校と家族、地域社会との関係を変えること。

翌一九八〇年の二月に指導者養成のための全国セミナーを開催すること、ついで全島で無数の集会をもって教育者の再教育にあたることが、その席で決定された。

二月のセミナーには、アルトゥーロの勤務するOEAのスポンサーシップで、ブラジルの社会学者のジョアン・ボスコ・ピント(現ペルナンブコ大学教授)、チリの教育社会学者のマルセラ・ガハルド教授(結局かれの

☆——グレナダの革命。このカリブの小さな島で何が起こり、何が圧殺されたかを、日本の私たちはほとんど知らされていない。Chiris Searle の Words unchained Language and Revolution in Grenada Zed Books 1984. は、識字教育者の目をとおして、変革期における民衆の言語のダイナミズムを記録したひじょうに魅力的な労作である。

出席は不可能となったが）、それにぼくと、当然アルトゥーロ・オルネリェスがゲスト講師として招聘《しょうへい》されることになった。

第二の会合は教育省の職員たちとのそれで、これも考えさせられるものだった。教育省はこの集会のためにとくに午前の時間をとり、全職種の職員をそこに招集したのである。用務員や自動車運転手、そして各部門の書記官、タイピストもいた。

「私の確信するところでは」と、ぼくの招待者である教育相は言った。「教育政策を改めて、それを民主主義的な方向に変えていこうとするのなら、あらゆるセクターの人びとの参加と協力が不可欠なのです。それぞれの職務をとおして教育省の活動をささえてくれている、すべての人の協力が必要なのです。生徒の参加、家族や地域社会との結びつきがなければ、学校は何もできない。同じことですよ」

進歩的な主張をかかげる行政機関はかずかずあるけれども、正直にいってこんなことを依頼されたのははじめてだった。すべての教育公務員に、その任務の重要性を語りかけてほしい、というのだ。清掃であれ、教育計画の立案であれ、自分たちの任務の重要性に変わりはない。これは口当たりのよい宣伝ではなかった。はじめはちょっと驚いたようで、なんだいこれは、という表情でお互いに目くばせする者もいたが、話しているあいだに反応の振り子が大きくゆれて、多くの参加者の眼差しが知的な関心を示すものに変わっていった。

教育相も立ち合ってその日に出された結論の一つは、こういう集会をこれからも恒常化していくべきだ、ということであった。ただし出席は強制しないほうがよいけれど。

第三の会合は、ほかならぬビショップその人との会見であった。首相はアルトゥーロとぼくを官邸に迎え入れ、約三時間にわたって、われわれは意見を交わしあった。新鮮な果物のジュースが、ぼくらの会話を潤した。サイドテーブルには島の美しい果物を山盛りにした盃がおかれており、自由に手にとれるようになっていた。

おのれが熱愛してやまなかった世界からかくも早急に消し去られていったこの人物の記憶をいまつぶさに思い起こそうとすると、会話中のぼくとアルトゥーロをしばしば震撼《しんかん》させたこの青年の若干の資質が、おのずと心に浮かんでくる。

まず、あの率直さ。つくろわれた率直さではない。言葉と行為が一致した人間の率直さ、自己誇示を避ける努力など、ハナから必要としない人間の飾りのなさだ。この飾りのなさで、ときには少年のように笑い声を上げながら、かれは冒険に満ちた、とはいえけっして無謀とはいえない、かれの蜂起の体験を語ってくれた。仲間たちとおこしたこの蜂起によって権力は奪取され、爾後、それをつくりかえる努力がおこなわれていたのである。

もう一つは、自由への愛、他者の自由への敬愛だ。民衆が自立し、自分たちの社会をつくりかえるために自らを組織し行動していく、そのたたかいを支援する意志である。歴史のチャンスを過たずに捉える感度も非凡なものがあった。チャンスとはいっても、それはわれわれ自身の主体と無関係にあるのではない。クリオはある時間のコンパートメントのなかにあって、われわれがその黒髪を捉えることを待ち受けているのだ。それは、われわれが切り結ぶ時間との関係のなかに、出来事への親炙《しんしゃ》のなかに、対立する諸力の競い合いのなかにある。われわれはチャンスを創出するが、その創出は、歴史のなかでおこなわれる。チャンスを活用しなければ、歴史がわれわれを罰するが、社会的な基盤なしにチャンスを勝手に頭で捏造《ねつぞう》したときも、やはり同じ罰が下されることになるだろう。

弁証法的な思考様式も、かれの特徴の一つだった。弁証法についてあれこれと「語る」ということではなくて、かれの思考そのものが弁証法的だったのだ。あの会見のことをいま思い返してぼくは思うのだが、ビショップは弁証法的な思考をあまりにもしっかりと身につけていたので、かれにおいては言説と実践を分離する余地はまったく残されていなかったのだ。会談のなかでも、かれは歴史における主観性の重要性についての深い理解を示した。だからこそ、新権力の創出に先行し後続する、いやもっと正確にいえば創出の過程そのものに内在する教育の役割を、かれは重く考えていたのである。

ビショップ政権が実際に動きはじめ、これらの諸原則が具体策として打ち出されたときに、それはおそらく非弁証法的な機械論者たちをいたく憤激させ、かれの敵にする下地になったのではないかと思われる。

三人の会話のどこかで、かれは、ぼくにある頼みごとをしたのだが、それはかれの強烈な民主主義への信頼と、ぼくらがそのとき話題にして熱心に語りあっていたアフリカの偉大な指導者アミルカル・カブラルと、ここにいる青年との、瓜二つの精神のありようを暗示するものであった。かれはぼくに、この島での時間の一部をさいて、軍人たちと会ってもらえまいかと懇願したのであった。「開かれた市民精神について、かれらと話し合っていただけると、ありがたいのです」。その重要性を説明して、ビショップはおおよそこんなことをぼくに言った。「この市民精神によってこそ、ただそれによってのみ、私たちは私たちの社会をつくりかえることができるのです」。

そういう表現をしていたわけではないけれども、ビショップには、はっきりと見えていたのだ。社会の民主主義的な再形成の過程において、軍が意味をもつとすれば、それはただ市民社会の奉仕者としてであって、それ以外ではないのだと。軍に意味を与えるのは、あくまでも市民社会なのであって、軍が市民社会を意味づけたり、方向づけたりするのではない。

当然これが、ぼくが軍人たちと話すときのテーマの一つとなった。反応は沈黙であった。たぶん不同意の表現だったのだろう。

政府は、島の僻村の交番から内閣官房までレベルのいかんを問わず、その言行の透明性が要求される……

軍人たちとの会談は、ぼくにとっては、もっとも感銘の薄いものだった。それ以前にも、ぼくはリマと、いわゆるカーネーション革命後のリスボンで、何人かの将校たちと語りあった経験がある。リスボンでは、陸・海・空の将校たちと三時間にわたって懇談した。アフリカでの正義に悖《もと》る、勝ち目のない戦争に倦み疲れた若者たちであった。

七〇年代のポルトガル植民地軍は、ますます不条理な泥沼にはまり込んでいく戦争に喘ぎながら内部崩壊をつづけていた。自分たちとは反対に自らの闘争の歴史的・倫理的正当性にますます確信を深めていたアフリカ人と、かれらは戦火を交えなければならなかったのである。

ぼくが会ったのはアフリカでの戦争をとおして意識の目覚めを経験したポルトガルの軍人たちで、その組織者であった一少佐は『被抑圧者の教育学』をくり返しくり返し読み耽ったという。もちろん、そんな読書をしていることは秘中の秘で、他の軍人たちとの地下研究会の課題図書としても、この本は使われたという。その少佐も、他のことと併せて、明らかな基本点として以下のことを指摘していた。戦争はたんに高度な武器だけでおこなわれるものではない。武器はいうまでもなく貴重だ。戦争は人間だけでおこなうものでもないからだ。戦争をおこなうのは、人間と、そして武器だ。

戦争に勝ちぬくためには、戦士の倫理意識と政治意識が決定的に重要である。高度なテクノロジーは、もっとも弱者である人びとの創意工夫に、しばしば出し抜かれることがある。権力をもつ者に欠けているある強さを、弱者の側がもっているからだ。自分たちのたたかいは正当であるという歴史的・倫理的確信が、すなわち、それである。

ベトナムでおこったのは、まさにそのことであった。北アメリカの高度に発達した技術が、ベトナム人の「存在への意志」と、弱者の巧みな創意工夫のまえに敗退したのである。

グレナダのケースも、同じである。武器をもつ者には、倫理的・歴史的な確信が皆無であった。だから、強烈な確信をもつビショップとその同志たちの蜂起に容易に屈し、かれらは権力の奪取に成功したのである。

一九八〇年の二月、島に引き返したアルトゥーロとぼくは、はじめてこの地を訪問したジョアン・ボスコ・ピント教授と合流した。

まずセミナーを開催するグレナダ側チームとの打ち合わせ。セミナーの進行日程と、ぼくらのそれぞれの役割分担が知らされた。

ぼくらの、つまりグレナダ側とゲスト講師であるぼくらの共通の抱負は、セミナーの討議内容をできるかぎり理論と実践の結合されたものにしていきたい、ということであった。たしかに、論じたほうがよい問題は多々あるだろう。理論と実践の関係、学校と地域の関係、生徒の文化的アイデンティティをめぐる諸問題、教師と生徒の関係、教えることと学ぶことのダイナミックス。さらに教育内容とその選択方法、学校をとりまく地域環境の調査と、そのすすめ方、などなどだ。とはいえわれわれは、そういう問題についての「理論的」な解説を、まえもって講義形式でおこなうという方法を回避した。

となれば、仮想のものにせよ、ある場面を設定してそれについて考えるということが必要になるだろう。これこそ、まさしくコード表示というものだ。コードには、その状況を特徴づける諸要素が提示されていて、セミナーの参加者はそれらを見てとるわけだ。一定の時間内で、見たものを記述してもらう。要するにコードを脱コード化(解読)するのである。

一つだけ事例を提示すれば、他も想像していただけるだろう。だれも記録をとっていなかったので、このセミナーの全体の流れを詳しく紹介できないのは残念だが。

たとえば、この島の典型的な農村と、その「学校」の情景を描いた絵を掲げるとしよう。絵には学校をとりまく村の暮らしの諸要素も描き込まれている。

コーディネーターは以下のような発問をおこなう。

(a) 絵のなかに何があるかを、言葉で記してみましょう。
(b) 学校の一日と、それをとりまく村の一日で、それぞれどんなことが行なわれているかをあげていきましょう。
(c) 今度はもう少しくわしく、学校での先生と生徒の関係を書いてみましょう。あなたが直接経験したことでもいいですし、間接的にえた知識でもかまいませんよ。
(d) この両者の関係に批判があるのなら、どうしてそんなことになってしまうのか、どうしたら改善できるかを教えてください。
(e) 農村の学校の教育内容は、村の暮らしとあまり関係がないといわれていますが、そのことの可否について、あなたはどう思いますか。よくないと思う人は、そう思う理由と批判を述べ、どうしたらよいかを指摘してください。問題ないと思う人は、その論拠を。

(f) あなた自身の実践にそくして考えるときに、あなたにとって教えるとは、学ぶとは、どういうことでしょうか。

(g) あなたは教師の役割についてどう思いますか。人間が則るべきある理想のモデルに合わせて生徒を陶冶するのが教師の役割なのでしょうか、それとも反対に、生徒が自分自身になっていくために成長し学習するのを援けるのが、教師の仕事なのでしょうか。

質問事項は他にもあったかもしれない。参加者は朝の八時から二時間半かけて回答にとりくんだ。十時半からは、お互いの書いたものを持ち寄っての討論である。最初に各人が回答を読みあげる。ついでグループごとに、それについて話し合う。午後は、各人の回答にもとづいて、その回答の文面に明示もしくは暗示された理論的・政治的・方法論的な問題点を、参加者全員で議論するのである。

グレナダの教育者たちとぼくらとの対話は、ひじょうに内容豊かなものとなった。かれらが投げ返す回答は、ぼくらを刺激してやまなかった。教師たちのこの反応にこちらはどう応じたらよいのか。われわれコーディネーターは、そのことをめぐって熱く語りあったものだ。

この講習会には、われわれはまるまる一週間をかけた。結果は文字どおりの大成功であった。

この講習会の後、グレナダ政府のチームが主催して、全国各地で同じようなセミナーが開かれた。

セミナー期間中の三日間の、八時から十時半まで、参加者たちが回答にとりくんでいる合間を利用して、われわれは政府のいろいろな省庁の高官たちと会合をもった。農業省、保健衛生省、企画庁、などなどだ。

その会談でわれわれは、それらの諸部局と教育省の事業との相互連携の必要性と可能性について語りあった。けだし、よくよく考えれば、教育政策の立案にあたって、教育省は、農業、保健衛生、経済計画などの分野でいま何が問題になっているかを十分に知悉《ちしつ》している必要がある、ということであった。

ぼくの記憶では、二回目の、そして最後になったわれわれの出会いで、ビショップが語っていたのも、ほかならぬこの必要性についてであった。一国の全体的なビジョンの必要性ということ、諸セクターの相互連携、目的と手段のバランス、全体に行きわたった意思の相互疎通が必要だということだった。そのときの話題は、公的な領域における倫理の問題だった。政府は、島の僻村の交番から内閣の官房まで、レベルのいかんを問わず、その言行の透明性を要求される。すべては公開されねばならない。すべては説明されねばならぬ。統治するという行為には教育的な性格があり、その形成的・模範的使命ゆえに、統治者には文句なしの誠実さが要求される。もしも政治家の演説することが実行することと齟齬《そご》していたら、もしもかれが親しい人びとばかりをエコ贔屓《ひいき》していたら、もしも政敵にだけ厳しく、同じ陣営の者にたいしては甘い汁を吸わしていたら、政府の正統性は失われ、それは人びとの信頼を得るに値しない政府となるだろう。もしも君が、胡散臭い要求をもちかける有力者の、あるいは「友だち」の圧力に、一度、二度、三度と屈したら、もうとどめは利かなくなっていく。その先はスキャンダル、そしてまたスキャンダルだ。共謀をつづけていると、とどのつまり、行為者はその行為にたいして不感症になる。かくして「ハレンチの民主化」とでもいうべき政治風土が生み出されていく、と、かれは指摘するのだ。

こうして十二年まえのことを思い出していると、ぼくの思いは、いつしか今日のブラジルに立ち返ってくる。権力のお山のてっぺんを覆うスキャンダルの塊は、一般の市民にたいしてもハレンチの見本を提供しているのだ。

ほんとうに、何でもありの世界である。誑《たぶら》かすこと、裏切ること、嘘八百を並べること、盗むこと、偽造すること、強奪すること、誹謗中傷すること、殺すこと、暴行すること、脅迫すること、破壊すること、「袖のした」を受け取ること、全国の津々浦々にレンタル店を開くかのように自転車を買いまくること。何でもあり、すべておかまいなしの世界に、ぼくらは、待ったをかけていかなければならない。明らかに、偽善的な清教徒主義ではダメだ。清廉さにたいする掛け値なしの愛着が必要なのだ。

希望が――かつてはたんに語ることすら許されていなかった多くの魂が、叫び、そして歌っている……

「ちょっとお話ししたいことがあるのですが……」

日曜日の朝まだき、そんな電話が入った。七一年の春、ジュネーブでのことだ。電話の主はいかにもポルトガル人らしいイントネーションの若者であった。

ぼくは急いでエルザの了解をとりつけて、かれを昼食に誘った。明日、ヨーロッパの雑誌社とのインタビューの約束があり、それに備えて午後は仕事にとりかかるから、十一時に来宅してほしい、と伝えた。十四時半以降は月曜日の準備の仕事にとりかかるので時間はとれない、と。

ジュネーブではすべてが正確だ。バスにまで時程表があって、それが正確に守られている。十時四分のバスは、きっちり十時四分にバスストップに停まるのだ。仮に停まらないようなことでもあれば、周辺住民は、当然、バス公社の当局から丁重な詫び状を受け取ることになるだろう。大変申し訳ないことをいたしました、二度とこのようなことがないようにいたします、というわけだ。

というしだいで、ほどなく、わが家の表戸のベルが鳴った。やってきたのは電話の主で、案の定、ポルトガル人だった。どこか落ち着きのない若者で、舌を噛むような早口だった。母音をすっとばし、大事な言葉をはしょってしゃべりとばすので、聞く方は相手の言っていることがわからなくなってしまうのだ。ブラジル人も流儀こそちがうが、同じようなことをよくやらかす。言葉で「剣の舞」をやってしまうのだ。それでブラジル人とポルトガル人が丁丁発止とやっていると、お互いの耳はすっかり疲労困憊してしまうのだ。発音の相異(ポルトガル人の開いた発音とブラジル人の閉じた発音の相異)ばかりが原因ではないようだ。言葉のつなげ方自体が違ってしまっているのだ。統辞法が違えば、意味が通じなくなってくるのは必定で、それでお互いにすっかり草臥《くたび》れてしまうわけだ。

その二年まえの一九六九年に、ぼくはアメリカ合衆国で、一束の手紙を受け取っていた。ポルトガルの非識字者たちが書いたもので、なかには一枚の紙に寄せ書きしたものもあった。書いたのは、コインブラのある農村地区の農民たちだった。ぼくにたいする感謝状で、ぼくがかれらのためにした仕事に感謝し、心からなる親愛の情と、もしいつの日にかそれが許される政治的条件を獲得したら、ぜひともぼくを招いて抱擁を交わし、挨拶の言葉を交わしたいものだと記されていた。

メッセージを運んでくれたのは、若いアメリカ人の女性だった。手紙の他に一本の長旗(フラムーラ)があって、ぼくに届けようと、かれらがつくってくれたものであった。長旗の寄せ書きの言葉はなかなか考えさせられるものであった。「花など咲かぬと思われているところに花を咲かせてしまう人がいるものです」。読み書きのできぬことは、農民たちにとっては、動かすことのできぬ運命のように思えていたのだった。しかし、かれら・彼女たちは読み書きを学んだ。読めないのは、けっして自分の所為ではなかったのだ。この人たちの学びがうまくいかぬとすれば、その理由は教師の側に、ぼくの側にある。

手紙は単純な言葉で書かれた短い手紙だったが、内容はけっして単純なものではない。ぼくは、手紙をくれた一人ひとりに返事を書いた。宛先はマリア・ジルールジス・ピンタシルゴにした。後にポルトガルの首相になった人だ。彼女はその当時はテレサ・サンタ・クララとともに、ある優れた民衆教育グループの実践の推進力になっていた。コインブラの農村地区でおこなわれたその識字教育は、グラール修道会チームの献身的な活動によってささえられていた。聡明で心暖かな若者たちだった。

ポルトガルの青年と話しているあいだに、話題は直截にコインブラでの識字実践に及んだ。「パウロ・フレイレさんは、コインブラの農村でカトリックの人たちがあなたの考えをどんなに換骨奪胎して使っているかをご存じなのでしょうか?」。

「コインブラでの実践が、ぼくの考えを歪めているなどとは思いませんね。歴史のなかでいま可能なことを、あの人たちはしているのです。ポルトガルの状況を見れば、それは明らかでしょう」。こういって、ぼくはつづけた。「あのコインブラの女性たちが、軍事独裁体制と警察の不断の監視の下で活動していることは、あなただってご存じでしょう」。青年はこの問いには答えようとせずに、「あの識字教育グループはサラザール体制とのたたかいとは何のかかわりも持とうとしないではないですか」と言い張った。「あの連中は基本的にはカトリックの観念論者なんです。歴史の原動力としての階級闘争の意味をまったく理解していないのです」。青年は勝ち誇ったかのように、そう断を下した。

三年の歳月が過ぎた。ポルトガル植民地軍はアフリカ人の闘争をとおして意識の目覚めを経験し、いわゆるカーネーション革命が成立した。新政権が樹立され、ポルトガルの民主化と、かつては誤ってポルトガル・

アフリカと呼ばれていた諸地域の脱植民地化の過程がはじまった。☆希望が――かつてはたんに語ることすら許されていなかった多くの魂が、叫び、そして歌っている。かつては思考することを禁じられていた身体が、その軛《くびき》を打ち砕き、自らの言葉を発している。

新政権の招きで、ぼくはポルトガルを訪れることになった。大学も一枚かんだので、プロフェッサーと学生のための講演も日程のなかに組み込まれた。ぼくがコインブラと、コインブラ大学を訪れ、神を信ずるとともに貧しき者のための世界の変革の必要性を信ずる心優しくも献身的な若者たちに伴われて、一九六九年のあの熱い友情の手紙の送り手のもとを訪れたことは言うまでもない。ぼくらは万感の想いをこめて抱擁を交わした。お互いの感謝を表す声にならぬ言葉を、からだとからだで交わしあった。からだは心をつたえあう「文字」であった。かれらからぼくに、ぼくからかれら・彼女たちに。

コインブラを訪れたその日の朝、ぼくは、その小さな集落が右翼の激しい攻撃のなかで革命政権を全面的に支持しぬいた数少ない村々の一つであることを知ったのだった。グラール修道会の若者たちをチューターにして識字にはげんだ村の最年長の老人の一人は、ある日の未明に寝床から抜け出し、夜の間に各戸に配布されたファシストの宣伝ビラを薄氷を踏む思いで回収して歩いたという。村で右翼のデモに参加した者はい

☆――カーネーション革命　一九七四年四月二十五日、アフリカでの「醜い戦争」に懐疑をつのらせたポルトガル国軍の青年将校たちがクーデタを敢行、一九二六年以来つづいていたファッショ的独裁体制は一日にして潰えた。街角の少女が兵士の銃口に飾ったという深紅のカーネーションに因んで、この革命は「カーネーション革命」と呼ばれた。非植民地化・民主化・発展という「3つのD」を掲げた国軍運動はアフリカの植民地諸国の独立を承認、長年のポルトガル植民地支配にピリオッドを打った。カーネーション革命については、バーチェットのルポルタージュ『ポルトガルの革命』（田島昌夫訳・時事通信社）、その後の「革命」の行方については市之瀬敦『ポルトガルの世界』（社会評論社）を参照。

ない。ビラはデモへの召集令状だったのだ。

ことさらに階級闘争を言挙げする必要など、何もないのだ。実際には識字教育のなかでも、その闘争はおこなわれていた。かれら・彼女たちは、言葉を読むことと世界を読むこと、そしてとりわけ世界を変えることとが密接につらなるものであることを、ある段階で知ることになったのだ。

カトリックの若者たちはいたずらに激情に流されず、戦術的限界を見きわめながら行動したが、だからといって彼女たちが反動的であったわけではない。

カーネーション革命の報せを聞いたとき、ぼくは折しも豪州とニュージランド、またその周辺の島々を歴訪する三十五日間の旅の途上にあり、このニュースは、いたくぼくを驚かせた。この度もまた導きの糸になったのは、『被抑圧者の教育学』であった。すでに述べたようにペンギン・ブックスに入れられたために、この本は世界中に広まり、インドやアフリカでも読者を得るようになった。英語圏の、と書いたら、やはり過ちを犯すことになるだろう。アフリカだけに限っていっても、イングリッシュ・アフリカとか、フレンチ・アフリカとか、ポルトガル・アフリカなどという呼称を、ぼくはけっして受け入れてはいない。ポルトガル語圏アフリカという言い方にも反対で、これについては旧ポルトガル植民地諸国の——まさに旧植民地ということに過ぎないのだ——閣僚たちとも何度か議論をしたことがある。フランス語圏アフリカとか、英語圏アフリカなどというものも存在しないと思う。植民地支配によってポルトガル語、フランス語、英語を強制的に押しつけられた、ということはあるにしても、それは話が別である。

これらの地域のアフリカ人が陥りがちな危険の最大のものの一つは、かれらが植民者にいだくアンビヴァレントな感情である。アルベール・メンミも言及しているように、植民地の被支配住民は、植民者にたいして、いささかのノスタルジーも手伝ってであるが、反感と魅惑のないまぜになった複雑な感情をいだく。一つには自らの衝迫に突き動かされて、また一つには外からの圧力によって、この感情はかれらの内面に深く沈潜したものとなってゆき、宗主国の言語はいまや血肉化されて、新しいタイプの支配の言語、すなわち「新植民地主義」となって、アフリカ人を呪縛しつづけるのである。ぼくはアフリカ諸国の人民に、不可能なこと、無理な難題を投げかけているのではない。過去と絶対的に決別せよとか(そんなものはじつは変革とはいえない)、かつてのヨーロッパ文化の影響のなかにある積極的なものまでも否定せよとか、そんな暴論をいっているのではない。ぼくが言いたいのは、植民地主義とのラディカルな決別である。新植民地主義にたいしても、同じように徹底的な拒絶が必要だ。植民地時代の官僚制については、これを打破する必要性を、ぼくはアンゴラ、ギニア・ビサウ、サントメ・プリンシペの政府に、くりかえし訴えてきた。植民地教育の打破、政治文化の形成ということを考えていくと、植民地支配者たちによって「方言」という蔑称で呼ばれてきた民族語をどう復権するかという問題に真剣に取り組むことが必要になるだろう。

実際、被植民者の解放は、個人としてまた民族として、自らの言語をもち、おのれの言語と言説に誇りと責任をもつことなしには達成されない。文化的アイデンティティにかんしても、それは同じである。

ポルトガルであれ、フランスであれ、はたまたイギリスであれ、かつてそれらの帝国の植民地支配の下にあったアフリカの人民にとって、自らの言語と文化に背を向けることなくそれを利用し、それを学び、そのよさを発展させていくことは、たんに正統であるのみならず、必須のことだ。それらの国々が外から何らかの援助をうける場合に注意しなければならぬことは、――援助内容が技術であっても学芸であっても――、あくまでも決定する主体という立場を保持してそれに対応することであって、他国がおこなう移転プロジェクトのたんなる受動的な対象になってはならぬ、ということである。たぶん冗談ではあろうが、こんな話を聞いたことがある。あるアフリカの国家が旧ソ連から受けた有償援助——当然、返済が必要——の内容は、豪雪のときに街路を除雪するラッセル車だったというのである。アフリカは、こんなものをソ連から押しつけられていた、というわけだ。

たたかいは希望を生み出す母体だが、希望が消えるときにたたかいは息絶えるのだ……

さて、オーストラリア。ニュージーランド、パプア・ニューギニア、フィジー島の歴訪に話を戻そう。

この地域の比類のない風景の美しさについてはさて措くとして、『被抑圧者の教育学』が提起した二、三の理論的な問題に話を絞ることにしよう。それというのもこの本は、ぼくや他の人びとの実践をもとにして、それらをぼくなりに理論的に説明した作品であるからだ。実際、旅のなかでも、それが毎日の討議の中心になった。それらをめぐる討議、質疑、反論、共感的分析、説明要求、などなどだ。オーストラリアではマルクス主義者の知識人たちと懇談する機会があった。マルクスの思想をしっかりと踏まえていれば、意識と世界の弁証法を正しく洞察するのは容易であり、『被抑圧者の教育学』の基本テーゼはすぐに理解できるものであって、それを観念論呼ばわりする余地はない。しかしぼくと対話した人たちのなかには、同じマルクスの思想から出発したはずなのにいささか教条主義的になってしまって、意識の役割を極度に矮小化し、それを物質的なもののたんなる影としか見ない人たちもいた。そんなふうに機械論的なものの考え方をする人たちにとっては『被抑圧者の教育学』はブルジョア観念論の書物以外の何ものでもなかったのである。刊行後二十二年にしてなおこの本が人口に膾炙《かいしゃ》しつづけている理由の一半は、これをブルジョア観念論呼ばわりする思考法に対する批判が、まさにそこに見いだされるからなのかもしれないのだ。人はこの書物のなかに、一方で意識の重要性を重んじつつ、しかし思いのままに世界をつくることはできない、というテーゼを見いだすことになるだろう。個人の重要性を明示しながら、個人をこえた力を個人に付与することを拒絶する思考、とはいえ個人のなかで、また社会のなかで、感情生活が、情念、欲望、怖れ、推測、愛する勇気、怒る勇気が、どんなにか大きな力をふるうかを見つめる思考を見てとることになるだろう。この本が熱烈に宣揚しているのは、感傷なきヒューマニズムである。経糸をなすのは歴史の理解であり、ここを押えれば本の語りに耳を傾けるのは容易だろう。それは教条主義的なセクト主義の拒絶であり、不断のたたかいへの讃歌である。たたかいは希望を生み出す母体だが、希望が消えるときにたたかいは息絶えるのだ。つとにこの時代に、ぼくはネオリベラリズムを標的にして、それへの駁論を展開した。ネオリベラリズムは夢を怖れる。不可能な夢を、ではない。見るに値しない夢だから、ではない。可能となりうる夢を、それは怖れるのだ。名分は適応だ。資本主義社会の諸悪をまえにしての個人の適応を、それは説く。

七〇年代にぼくのもとに送られてきた手紙のなかで、多くの人びとがこんなことを書いていた。「あなたの分析にはマルクス主義の視点が欠けている。〃階級闘争こそが歴史の原動力である〃という認識が、あなたにはまったくないのです」と。以下のような言い分は、もっとも礼儀正しい部類に属するだろう。「しかし、あなたの発言や行為には、私たちにとって活用可能なものが含まれていると思われます。私たちは、あなたの思想をマルクス主義的に書きなおすことができるのです」。そんなことを書いていた人たちが、今日では「プラグマティックな現実主義」の側に身を寄せてしまっているのは、残念なことだ。崖地に、湿地に、都市のスラムに、カリヤンパスに、ラテンアメリカの到るところの街路に歴然とその姿を曝している階級の存在に、いまではその人たちは無頓着だ。

　こうしてぼくは広くオーストラリアの各地を巡遊した。工場労働者とも、いわゆるアボリジニーの人たちとも交流した。アボリジニーのグループは特別集会を開催し、ぼくはそこに迎え入れられたのである。大学の教師や学生たちとも討論したし、カトリック、プロテスタント両派の宗教人のグループとも会合をもった。新旧両派のいずれを問わず、宗教人のあいだでは「解放の神学」が一種の生成テーマになっていた。解放の神学の重要性は明瞭であった。それは適応主義と現実追認の克服を提唱し、歴史的世界における人間の現前の意味を、その深みから問いかけるものであった。世界が世界として存在するためには、――たんにしばしの止まり木としてではなく、まさに世界として存在するためには――、世界はつねに再＝創造されねばならぬ、というのである。

　ニュージーランドでも、オーストラリアと同じようなグループの人たちと『被抑圧者の教育学』をめぐって意見を交わした。グループに応じて力点のおきどころが違ってくるが、基調はそんなに変わらない。印象的だったのは、先住民のリーダーたちとの討論であった。リーダーたちの明敏さ、自らの従属的な立場についての鋭い自覚と強い反発、たたかいへの意欲と順応を拒絶する自恃の精神。マオリ民族の現在の人口は約十万、英語とマオリの二重言語であるが、学校では自民族語を選択科目のなかに組み込んでいる。

　パプア・ニューギニアは駆け足の旅だった。島の自治権獲得の日が数週間後に迫っていた。第二次世界大戦以後ずっと続いていたオーストラリアの信託統治国という地位から島はようやくに脱却し、自治権を得て自らを統治することになっていた。

　ぼくが出席を要請されていた集会の一つは若い政治家たちのそれで、独立政府の国政を担う予定の人たちであった。おそらく今後は政府の枢要な地位につく人たちなのであろう。長時間にわたる集会のなかで、ぼくらは経済発展と教育の問題、教育と民主主義、基礎教育と大学教育、文化的アイデンティティ、言語、イデオロギー、社会階級の問題などを論じあった。

夜は大学での集まりに参加した。そこでも『被抑圧者の教育学』をめぐっての予想どおりの疑問や批判がいくつか表明された。なかにはまえにオーストラリアで受けた批判と、まったく同じものもあった。

この本の長所をいくつか指摘したうえで、ぼくのヒューマニズムの「観念論」的な特徴を強調するもの、そこに出てくる「被抑圧者」「民衆」といった諸概念の「曖昧さ」を指摘したものなどだ。

ぼくは、当時もいまも、そうした批判をはっきりと拒絶している。しかしだからといって討論が対話の雰囲気を失ったり、果たし合いの様相を呈することはけっしてなかった。人びとの考えはぼくのそれとは異なっていたが、相手がぼくに悪意をもっていたわけではない。たくさんの批判を受けたが、こちらが怒りにかられたことはなかった。オーストラリアやニュージーランドでもそうだったが、意見が真っ正面から対立している場合でさえ、対立する者同士の友好関係が害なわれるということはなかった。アメリカのオレゴン大学でチェスター・バワーズと討議したときも、同じである。一九八七年の七月のことだが、あるセミナーで、ぼくらは六十人の参加者をまえにして論戦を展開したのだった。

第7章

アカデミーの知識人だけでなく、野良や工場の知識人から、ぼくは名誉博士号を授かることができた……

相互になんの一致点も見いだすことができぬままに、ぼくらは延々と一時間半も議論をたたかわせたのだが、その間、声を荒げることもなければ罵り合いも無用だった。ぼくらは相容れぬ立場を主張しあったが、それは、お互いの考えを曲解する理由にはならなかったのだ。

フィジー島は長い旅の最後の訪問地であった。二つの出来事が、かくも僻遠の地へのぼくの旅を意味深いものにした。一つは南太平洋大学の学生たちとの出会いだ。学生たちは、ぼくにたいして大変な親近感を示してくれた。ぼくがかれらの先生で、大学の構内に住んでいて、その辺をうろうろしているかのように思っていてくれた。というのは、ぼくの本が英語に翻訳されたおかげで、それが学生たちの座右の書になっていたのである。

学生たちとの集会の場面を思い出すと、ぼくはいまでも感謝の念で胸が熱くなる。最近できた大きな講堂にも入りきれないほどの人が詰めかけて、大学の校庭に溢れた情景は、バイーア州イタブナのサンタクルス州立大学でこの二月にぼくが見た情景と大同小異だ。

七〇年代のフィジーでも、最近のイタブナでも、校庭の聴衆のために拡声器がもちこまれ、その設営の後に、はじめて開会に漕ぎつけるという仕儀になった。

しかしこれだけ多くの聴衆をまえにしたのでは、ぼくの好きな対話型の集会が無理なのは明らかだ。どちらの集会も、ぼくが一方的に学生たちに語りかけるものになった。七〇年のフィジーでは、演題は、かれらの教科書でもあった『被抑圧者の教育学』のいくつかの論点についてであり、一九九二年のイタブナでは、まさにこの書物『希望の教育学』の内容をなす『被抑圧者の教育学』の今日的意味についてであった。

二つの集会を隔てる時間と空間の大きさ、それを無造作に接合したぼくのいささか唐突なやりかたにもかかわらず、そこには、ある共通性が見てとれる。南太平洋の島の学生たちも、今日のイタブナの学生たちも、ほぼ二十代の若者たちで、同じようなモティーフをもってぼくの話を聴きにきたのだ。学生たちを駆り立てていたのは自由への憧憬であり、その思いにこたえるものを、かれら・彼女たちは『被抑圧者の教育学』のなかに見いだしていたのである。

第二の出来事は先住民のあるコミュニティが、鬱蒼とした美しい森の集落で開いてくれたぼくへの栄誉授与式であった。

それは政治的なものと宗教的なもの、そして親しい者同士の親睦の要素を混合した一つの盛儀であった。コミュニティの成員と指導者は、ぼくがやってきたこと、書いてきたことをよく知っていて、何人かは『被抑圧者の教育学』を読んでさえもいた。自分たちを動かし、自分たちをたたかいへと奮い立たせている大義を同じようにめざしてたたかっている一人の知識人として、人びとは、ぼくを迎え入れてくれたのであった。オーストラリアのアボリジニーと呼ばれる先住民もそうだったが、フィジーの森の人びとはこのことをことのほか重く見て、自分たちの文化のもっとも内密な様式をもちいてぼくを歓待してくれたのである。

ぼくは伝統的な儀礼をとおして、いわば森の精霊の名において名誉博士号を授けられたようなものだ。自慢のつもりではない。ぼくの嬉しさは正当なものだと思う。アカデミーの知識人だけでなく、野良や工場の知識人から、ぼくは名誉博士号を授かることができたのだ。

どうして嘘っぽい謙虚さを装って、ぼくがこの栄誉を受けたことを、そしてそのことがどんなにぼくを喜ばせ元気づけてくれたかを隠さねばならぬというのだろうか。

意味深い儀礼をほどこしながら、盛儀は進行した。儀礼は簡素で軽やかなものでありながら、それでいて、ぼくの心を揺さぶり、ぼくの魂を打った。儀式のなかで行なわれるシンボリックな行為は、ぼくの勝手な理解では——ぼくは何も説明されなかったし、されるべきだとも思わない——ぼくは所定の資格もないしなんの要件も満たしていない異邦人ではあるけれども、それでも共同体の文化の心根、その価値、その友愛の絆の内奥に「参入」すべく招かれている、ということを伝えていた。この経験を「受苦」することをとおして、ぼくは、先住民の文化の美しさと倫理性に深く触れることができたのだ。

たとえば、儀式の冒頭で挙行される基本的には浄化のそれと思われる儀式では、面白いことにぼくはものを言うことを許されない。コミュニオン(魂の交わり)に不可欠なはずの言葉を口にする権利が、ぼくには与えられていないのである。とはいえ、コミュニオンというものが、何かの言葉によって「密封」されうるわけでもない。だからこその、ぼくの沈黙なのだ。ぼくの言葉を「再―着地(深化)する」何ものかが儀式のなかで出《しゅっ》来《たい》するまでは、ぼくは言葉を発してはならないのだ。だからこその、代言者の指名なのだ。ぼくの名において語るのは、祭司者によって指名されたぼくの代言者である。ぼくがいまだ文化の胸底深く沈潜して語を発することができず、ぼくの言葉が深められていないとすれば、絶対的な沈黙のなかで語を「深化・再着地」するこの試練にぼくが「受苦・耐える」ことは不可能だろう。けだし、ぼくの言葉の再生を仲介すべく、代言者は、ぼくに代わってぼくの言葉を語っているのである。

グループの代表が述べる公式の言葉は、ぼくに通訳はされなかったが、おそらくぼくにたいする要求を述べた言葉で、それにぼくの「代言者」が答えるというかたちで、全儀式は進行した。最後に浄めの飲み物を入れた「聖杯」がまわされ、それを素直に飲み干すことで、ぼくははじめて人びとの輪のなかで親しく語る権利をもつ者として認知されたのである。

そうなるとぼくが語る言葉は、もうほとんど、兄弟が語る言葉に等しいものとなった。それは、自分たちの文化の規範、その倫理的・宗教的要求を受け入れたうえで発語された言葉なのだ。

ぼくは、英語で短いスピーチをした。フィジー島にきて二十年になるカトリックの司祭がそれを通訳したが、参列者のほとんどは英語を理解しているようであった。ぼくは、長い沈黙の後で、言葉を口にすることのできた誇りと歓びを語った。ぼくの言葉には、まえにはなかった意義がつけ加えられたように思う、とつけ加えた。ぼくの言葉は、この瞬間に、もう一つの文化によって受け入れられたのだ、と。もう一つの文化、それは、コミュニオンがたんに人と神々、人と祖霊のあいだで交わされるだけでなく、もっと多様な生命の諸形態とのあいだでも取り交わされている文化のことだ。ここではコミュニオンとは、木々、動物たち、鳥、大地、川、海など、多種多様な生命によって織りなされる宇宙なのだ。

オーストラリア、ニュージーランド、パプア・ニューギニア、フィジーと、これらの太平洋地域を旅した日々、ぼくの心は、一方で自然と人間の暮らしの驚異的なまでの美しさと、大地の、そして先住民といわれる人びとの素晴らしい生命感に感嘆し、同時に、ぼくがつとに知っている邪悪をここでも発見して、千々に引き裂かれるのであった。人種と階級の差別がここにも存在した。ときには明白で攻撃的な形をとることもあり、ときには隠微な形をとることもあったが、その邪悪さはつねに変わらなかった。

チリを再訪したのは、流血のクーデタの一か月まえで、事態の急を告げる空気がいたるところに……

この本を締めくくるにあたって、ぼくの最後のチリ訪問について、それから最初のアルゼンチン訪問について、ぜひ、一言述べておきたい。

チリを再訪したのは一九七三年の七月で、まだ人民連合政府の時代だが、流血クーデタの一か月まえで、事態の急を告げる空気はいたるところに立ち籠めていて、よそ目にもそれとわかった。アルゼンチン訪問は一九七三年の十一月で、ペロン政権の時代だ。一回目の訪問とつぎの訪問とのあいだには長い間隙があって、それはこの国でもクーデタが勃発したためだ。マルクスの著作、ダルシイ・リベイロ☆、それにぼくの本もが、この国では禁書となった。

新聞でクーデタの張本人たちの布告を読んだとき、ぼくは即座に、大統領になったこの将軍あてに抗議の電報を打った。あなたの暴挙のおかげで、私の貴国の友人たちとの連帯はより強固なものになった、と。

一九七三年七月のチリ訪問は、どんなに年月がたっても、そしてどういう角度からそれを振りかえって見ても、いっかな心に焼きついて離れない印象を残すものだった。

そのときの二つの経験を語ることにしよう。どちらも、階級闘争がその例を見ぬほどに熾烈となった時期の雰囲気を背景にしたものだ。支配階級のやり口は極度に手のこんだものとなり、民衆の側はそれに応じてますます高密な学びを強いられることになった。ある労働者は、自分がこれまでの生涯に学んできたことよりももっと多くのことを近ごろは一週間のうちに頭にたたき込まれると苦笑していた。この若い労働者がいっている学習とは、階級闘争をめぐる学習ということだ。かれは、無数の商品がなぜこうもしばしば店頭から姿を消すのかを究明する労働者委員会に参加していた。赤ん坊のミルク、鳥肉、医薬品の類が、つぎつぎに市場から姿を消していたのである。

ミルクが飲めずに泣き叫ぶ赤ん坊をまえにして、眠れない夜を過ごす親たちが多かった。サンチャゴのドラッグストアでそれを捜し当てるのは、ほとんど奇跡に近いことだった。

——こんにちは、ミルクビンはありますか?

——すみません、ないのです。アジェンデに投票した奴らが悪いのです。

申し合わせたような、こうしたイデオロギー的な口上が、当時のサンチャゴではよく聞かれたという。こ

☆——Darcy Ribeiro 人類学者。フレイレの親友で、現在はブラジルの上院議員。The Brazilian people — the formation and meaning of Brazil. などの著書がある。

れが階級闘争というものだ。

――鳥肉ありますか？

――ないね。アジェンデなんかに投票するからだよ。

支配階級は何百万羽もの若鶏の肉を葬って、今日の損失を明日の確実な利得に変えようとしていた。これが階級闘争というものだ。

十九年まえの支配階級は、商品を秘匿し、生産物を廃棄し、悪いのはアジェンデに投票した奴らだと、嘘をいいふらした。今日では新自由主義が、チリだけではなくて世界中で、階級なんて存在しない、資本主義の悪を問題にすることはかつての危険な夢を呼び覚まし、すでに立証ずみの否定と破壊を再演することでしかない、と、言い立てている。

迫害に耐えてきた進歩的な人びと、軍事政権の暴虐行為によって同志・兄弟・友人を失った人びとが、ポストモダンの装いをこらした、しかし古くからの専制主義の焼き直しにすぎぬこれらの虚言に断じて耳など傾けぬように、ぼくは切望してやまないものだ。

述べておきたい第一は、ぼくが参加した教育者たちの集会のことだ。マルクス主義者の教師たちが大勢参加していて、ぼくに向けられた批判はこれまでのそれと寸分変わらぬものだ。それは階級闘争の問題であり、ぼくの「観念論」的偏向についてであり、対話の問題性についてであった。ある人びとにとっては「対話」というのは、どこか「民主主義至上主義」的で、ヒューマニズム的な色合を感じさせられるもので、ぼくの『被抑圧者の教育学』には、そうした観念論的な気配が濃厚にしみ込んでいるというのである。

ぼくらは二時間以上にわたって熱く論じあった。その一部始終は録音されて、その後、サンチャゴのある教育雑誌の特集号として刊行された。

その雑誌を紛失してしまったので、いまでは残念ながら発言はもとより話題すらも正確には思い出すことができない。ただ、その集まりと討論が、きわめて真剣で熱気に満ちたものであったことはよく覚えている。

十九年後のいまこれを書きながら、ぼくは、あの夜のサンチャゴで希望に満ちてぼくと討論を交わしあった同志たちに思いを馳せる。かれら・彼女たちが、今日の時代にあって、世界への適応を説く「プラグマティック」な言説の誘惑に身を委ねることのないように、との願いをこめて。

辞去して会場のホールを去るまえに、ぼくは広間の壁に貼られた識字キャンペーンのポスターを見て、考え込んでしまった。壁にはいろいろなポスターが展示されていた。

一人の中年の労働者が机をまえに座っている。かれの頭上にははっきりとした線で、力強く、決然とした手が描かれている。その指のあいだで何かが粉砕されているようだ。指のあいだから労働者の頭上に粉粒が振りかけられる。労働者はされるがままだ。粉粒は言葉の破片だ。教育者の力強い手が、たんなる容器である労働者の頭脳に、言葉と文字を播種《はしゅ》している情景だ。

「これが進歩的な人の描いたポスターなのですか」と、ぼくは言わずにいられなかった。「だとすると支離滅裂だ。だって、これは権威主義のイデオロギーを曝け出したものではないですか。それに言語学についての無知が見え見えです」。

「これは反動側のポスターとして使われるに相応しいポスターです。反動的であるうえに、言語についての、つまり自分が語っていることへの理解が、まったくできていない」。こんなことを記したポスターもあった。

「知っている者は知らぬ者を教える」。

そのときにも言ったのだが、「知っている者が知らぬ者を教える」ためには、まず知っている者がけっしてすべてを知っているわけではないこと、つぎに、知らぬ者が何も知らぬわけではないことを知ることが必要なのだ。知と無知とのこのディアレクティークな関係について無知であるなら、どんなに知っている者でも進歩的・民主主義的なパースペクティヴのもとで知らぬ者を教えることは不可能だ。

第二の訪問先は、ぼくをいたく感動させたもので、それについてはこの本でもすでに触れている。社会学者のホルヘ・フィオリに伴われてヌエヴァ・アバナのスラムに行き、そこで一夜を過ごしたことだ。いわゆる「不法占拠地」で、「自由都市」めいた雰囲気が立ち込めていた。ぼくはこの街で民衆の高度な自治能力と自己組織化能力を目の辺りに見、実感した。リーダーたちの深い英知は問題を嗅ぎだす段階だけでなく、それを街区のすべての人びとと討論する過程に顕著に示されていた。「都市」のみんなの生活にかかわる問題で全員の討論に付されぬものはなかった。

かれらは自分たちがともに築き上げようとしている民主主義を信じ、自らが法制化しようとしていた「民衆」の権利を確信し、しだいに具体化していく民衆的・民主主義的・進歩的な教育に、熱い期待を寄せていた。かれらは個人的・社会的な連帯を信じ、それが確実に強化されていると感じていた。それらすべてのゆえに、かれらはまた、自分たちの存在が支配階級のなかに強烈な衝撃と恐怖を生みだしていること、それが支配者のどす黒い憤怒の対象となっていることを知っていた。

ヌエヴァ・アバナは破壊された。一九七三年九月、その指導者は暗殺された。

その自由の精神、その友愛の夢、その社会主義の理想は、いまも生きている。ネオリベラリズムの「プラグマティック」な言説の拒絶と打破を経て、その夢がいま一度ぼくらのもとに帰ってくるまでには、おそらくもう少しの時間が必要なのだろう。

アルゼンチンでは、きわめて弱体な政府によって推進された文化革命が進行中であった……

一九七三年の八月に、ぼくのもとにブエノスアイレスから電話が入った。教育相の官房室長からの電話だった。大臣のティアナ博士がぼくと直々に話したがっているという。「フレイレ先生ですか」と、ティアナ博士がいった。「先生にブエノスアイレスにお出でいただけると、たいへん嬉しいのですが。できるだけ早く、たとえば今月末とか九月のはじめでしたら、最上なのですが」。あいにく、その時期は埋まっていた。世界教会協議会主催の会が予定されていて、これを欠席するわけにはいかなかった。

訪問の日取りを七三年の十一月と決めた。ただし、ぼくのほうから二つの条件をだした。なるたけ夜の日程を組まない、というのが一つ。もう一つは、何もない夜はできるだけたくさんタンゴを聴きたい。

教育省はそのとおりにしてくれた。ぼくはじつに勤勉に日程をこなしたが、ブエノスアイレス滞在中の二夜をタンゴを聴いて過ごすことができた。

アルゼンチンにくる途中で、ぼくはリマに一泊した。親友のダルシイ・リベイロの家に一泊したのだ。ぼくらは一晩中、話し合った。二人とも好奇心で一杯だった。知りたい、もっとよく知りたい。この好奇心は、知っていることを知っているけれども、まだまだ知り足りないことを知っている人間の好奇心、もっと知らなければならぬと感じている人間に特有の好奇心であった。ただ知識を飽食する人間のそれとは違う。

ダルシイは法王然とし大椅子に正座して、かれのペルーでの実践や著作の計画、文化と教育の領域についてのかれの省察を語った。かれは、いやぼくたちは、ブラジルへの郷愁を語りあった。ぼくらは自分たちが見たものを、もう一度見た。一九六四年のクーデタ以前の時点でぼくらが見てきたもの、その見てきたものを当時のぼくらがどう見たかを、見た。そのころのダルシイはグラール大統領[50]の「市民の家」を主宰しており、ぼくのほうは「全国成人識字計画」[51]をはじめたばかりだった。

ぼくらはチリについて語りあった。ダルシイがアジェンデ大統領に会ったときのこと、殺された大統領が真に民主主義の精神を体現した人物であること、チリ左翼が犯した誤りを仮にかれらが犯さなかったとしても、やはりクーデタは起こっただろうと、かれはいう。誤りが少なければ少ないだけ、それだけ早く、クーデターはおこっただろう。つきつめて考えると、クーデタは左翼が誤っていたからではなく、逆に正しかったからこそ起こったのだ。

ぼくとダルシイの畏友で、ペルーの、というよりもラテンアメリカの大哲学者であるアウグスト・サラザール・ボンディ☆が、リマ空港でぼくの到着を待ち受けていた。かれが中心になって推進したかつてのペルーの教育改革にはダルシイとぼく、それからイヴァン・イリイチがいくばくかの協力をおこなっている。一週間後、ヨーロッパに帰る道すがら、ぼくはまたリマでかれの病院を訪ね、その後まもなくかれはそこで息を引き取ることになる。癌がかれを死の淵に運びこんでいたのだが、死の前日に宣告されるまで、かれはその事実を知らなかった。

メキシコのクエルナヴァカでのイリイチを交えてのおしゃべり、ジェネーブのぼくの家での団欒《だんらん》、リマでおこなったかれのチームとの共同作業、そうした思い出の一齣一齣がいまも胸に迫る。かれはつねに現実に寄り添いつづけた、誠実で明敏な思想家であった。話はいつも明晰であった。問題を明らかにすることはあっても、それを韜晦《とうかい》したり、お茶を濁したりすることはけっしてなかった。

一九六九年にクエルナヴァカでぼくはかれと知り合ったのだが、かれは、後に『被抑圧者の教育学』の一部を構成することになるぼくの論考の最初の読者の一人だった。イリイチが主宰する「クエルナヴァカ間文化センター」が、それを冊子にしてくれたのだ。

英訳の作業が進みつつあった『被抑圧者の教育学』を読んで、アウグストは、これは長くアクチュアリティをもちつづける本になりそうだね、と言ってくれた。「君の〈被抑圧者の教育学〉は時事ネタ本ではない」とも言ってくれた。

リマに着いて同乗した車のなかで、ぼくは友人の生命がいくばくも残されてはいない、という告白をつらい思いで聞いた。言葉に窮して何も言えなかったが、かれが死の接近を自覚していることは、直観でわかった。かれが車のハンドルを握りながら、いま書いている本のことを語り、こんな調子で書いていたのでは時間が間に合いそうもないから、しばらくまえから録音に切り替えているといったとき、ぼくの疑念は絶頂に達した。「毎日、秘書に吹き込んだテープを渡しているんだよ」。

かれは録音を完了できただろうか。

アルゼンチンからの帰りがけに最後の面会を果たせたことが、せめてもの仕合わせであった。残念ながらもうそのときは、アルゼンチンで見たこと、聞いたことを、かれと話し合うことはできなかった。アルゼンチンでは、権力基盤なき文化革命、きわめて弱体な政府によって推進された文化革命が進行中であった。初

☆――Augusto Salazar Bondy　一九七〇年代のペルーの教育改革を指導した教育学者。フレイレの方法論に立脚した「統合識字教育」を立案・推進したことで知られている。統合識字計画については海老原治善編『世界の教育改革』（三省堂）に、その内容を訳出・紹介した。

等教育から大学にいたる学校教育制度の分野でも、民衆教育の分野でも、すばらしく創造的な実践がおこなわれていた。その話を聞いてダルシイ・リベイロはこう叫んだ。「すばらしい。それでかれらは君の仕事に関心をもった、というわけだ」。

ブエノスアイレスに滞在した一週間の日程は、まず全公立大学の教員たちとの四時間の会合が二回、教育相のスタッフとの終日の会議、ブエノスアイレスのスラムの民衆との会合、それから最後に政治活動家たちとこの国でいま起こりつつあることを論じあって一夜を過ごした。

アルゼンチンの大学が激しい意気込みで自らの再生に取り組んでいる姿は、ほんとうに驚くばかりだった。どこの大学のどの実験を見ても、かならず見るべき何かがそこにあった。教育と研究の二分化を避けようとする努力――この二分化によって両方がダメになっていくのだが――もさることながら、「エクステンション・サービス」(公開講座)への取り組みがすごかった。全部というわけではないが、かなりの大学は、いわゆる「エクステンション」のありようそのものを革新しようとしていた。大学が労働者地区に出張して、そこで福祉事業としてエクステンション・サービスをおこなう、という従来のパターンを抜け出して、大学と社会運動、民衆グループとの出会いの場へと、その内実を変えてきていた。この出会いは、大学の外だけではなく、教室そのもののなかでもおこなわれていた。このことがはらんでいる問題を、あのとき、ぼくらは政治と学問の両面から検討したのだった。

大学が民衆に奉仕する、というのは政治的な決断、進歩的な政治的決断であるが、しかし、それはポピュリズムに堕してはならぬものだ。そしてこのことは、大学の学問と民衆の意識との関係についての批判的な理解を要請せずにはいない。民衆知、コモンセンス、学問知の相互関係が、実践レベルで問われるのだ。

学問と教育においては厳密さが要求される。が、だからといって、大学は民衆にたいして門戸を閉ざすべきだ、ということにはけっしてならない。大学と民衆の関係を正しく考えるとき、これはきわめて明白なことであって、あの当時もいまも、ぼくはそのことに疑問を懐いたことはない。

民衆とかかわり、民衆の運動にコミットするということは、厳密さの欠如やできの悪い教育や研究を合理化するものではない。それどころではない。研究と教育の分野で――上述のように、この両者を二分化してはならぬ――より厳しく、より誠実たらんと努めることのない大学は、まじめに民衆に接近しようとしているとはいえないし、ましてコミットなどできるはずもない。

大学が目を凝らさねばならぬ的は、基本的には二つに要約されると思う。この二点からほかの関心も派生して、知の円環が形づくられていく。知のサイクルは、つねに相互作用する二つのモメントによって起動されているのだ。一つは、すでに存在する既成の知識を知るというモメントだ。もう一つは、新しい知識を生み出すというモメント。一方から他方を機械的に分離してはならぬし、両者が同じ円環の二つのモメントであることをくれぐれも強調しておかなければならないが、そのことを踏まえたうえで、前者、すなわちすでに存在する知識を認識する過程が、すぐれて教育の過程、ある知識内容を教え、学ぶ過程であることに留意しておくことは重要だと思う。新しい知識の生産は、主要には研究の過程である。しかし、実際には、どんな教育にも研究が含まれているし、どんな研究にも教育が含まれている。問い、追求、好奇心、創造性といった研究との出会いを欠いたら、ほんとうの教育は成り立たないし、研究のほうも、その歩みの過程にはかならず、知られたことを学習する過程と、学んだことを教える過程が入り込んでいる。

この円環の二つのモメントを大事にするのが、進歩的であれ保守的であれ、大学の役割というものだろう。

保守的な大学と進歩的な大学には違いがあるだろうが、それは前者が教え研究し、後者は何もしない、ということではない。

一九七三年のブエノスアイレスでぼくが会った大学教師たちは、このことを確信している人たちであった。大学を民主化すれば知の粗略な取り扱いが許されるなどと思っている者はだれもいなかった。かれらが問題にしているのはそういうことではなくて、大学もしくはその内実と、民衆との乖離《かいり》を、どうやって埋めるかという問題であった。学問的な厳密さ、誠実さをいささかも失うことなしに。

教師やそれを補佐する人びとが教育の分野でもう一つ気にかけていたことは、教育を一方的に専門化するだけでなく、インターディシプリナリイ(学際的)な学習を展開できないかということであった。

それぞれの専門学部が自分の穴のなかに立てこもって自分を見失っていくことも稀ではなく、その現状を克服しようとして、いろいろな試みがおこなわれていた。

ぼくの警告は根拠のないものではなかった。あの粗暴で残忍なクーデタがやってきた……

しかしばら色の話ばかりではない。縄張りにしがみ付いている人びとからの反撃はあからさまだった。自分の真理に胡坐《あぐら》をかいた人びとは、それが揺さぶられることをけっして許さない。異なるものを嫌悪し、非寛容で、自分の真理に固執する資質にかけては、右のセクト主義者も左のそれも全然変わらない。自分の貴重な私有財産をおいそれと疑うわけにはいかないし、まして否定することなど、思いもよらない。

アルゼンチンで過ごした一週間は美しい一週間だったが、その美しさは脆く危うい美しさだった。どこの集会に参加しても、ぼくは一つ覚えのように自分の危惧を表明し、戦術の必要性を訴えた。戦術はもちろん、かれらを動かしている戦略的理想と合致する進歩的なものでなければならない。われわれは蛇のようにずる賢くならなければならない、と、ぼくはあきれ顔の聴衆のまえでくりかえし訴えた。ぼくの警告はいわれなきものと感じられたようで、場違い顔が返ってくるばかりだった。あなたがたの言っている教育・文化のレベル、民衆運動が主張しているそれと、政府の現実の権力基盤とのあいだには大きなギャップがあるのではないか、とぼくが発言したときには、何をいわれたかまったく理解できなかった人もいたし、なかには不快感をあらわにする人もいた。どこかで手加減をしなさい、といっているのではない。やれることは、うんとやったほうがいい。だが、この政権の権力基盤の弱さは直視しておかなければなるまい。そうぼくは言ったのだ。

特別に鋭い直観能力や政治分析家なみの専門知識がなくても、当時の空気からクーデタ発生の気配を感じ取ることはできたように、ぼくは思う。すくなくとも一九七三年七月のチリの「街頭クーデタ」のときのような「ド肝を抜かれる」驚きはなかった。

教育省の専門家との会合のときなどは警官が潜り込んでいて、あまつさえ、ぼくにたいして挑発的な質問を投げかけるという場面さえもがあった。閉会後、教育者の一人がちょっと驚き、うんざり顔で、ぼくに真相をつたえてくれた。コーディネーターにそのことをいうと、なに、別に害は加えませんよ、という。しかし、ぼくと話した教育者たちは公的なこと以外の話題はいっさい口にしなかった。警官の存在は、ぼくらの対話を直接的にどうこうすることができなくても、それ以上の意味をもってその場を威圧していたのである。それは実際の権力が政府とは異なるところにあること、後者にたいする前者の圧倒的な優位を問わず語りに示していた。何といっても、あれは教育相によって発議され、政府によって支援された公的な集会のはずだ。

にもかかわらず、弾圧機関はそこに押し入って、諜報活動をおこなうだけの権力をもっていたのである。あたかも、あたかもではなく実際に、この国を動かしていたのは反動勢力だったのだ。かれらは戦術的にペロンの政権復帰を許し、しかしながらペロン政府の一挙手一投足に監視の目を光らせていたのである。

もうずいぶん遠い昔のことだが、あのとき、ぼくが参加したどの集会でも、政治活動家たちとの集まりにおいてさえも、だれ一人ぼくの観察に賛成する者はいなかったといっても、過言ではないと思う。六四年のブラジルのクーデタで受けた「傷の後」がまた出てきたのだよ、と、キリスト教民主党の時代のチリでいわれたと同じことをまたいわれたことも一更ではない。

大学のプログラムであれ、民衆運動のプログラムであれ、それが多様な分野で進展して、人びとの知的関心に応え、またそれを刺激していけばいくほど、クーデタを目論んでいた諸勢力は危機感と忿懣をつのらせ、終わりの一撃の準備を整えていたのである。

個人的な会話をするときは、ぼくは自分の深刻な危惧を表明し、あなたがたは生き残ってほしい、少なくとも全滅は避けてほしいと、訴えつづけてきた。ひじょうに目立った形で政治活動をしている人びと、その実践が民衆運動とつよくつながっていることが見え見えの教師たち、弾圧機関から特段にマークされていると思われる誰かれにたいしては、とくにそうだった。

悲しいかな、ぼくの警告は根拠のないものではなかった。ペロンが死んで、その後に、あの粗暴で残忍なクーデタがやってきた。ぼくの分析を妄想と考えていた友人のある者たちは身を隠して、慌ただしく故国を去らねばならなかったし、もっと不幸な他の者たちは、「行方不明者」として永遠の闇のなかに消されてしまった。

ぼくはここで、『被抑圧者の教育学』を生き直すこの『希望の教育学』の終章で、正義のたたかいのなかで倒れたすべての男たち・女たちに、ラテンアメリカの、中米の、カリブ諸島の、アフリカのすべてのかれら・彼女たちに、ぼくの心からの敬愛の挨拶を贈りたいと思う。

エルサルバドルの「顔」が変わらなければならない、もっと邪でない、もっと不公正でない……

ニータとぼくは、今年（一九九二年）七月にエルサルバドルを訪問したので、そのことを手短に語って、この本を閉じることにしたい。

エルサルバドルでは、農民たちが、長年にわたって武器を手に、しかし同時に言葉と世界を見つめる輝いた目をもって、より醜悪ならざる、より不正ならざる世界をつくりだすためにたたかってきた。そのたたかいのなかで、農民たちは言葉の読み書きを学んできたのだが、希望をこめて停戦を祝う、その祝賀事業の一環として、ぼくを招待してくれたのである。農民たちは、かつて自分たちがおこなってきたこと、そしていまなしつつあることを、ぼくに語りたがっていた。ぼくへの謝辞を、そういう形で表そうとしていた。

そのほかに、教師たち、解放闘争のリーダーたち、それからエルサルバドル国立大学は、ぼくに名誉博士号を授与するといってくれていた。

『被抑圧者の教育学』が、ここでも導きの糸だった。しかし、その基本テーゼは、七〇年代に出版された本のなかよりも、もっといきいきとした形で現場化されていた。それはたんに、ゲリラの野営地でおこなわれる成人識字教育であっただけではない。より正しくはこういうべきだろう。世界の解読と語の解読、コンテキストの解読とテキストの解読、そして実践と理論を、弁証法的な統一において実行する識字教育の、その魂としての「被抑圧者の教育学」がここにあるのだ、と。

ぼくとニータがエルサルバドルで見届けることができたものを列挙すると、まず、寄り合い世帯のゲリラ軍。いろいろな立場の人びとが共通の戦略目標のもとに結集していた。それから苦しい経験をとおして成熟をとげていった活動家たち。活動家たちはラディカルではあるが、セクト的思考に凝り固まってはいなかった。覚めた目をもつ教育者たち。ひじょうに楽天的でありながら、批判的な目を失ってはいない。一方、右翼のほうも、不承不承とはいえ、停戦に関しては節制のとれた行動をとっていた。停戦を仲介した国連の措置も機に応じた適切なものだった。――だか、これらのすべては、一挙に瓦解してフイになることだってありうるのだ。これらの経験が現代史においてもつ意味を考えるなら、その損失は計り知れない。

否定しがたいのは、この経験のなかに、あるひじょうに独特なものがふくまれている、ということだ。左翼と右翼の双方が、社会的損失をこれ以上大きくしないために、休戦に合意したのだ。内戦の被害は民衆階級の側にもっとも重く、ほとんどそこに集中した、といってもよいくらいだが、とはいえ、より広範な中間層にも被害は広がっていた。支配階級の場合は別で、このセクターの人びとはあまり酷い戦争の被害は受けていない。

支配階級が停戦に合意したのは、かれらにしてみれば大きな譲歩であった。戦闘がつづいても、その被害は、民衆階級の場合ほど苛酷なものではない。かてて加えて北からの援助によって大幅に戦力を増強したかれらは、ゲリラを粉砕して、全国を平定するのはもう疑いのないところと確信していたから、停戦合意は、かれらにして見ればオレたちの度量の広さのあらわれだということになるのである。

ぼくは支配階級の度量の広さなどというものは信じない。個人のなかには、そういう精神をもった人もいたかもしれないが、階級として、かれらが度量の広さを発揮したなどとは思わない。

ただ歴史的な条件がかれら・彼女たちと、武装した民衆階級を和平のテーブルにつかせただけだ。しかしこれも闘争の一つのモメントなのであって、闘争が終結したわけではない。民衆側はそのことを承知していなければならないし、われわれがリーダーの何人かと話した心証からすれば、かれら・彼女たちも実際にそう思っているようであった。油断なく目配りをして先々を読み、万一の危険に備えていた。眠っているあいだは何も起こらん、と決めこんで「安眠を貪る」わけにはいかないし、ぼけっとして備えを怠れば、たちまち粉砕されるのがオチだよ、というわけだ。

こんなふうにして停戦と向き合うこと、つまり闘争の一段階としての停戦を迎え入れることは、対立する双方にはかならずしも意識されていないだろうが、ある種の平和を――そこから新しい民主主義の経験を引き出すことのできる、ある種の平和を――構築もしくは発明する試みとして、捉えることができるだろう。それは新しい歴史の局面を啓示し、予告する何かだ。「新しい歴史」といっても、それは階級と階級闘争、イデオロギー不在の歴史ではない。大魔術師の一声で、階級も階級闘争もイデオロギーも黒いタキシードの袖下に消える、というふうにはいかないのだ。

とりわけ政治の領域においては、こうしたことは、対立する二つの側の戦術的な駆け引きをぬきにしてはけっしておこりえない。両者は自らの戦略を前提にして、自分の布石と相手の布石をたえず考量しながら行動する。対立する諸力が折り合うとしても、それは自分側のマイナスをより少なくするためであって、長い目で見れば、そこでおこなわれた妥協が一方の側の勝利につながることも稀ではないのだ。

すでに何年かまえから、左翼が権力を掌握することは困難になっている。チリの道、ニカラグアのやり方、グレナダのケース、どんな方式であっても、権力を奪取してそれを無事に守りきれたことはない。いわゆる現実的社会主義の崩壊——それが社会主義の崩壊を意味するものでないことは先に述べたとおりだ——以後は、保守主義が世界的に蔓延して、それに歯止めをかける左翼の力は短期的には減退することになるだろう。

　こうしたことを考えると、エルサルバドルでの和平は、たとえ明白な限界をもち、しばしば予想以上の妥協を強いられるものであったとしても、一歩前に進むための最良の方法、現実に可能なただ一つの方法だといわなければならないだろう。それは民衆が自分を主張し、発言権を獲得して、よりよい社会をつくり不公正を是正していく過程のなかで自らの存在感をより大きなものにしていくための最良の方法なのだ。さらにいえば、それは民主主義を創造し、より確かなものにしていくための最良のやり方だ。それは、あらゆる権力を独占してきた人びとにたいしてさえも、ある学習を促すものとなるだろう。かれらの特権を脅かすものと見えた行動、譲るべからざる権利の侵害としか見えなかった行動の多くが、じつはその権利を行使することを禁じられてきた人びとの権利の実現にすぎない、ということ、自らの特権なるものは、弱者を踏みつけ、その生きる権利を奪い、かれらの希望を打ち砕いて得られた果実で、道義に悖《もと》り、それゆえに廃棄されねばならぬものだ、という学習である。一方で地に飢えたる者たち、くり返しくり返し存在を否認されてきた人びとは、たゆまぬ正義のたたかいによって、献身的で倦むことを知らぬ闘争によって、世界をつくりかえることが可能だということを学ぶだろう。希望はたたかいという生みの苦しみのなかで生み落とされるからこそ意味をもつのだということ、その希望こそがまた、より高次の新しいたたかいを生みだすものだということを、人びとは学ぶのだ。

　最後にこの学習は、新しい民主主義の実践をとおして、諸階級間の協約と異なる者同士の対話の余地を拡大するものとなるだろう。これはラディカル性を深め、セクト性を克服するということに等しい。

しかしだからといって、このような民主主義を体した社会では、階級なき、イデオロギーなき歴史が打ち建てられるというある種のポストモダン・プラグマティストの言説を認めるということにはならない。これからの民主主義社会では、そうした紛争は絶対に、あるいはほとんど、おこらないと、この人たちはいうのである。これとは逆に、ぼくにとってポストモダンとは民主主義を実質化することであり、それは抗争をとおして具体化され、イデオロギーとともに実践され、たえず、そしてますます徹底的に社会の不公正とたたかい、ついには社会民主主義にいたる、新しい民主主義の形態を意味している。ポストモダンには右のポストモダンだけがあるのではない。左のポストモダンもあって、これは右の人たちが主張しないまでも仄めかしているような、特別な、あまりにも特別な時代、階級も、イデオロギーも、右も左も、夢もユートピアも、あげてご破算となった特殊な時代ではない。左のポストモダンの中心テーマの一つは権力である。権力の再―創出 reinvenção である。モダニズムのテーマがたんなる権力の掌握であるとすれば、それをこえた、権力そのものの変革が必要なのだ。

九〇年代のブラジル社会に生きるわれわれは、極度に特殊な、階級なき時代を生きているわけではない。事情はスイスでも同じだろうし、いわんやエルサルバドルにおいておや、だ。それゆえに進歩的なポストモダンがわれわれに求める学習の一つは、革命がどんなに全面的に勝利したとしても、それは、つぎの段階で敗北に転じる可能性を避けがたく含んでいるということだ。権力が安泰と見えたときにでさえ、敗北が訪れることが稀ではない。革命側はたんに権力を掌握したのであって、それをつくりかえ、再創造したわけではないからだ。自らの確かさを過度に確信し、謙虚さを失って権力を権威主義的に行使した、そのツケが敗北となって現れたのである。

だから妥協は勝利していくための最良の方法なのだ。ある時点での勝利は、けっして最終的な勝利ではありえない。勝利するということは、もうこれで終わりという終点のない、不断の過程なのだ。もう終わりと思った瞬間に、革命の動脈は硬化してしまう。

ぼくらはこの国のいろいろな地域を訪問し、そのなかの二地域では教育問題のセミナーに出席した。ぼくらは美しく切り開かれた森のなかにいた。ゲリラ戦士たちが集まる一種の多目的広場で、戦士たちはそこで論じあい、夢を語り、エヴァリュエーション(活動の自己点検)をおこない、一緒に笑い興ずるのだ。

ぼくらが出席したのは、ある「文化サークル」のセッションだった。武装した活動家たちが文字を学んでいた。世界を読みかえしながら、語の読み方を学んでいた。文字の読み書き、書かれていることの理解をめざすこの学習は、もっと大きな、もっと意味深い過程から出来《しゅったい》し、もしくはその一部をなしていたのである。その過程とは、歴史を自らの手にとり戻そうとする市民としての自覚の過程である。これこそは、ぼくがつねに主張し、たたかい取ろうとしてきた識字のありかたであった。言語を獲得するという行為が本質的に社会的な行為であらざるをえないことを知っていたので、ぼくはけっしてそれを市民となるための政治的なたたかいの過程から切り離そうとはしなかった。ぼくは中立的な識字教育、バビブベボだけを教え、学習者の言語ではなく教師の言語から出発する識字を、絶対に認めなかった。ぼくらは戦士たちと語りあった。司令官と語りあった。希望が立ち込めていた。

同じ希望の息吹きは、隣国での亡命生活を余儀なくされていた人びとが最近になって住みはじめた集落で、一日を過ごしたさいにも感じられたものであった。

山の頂きに登ると、あたり一帯が遠望でき、さまざまな意匠をこらして建てられた新しい家々が見えた。[52]

ぼくらは建設途中の町のリーダーと食事をしたのだが、かれは、この度の帰国が自分たちにとってどんな意味をもつかを語ってくれた。エルサルバドルの「顔」が変わらなければならない、もっと邪でない、もっと不公正でない、もうちょっと、もうちょっと人間的で品位のある社会に、それを変えていかなければならない。その変革の事業に自分たちも加わりたい、というのだ。

この夢はＦＭＬＮ（ファラブンド・マルティ民族解放戦線）のリーダーの一人であるアナ・グアダルーペ・マルティネスとの会話からも、またそのすぐれた著書からも感じられるものであったし、ラジオ・ヴェンセレモスを訪ねたときも、ぼくらは同じものを感じた。エルサルバドルの活動家たちがたたかいを始めたのは、まさにこの夢のためであった。戦士たちは戦線に赴いたが、しかし戦闘があるからといって、教育と教育の重要性を忘れることはなかった。解放戦線は、教育にありもしない力を求める観念論的な幻想を警戒しながら、同時に、革命のまえにはあらゆる価値を犠牲にする機械論的な客観主義に陥ることも、できるかぎり避けようとした。こんなにも批判的に、しかしこんなにも深く教育実践を信頼し、その確信を表現する民衆グループを、ぼくはあまり見たことがない。運動の指導者たちについても、それがいえる。ぼくは、どうしてもここに、自分に与えられた献辞を転写しないではいられない。ＦＭＬＮの本部を訪ねたときに贈られた民芸品のなかに添えられていた言葉である。

パウロ・フレイレ

あなたの解放の教育によって、あなたはサルバドル人民の社会変革のための闘争にも大きな寄与をされたのです。

感謝と尊敬をこめて

FMLN、一九九二年七月

このうえもなく大きな困難、人民を苦しめている欠乏、多くの要因によって一進一退をくりかえす不安定な政治情勢、そうしたもののすべてにもかかわらず、ぼくらのなかの、ニータとぼくのなかの希望は、いささかも揺るがなかった。ぼくらは、この希望とともにエルサルバドルを訪れ、この希望とともにエルサルバドルの一週間を生き、そしてこの希望を手にしてエルサルバドルを辞した。同じ希望を携えて、この『希望の教育学』を閉じることにしよう。

一九九二年九月

パウロ・フレイレ

(本書の主題をなす「希望」については、Paulo Freire, The Politics of Education, 1985. に寄せたヘンリー・ジルーの序文を参照されたい。――「可能性としての教育の地平」市橋秀夫・能山文香訳『新日本文学』一九八五年一月号)

注

まだこの本を執筆していたときから、パウロ・フレイレは、自分が著書で触れることができなかったいくつかの点を解説する必要を感じていた。——とはいえ、その点に深入りするとテーマは焦点ボケしてしまう——というわけで、私は解説的な注をつくることを、かれから依嘱されたのであった。

かれの仕事に協力できるということは、私にとっては大変な喜びであった。ましてや私が大きな興味をもって、ここ十五年以上にわたって熱心にとりくんできたテーマ、ブラジル教育史の「経緯」を語ることで、その責が果たせるとすれば。

いくつかの注はかなり詳細なものになるかもしれない。長くなるのは覚悟しよう。ブラジルの読者には余計と思える注もあるだろうが、そうではないのだ。ほとんど同時進行形で、この本の翻訳作業が現に数か国語でおこなわれているからである。

われわれにとっては既知の人や事実でも、他の文化、他のコンテキストのなかにいる人びとにとってはかならずしもそうではない。だから、おそらく詳しい説明が必要になるはずだ。

本を手にとるごとに私は注釈の作業にますます深くのめりこんでいった。本の読みも深まっていった。私は少女のころを思い起こしていた。少女時代の私はコレジオ・オズワルド・クルスの生徒としてパウロを知った。かれは私の「ポルトガル語」の先生だったのだ。私がラウルと結婚し、サンパウロに移住してからも、私は何度かレシーフェの私の実家でかれと会った。こうしてかれの著作が書かれ、それが実用化されて「パウロ・フレイレの識字方法」となっていく過程を、私は間近に見てきたのである。

そこにおこったのが、六四年のクーデタである。その後はほんのときたま、チリから、アメリカ合衆国から、ジュネーブから便りがあって、ますます深さと広がりをもちつつあったかれの教育学の書物のことが語られていた。

私はそれを最初はスペイン語で読んだ。へんな感じだった。私は思わないわけにはいかなかった。「あの人ときたら骨の髄までブラジル人で、ノルデスチ人で、ペルナンブコ人で、レシーフェっ子のはずなのに、その人の本を私が外国語で読んでいるなんて」。ほんとうにへんな話だ。私は驚き、訝《いぶか》った。しかしそのとき、私の耳には、あの懐かしいかれの、ポルトガル語のテキストを朗読する声が聞こえていた。穏やかな、しかし強い確信をこめた声、凝りに凝った文の運びは、まさにノルデスチ人に特有のものだ。

この本にはかれが外の世界と結んだ関係・交渉――『被抑圧者の教育学』の読者=聴き手と、その本について語りあうという関係――が多く語られているのであるが、これは私にとっては馴染みの薄い話題であった。とはいえ、それは見かけだけのことに過ぎない。私がここサンパウロで、大学の同僚たちと『被抑圧者の教育学』について議論するときも、同じ関係のもとで同じような経験をすることが多い。というわけで、かれの語っていることは私にも十分に理解できることなのだ。かれがこの本で述べている五つの大陸のさまざまなグループとのやりとりは、『被抑圧者』について論ずるさいに、われわれのあいだでもかならずとび出してくる省察・論断・疑問と類似のものである。

それらの人びとと膝を突き合わせて語りあったことはないものの、この注をつくっているとフレイレの気持が私にも切々と伝わってくる。かれの語っている人や事物が、なぜかひじょうに身近に思えてくるのだ。とりわけここ五年にかんしては、私はパウロと行動をともにし、ブラジルの内外でおこなわれた集会にも一緒に参加しているので、その感はさらに強い。

レシーフェの街路について、私の父アルイシオについて、コレジオ・オズワルド・クルスについて、アリアーノとタペロアについて、民衆の「ごまかしの遁辞」とは何か、グラール大統領とは何者かについて書く、ということ。それは、第二回全国成人識字教育協議会以降のパウロ・フレイレの教育思想の発展がブラジル教育史にとってもつ意味を記述し分析すること、サンパウロ教育庁における労働党の教育行政や、私たち二人をいたく感動させたエルサルバドルのセグンド・モンテス訪問の経験を語ることと同様に、私を深く魅了してやまないものだ。

これらのもろもろの注を書くということ、それは機械的な仕事でも中立的な仕事でもない。そんなものは幻想だ。私には私の生き方があり、かかわり方があり、私なりの世界の理解の仕方がある以上、少なくとも私にとっては中立などというものは不可能だ。私の注には私の経験、私なりのブラジル教育史像、権威主義と差別的エリート主義への、植民地と奴隷制によって徴《しるし》づけられたブラジルの伝統への(これはいまもわれわれの社会で生きている)私なりの反逆を負荷しているのだ。

私がこの注を書きながらたえず思い浮かべているのは、ブラジル社会に根を張った数々の禁止と抑止の機制である。私のいう身体の禁制(金しばり)は、たんにブラジル人の識字を妨げてきただけではない。この身体の禁制の底にあるイデオロギーこそが、路上の子どもたちを、飢えを、失業を、売春を、軍政下の数多のブラジル人の死と追放をもたらしてきた膿の根なのだ。パウロ・フレイレとその思想を禁圧し、十五年の長きにわたってかれをブラジルの地から締め出したのも、——いや、かればかりではなく、多くの同国人から故国で生きる権利を奪ったのも、この禁制のイデオロギーであった。そして逆説的にも、この禁圧がフレイレをして『被抑圧者の教育学』を書かしめる契機となったのである。この国で数百年にわたって再生産されつづけてきたすべての形態の禁圧を否定し、人間解放の可能性を指し示したのが、『被抑圧者の教育学』であるとすれば、それを大成したのが本書、『希望の教育学』であるといえよう。

これらのことすべてが私を奮い立たせ、それに励まされて私は以下の注を書いた。それらの注のなかには、私の感情が、私のブラジル教育史の知識が、そして何よりも私の世界観が——禁圧、解放、希望を三点とする三角形を思念しつつ社会を見る私なりの世界理解の方法が、作動しているはずである。

アナ・マリア・アラウジョ・フレイレ

注1

『被抑圧者の教育学』の諸カテゴリーのなかでも、省察への喚起力という点からいってもっとも重要なものの一つは、「未然の可能性」である。言及されること少なく、等閑に付されているとさえもいえるこのカテゴリーは、可能な夢とユートピアへの信頼、歴史をつくる主体が、まさにかかる主体たらんと欲するときに立ち現れるユートピアへの信頼をそのなかに包摂している。この希望への信頼こそは、フレイレの思想を特徴づけるものだ。

フレイレによれば、人間は意識するからだ corpo consciente であり、程度の差はあれ、自らの被拘束性と自らの自由を自覚している存在だ。かくして人間は、その個人的・社会的な生の諸領域で、打開せねばならぬ障壁、もろもろの障害に直面する。フレイレはこれらの障壁を「閉塞・状況」と呼んでいる。

この「閉塞・状況」をまえにした人間の態度はさまざまで、それを動かしがたいと見なす者もいれば、そもそも動かしたいとは思わない者もいるだろう。また、障壁の存在とそれを突破する必要性を理解したうえで、その打開のために力を尽くす者もいる。

この場合は「閉塞・状況」は批判的に知覚されているわけであり、状況を理解したからこそ、その人は行動を志すのである。自分が生きている社会の問題を能うるかぎり最良のやりかたで解決すること、希望と確信をもってそれをおこなうこと、そのことが、おのれの課題として感じとられるようになるのである。

そのためにも自分を閉じこめている状況から自分を分離し、それを距離化(異化)し、対象化することが必要なのであって、いまここにある現実を引き離して見つめ、状況を根底的に、その深部において理解するときに、はじめて、それはある問題として見えてくるのである。現実は、現状のままに推移するものでありえないし、またあってはならぬ何かとして「知覚」され「異化」される。異化された現実は、向き合わねばならぬ、そして討議され解決されねばならぬ「テーマ・問題」になっていくのである。

「閉塞・状況」を打ち破るために必要とされる行為を、フレイレは「閉塞を破る行為」atos-limitesと呼んでいる。これは所与の現実、現にあるものをおとなしく受動的に承認することへの拒否と超克を志向するものであり、世界にたいして自覚的にある一つの姿勢をとることを意味している。

「閉塞・状況」には、それゆえに二つの存在、それによって直接・間接の利益をうける支配者と、それによって不利益と不自由を強いられる者たち、すなわち被抑圧者の存在が含意されている。

前者は「閉塞・状況」という帳《とばり》をとおしてしかテーマ・問題を見ていない。だからそれを歴史的必然と考え、手をつかねて見ていなければならないもの、もっぱら適応の対象としか考えない。「閉塞・状況」が下ろす帳にもかかわらず、現代社会に投げかけられたテーマ・問題を後者が過たずに明視するとき、状況は知覚・異化されて、行動への情熱が呼び起こされ、「未然の可能性」への気づきがおこなわれるのである。

「閉塞・状況」の壁を破るという使命に目覚めた被抑圧者は、かれら・彼女たちの自由を抑圧している障害をとり除くための行為と省察をとおして「在ることと、よりよく在ることの境界」を移し変える。「よりよく在ること」——フレイレがかくも熱望するこのユートピアは、かちとられた現実に転位されねばならないのだ。かれと同様に、そしてかれとともに、人間の解放をめざしてたたかうすべての女たちの、すべての男たちの、政治的な意志の明瞭にして集約的な表現をここに見ることができるのではなかろうか。それは人種・宗教・性・階級のいかんをこえた人間の使命なのだ。

「未然の可能性」とは、とどのつまり、ユートピアンにとって存在が知られているものの解放のための実践によってしか実現されえない何かであって、この実践を媒介するものとして、フレイレの対話的行為の理論はあるのである。もちろんフレイレの理論に限られたことではない。同じ目標を追求している理論は他にも多い。

「未然の可能性」は、現実にはまさに「未然」のものであって、まだ明白に目で見ることのできるものではないし、手で触れられるものでもない。それはいまだ夢なのだ。しかし、ユートピックな思考者たちによって現実に根ざした「未然の可能性」が見てとられるとき、夢はもはやたんなる夢ではなく、現実化の可能な夢となるのだ。

かくして自分たちを幽閉し、自分たちを「より低き存在」たらしめていた「閉塞・状況」を打ち倒すために「意識する存在」である人間が意欲し、省察し、行動するとき、未然の可能性はすでにして「未然の可能性」ではなく、かつては不可能とされていたものを具体化する過程となるのである。

とはいえ実際には、「閉塞・状況」が張りめぐらすさまざまな障壁は、たまさかの諸個人にたいしては現実認識を媒介にした夢の追求を許さないわけではないけれども、大多数の人びとにたいしては、人間化と意識化の実現を禁じ、「よりよき存在」SER-MAISであろうとする人間存在の根源的な要求を押さえつけてきたのである。

注2

コレジオ・オスワルド・クルスは、一九二三年以来、アルイシオ・ペソア・ジ・アラウジョ校長のもとで活動をつづけてきたが、校長の痛恨の思いも虚しく、一九五六年にその幕を下ろした。その成果を知る者、その恩恵を受けたすべての者たちにとっても、この閉校は痛恨きわまる出来事であった。疑いもなく、この学校の教育はノルデスチの教育史を飾るもっとも重要な一こまであり、さらにはブラジル教育史においても特筆大書されるべきものの一つであるといって過言ではない。

サンパウロにも同名の学校があるが、それとはなんの関係もないオスワルド・クルス校は、厳格な倫理とすぐれた教授方法によって広く知られ、レシーフェもしくはペルナンブコにとどまらず、マラニャオンからセルジッペにいたるほとんど全ノルデスチから若者たちを引き寄せていた。学校の方針と教育実践が信頼され、多くの親たちがここに子弟を送りこんでいたのである。

アルイシオは校長として、またラテン語、ポルトガル語、フランス語の教師としても教壇に立って、多分野において教師としての経験をつんだ人であるが、一方で若い新人教師の活力を迎え入れることにたいしても積極的であった。パウロ・フレイレは、こうして登用された多くの教師の一例であった。このオスワルド・クルス校で、かれはポルトガル語の教師として教職生活のスタートを切ったのである。アルイシオが教員を採用するときの基準は、教師としての能力、そして教育の仕事にたいする熱意と真剣さであった。

一九四一年にペルナンブコ州ではじめて公立の総合大学が創設されたとき、その各学部の教授陣は多くがオスワルド・クルス校の教師たちによって占められることになった。

教育に心血を注いだこの校長は、コレジオ・オスワルド・クルスを、当時としてはきわめて革新的で進歩的な学校にしていった。一九二四年の段階ですでに女子生徒を受け入れ、男女共学を実施している。このコレジオには他の宗教の生徒たち、とりわけユダヤ教徒の生徒たちがおり、この生徒たちのためにはユダヤ教の道徳と教義が教えられていた。四〇年代まではレシーフェにはユダヤ人の学校が存在しなかったのである。

オスワルド・クルス校には生物・物理・化学の実験教室もあった。それぞれが階段教室になっていて、今日のブラジルでも、大学・高校の垂涎《すいえん》の的となるような代物だ。歴史と地理の地図コレクション、新刊も取り揃えた図書館の蔵書など、備品の水準も高かった。音楽のバンド、合唱団、それに女生徒のためのバレー教室が設けられていた。生徒たちはクラブを結成し、Sylogeu とか Arrecifes(レシーフェ通信)といった種々の新聞や雑誌を刊行していた。

この学校に在席した学生や教師のなかには、学者・法律家・芸術家・政治家として、ブラジル国内はおろか国際的にもよく名を知られた人物が多い。(人名が列挙されているが省略。)本書の著者も、その一人にほかならない。卒業者のイデオロギーは雑多だが、どれもそれぞれの領域において確かな力量を発揮している人びとだ。

オスワルド・クルス校は、その校長の人徳によってであろうが、ブラジル社会の権威主義とエリート主義的伝統を怖れることなく廃絶した。そこで学んだ者は、階級・人種・宗教・男女による差別がおこなわれた例を見たことがない。

注3

中等教育課程の法的整備は発足時のヴァルガス政権が取り組んだ主要な施策の一つで、それは二つの政令をとおしておこなわれた。第一のそれは一九三一年四月、第二は一九三二年の同じ四月付けの政令で、これは前年の政令が示した中等教育の制度的大綱をより整備し体系化したものであった。

ブラジルの歴史のなかでは学校教育法というものは、立法府や市民社会の手を経ることなく、もっぱら行政権力によって策定されてきたから、三〇年代初頭のこの改革にたいしても奇異な印象がもたれることはなかった。いわんや選挙で落選したヴァルガスが軍を後ろ盾に政権を取った（一九三〇年十一月）直後のことだ。共和国成立以降のほぼ全期間にわたってこの国を支配してきたサンパウロとミナスジェライスのコーヒー貴族に、革命的な軍が叛旗を翻すというかたちで、このクーデタは遂行された。

ヴァルガスと当時の教育相フランシスコ・カンポスがおこなった教育改革は技術的には革新的な方策を講ずるものであったが、この国の伝統に背馳《はいち》するものではなく、政治的には過度の中央集権化、内容的には社会のごくわずかな支配層のエリート主義的な教育要求を表現するものになって、ブラジルの教育に多くの禍根を残した。

改革された制度は一九四二年まで存続した。四二年段階においても、ヴァルガスはいまだ政権を掌握していたが、三七年以降、それは露骨な独裁政治となり、はじめの教育改革の反民主主義的な性格をさらに強める新たな教育改革がそれにとって代わった。

中等教育はアカデミックなもので、職業的な能力を育てるものではなく、高等教育のための通過点にすぎなかった。工業化を願望し、また必要としている国の教育政策としては、前後撞着であった。政界で名をあげよう、特権を得よう、社会のなかで高位の地歩を享受しようとする人びとの要求にこたえ、エリートの夢、十六世紀にジェスイット会が「人文主義教育」の名において持ちこんでからこのかた、ずっとつづいているエリート教育の理想をそのまま拳々服膺《けんけんふくよう》するものであった。

三二年の改革によれば、フレイレが言っているように、中等教育には二つのサイクルが規定されている。第一のサイクルは「基礎課程」と呼ばれているもので、修業年限は五年、十歳以上の男女生徒を、かなり難しい選抜学科試験を課したうえで入学させる、というものだ。第二のサイクルは高等教育の予備課程で、修業年限は二年、「補完課程」complementarと呼ばれている。補完課程に入学するには、第一サイクルの修了が前提になる。

補完課程は、生徒が卒業後に進む高等教育の種別に応じて、三つの部門に分かれていた。

コレジオ・ペドロ二世校に準じて教育課程を定めた公・私立の学校は——この学校はブラジルの「全」高等学校のモデルとされた——、かくして法学予備、医学予備、工学予備の三コースを備えることになった。

この時代のブラジルには教育や教員養成のための高等教育機関はまだ存在しなかった。人文科学に関心をもつ学生はどうしても第二課程では法学予備に在籍し、大学では法学部に進まざるをえなかった。

フレイレの場合もそうである。一九四三年にレシーフェの法科大学に入学したときのフレイレは、教育者になろうとはっきりと考えていたわけではない。四一年の法律予備コース入学のさいはなおさらだ。しかし人間の問題にできるだけ近接した領域に自分の関心が傾いていることは感知していた。

自分の父親について書くのはやさしい仕事ではない。

しかしその父親が八三年の全生涯をとおして寛容と連帯と謙虚をもって人間的に生き、しかもけっして威厳を失うことのない人間であったことを知る娘にとっては、父について語ることは、快くも喜ばしい、報いの多い仕事となるにちがいない。

注4

父の父、医師アントニオ・ミグエル・デ・アラウジョの日記によると、アルイシオは、「一八九七年十二月二十九日(木)の午前四時に生まれた。一八九八年二月二十一日にマルセル神父によって、そしてウルバノ・アンドラーデ・リマとその妻D・アンナ・クララ・リラ・リマを代父母として、洗礼を施された」。

アルイシオ・ペソア・ジ・アラウジョの生地はティムバウバで、亡くなったのは、レシーフェ、一九七九年十一月一日であった。

ペルナンブコの教育者はオリンダ世俗神学校で学問と宗教を学んだが、両親の期待に反して「メジャーなコース」を離れ、ローマに赴いて聖職者になる道を選んだ。

そうはしたものの、いくらもたたぬうちにアルイシオは、フランシスカ・デ・アルブケルケ(通名ジェノーヴェ)と結婚。一九二五年六月二十五日であった。彼女は、ジナジオ・オズワルド・クルスの開校以来、夫をたすけてこの学校の運営にあたった。九人の子どもを生み、結婚五十年のお祝いを子どもたちにしてもらうという慶びに浴したが、ただ子どもの一人、パウロ・タルソをそれ以前に失うという悲しみも経験している。

結婚して僧職の道をあきらめたとはいえ、アルイシオはカトリック教会の厳格な戒律を遵守する生活から離れることなしに、まえにもまして厳しく、そして深く信仰生活に打ち込んでいった。私生活においても、仕事のうえでも、かれはこのことを第一に考えて、自らの信仰を生き、寛容と連帯を重んずるその感性を研ぎ澄ませていった。そのうえ、つねに真剣さを尊び、ヒューマニストとしての倫理に殉ずる人でもあったので、学びたいと思い、また学ぶことを必要としている人びとにたいしては、だれであろうと徹底的に開かれた態度で支援の手を差し伸べる教育者であった。しかもそれをきわめて謙虚におこなった。

二〇年代から五〇年代はじめにいたるまで、レシーフェには公立の、したがって無償の学校が少なく、アルイシオが校長でありオーナーでもあるCOC（オズワルド・クルスはこの略称で知られていた）は、実際には私立の学校でありながら公立校的な性格をも帯びることになった。公的な補助金などはなにもないのに、かれは自前の奨学金制度を設け、それを必要とする数多くの若者たちに教育の機会を提供したのである。

その無償性たるや、まことに徹底したものであった。奨学生にたいしていっさい返還を求めないのである。いろいろな返済方法がありうるだろうに、いっさい、それを求めないのである。かれの寛容な人柄の反映でもあるが、教育というものは万人の権利でなければならぬ、というかれの社会的信念の賜物であった。

かれはこの原則を非妥協的に守りぬいた。それこそが、この世で自分に与えられた「召命」だと信じて疑わなかったのである。

注5

産業社会事業団　SESIは、一九四六年七月二十五日、当時の共和国大統領エウリコ・ガスパール・ドゥトラの名にかかる政令九四〇三をもって創設された。

政令は全国産業家協会に権限を付託して、この機関の創立・組織・管理運営に当たらせた。この措置を正当化して政令は、長文の事情説明をおこなっている。それを要約すれば、行政府がかかる政令を出すにいたったモティーフは以下のようなものである。

「戦後の苦況がわが国の社会経済生活に及ぼした諸困難」「労働者とその家族の福祉の増進のために諸階級の協調を促進すること、貧民の生活条件の改善を促すこと」は、政府の責務であるが、それはかならずしも政府だけのものではないこと、生産者階級の組織としての産業家協会は、「社会的な支援活動を推進し、労働者の住居、食生活、保健衛生などの改善に貢献して、雇用者と被雇用者間の連帯の精神を発揚する義務と能力を具備していること」「この度の計画は、諸階級の間に社会的正義の精神を喚起し、また昨今の、社会公共の利益を危うくする有害で頽廃的な諸要素を萌芽のうちに除去することに大いに資するであろう」。

まさにこの国の面目躍如といえそうな文書である。

この「法文」が謳っていないけれども、暗に言っていることを分析してみるのは面白い。

まず形式からいこう。これは行政権力によって出された上位下達の政令だ。しかも、たんなる政令以上の権威を付与されている。この政令とも法とも見分けのつかない「政令」をとおして見えてくる事実は、行政の長が、この場合でいえば共和国大統領が、立法府の機能を併呑《へいどん》して、法と同じ力をもつ政令を乱発している、ということである。

ドゥトラは、歴代のブラジル共和国大統領と同じように、中央集権的な国家体制にとってはまことに好都合なこの手口を何かにつけて利用した。さいわいなことに今日のブラジルの官僚機構にはこうしたことは許されていない。

さて、問題の文書はブラジルの戦後の苦況について語っている。つまり軍事で甘い汁を吸える時代はもう終わりますよ、ということだ。それ以前のブラジルは、戦争で必要なさまざまな物資の供給国として大いに儲けていたのである。

もう一つの事情説明からは、共産主義への恐怖が透けて見える。資本主義に敵対する社会体制への恐怖、北の諸国に吹き荒れる「魔女狩り」旋風と同質な共産主義への恐怖である。それが目指しているのは階級闘争の隠蔽だ。階級矛盾を顕在化させること、人びとに意識させることは、なんとしても避けなければならない。それに代わって、雇用者と被雇用者のますます拡大していく生活格差をおとなしく唯々諸々と受け入れることが「要求」されているのである。援助とは目つぶしのための援助なのだ。

フレイレがこんなところに就職したのは、ちょっと見ると矛盾した行為のように思える。しかし、まさにこのSESIで、フレイレは都市や農村の労働者たち、あるいは漁民たちとともに学び、とりわけ資本家が労働者におしつけている従属的な関係性を目の辺りにしながら、対話と批判性、そして社会変革を特徴とするその教育思想を形成していくことができたのである。

注6

レシーフェ法科大学。現在はペルナンブコ連邦立大学の一部になっている。つねにブラジルの政治闘争や思想革新の表舞台となる大学であった。

ブラジル独立直後の一八二七年八月十一日に、サンパウロのラルゴ・ジ・サンフランシスコ大学とともに創設されたこの法学校は、最初はオリンダのコンヴェント・ジ・サンベントに立地した。新国家の司法要員の育成を目的にして誕生した学校であるが、それにとどまらぬ可能性をはらんでいた。この二つの学校の卒業生たちが中心になって、国家の官僚制機構は強化されたのである。

注7

フレイレは四十三歳のときに政治亡命を申請して、ブラジルを出た。爾後の十五年有余は、故国と家族から切り離された暮らしだった。

この間に母と祖国の多くの友人たちを失った。そのなかには、軍事独裁の時代の拷問と迫害を逃れることのできなかった、無数の政治活動家たち、「文化サークル」のアニマトウール、全国識字計画のモニターたちがいる。

皮肉な話だが、こうした時代にかれが故国を去ったことで、この不幸を逆手にとった一連の精力的な著作と行動が可能になったのである。

かれの「罪科」は、意識化と政治参加のための識字教育をおこなった、ということであった。民衆が被支配・被搾取の状況から抜け出し、語を読むことをとおして世界を再読し、自らを政治化する、そのための識字教育が罪科にあたるというのである。かれは成人教育を、まさにそういうものとして理解していた。広く普及した「パウロ・フレイレの識字方法」は、そうした思想に立脚したものであり、それはわれわれがつくり出してしまった不正で差別的な社会のありようを反映したものにほかならない。この社会的なありようは変革されなければならない。

学校に行く権利を否定されてきた無慮無数の成人たちをターゲットに、この計画が着々と準備されていたのであるが、六四年のクーデタですべてはご破算となった。

「国家安全委員会」もしくはマッカーシイ・ドクトリンという名の死神は北の国からやってきてブラジルに根を下ろした。権力を掌握した軍部とその代行者たちは、この死神の精神を忠実に体現して、「不穏」と判断したものは手あたりしだいに押収して火のなかに投じたのである。

軍事政権の差し出す「新しい」世界の読み方とは、昔ながらの拷問・虐待・禁止の手法に依拠するものであった。フレイレなどはお呼びではなかった。

祖国と祖国の人びとをあれほどに愛していたかれは、ブラジルの土地から引き剥がされた。ブラジルに住むこと、ブラジルの民衆とともにあることは、不可能になった。

注8

ペルナンブコ州は、ブラジルの最小州の一つだ。州域は大西洋からピアウイ州にかけての細長い条地で、東西は西経三五度から四一度、南北は南緯七度から一〇度に位置する。雨量・植生・気温にもとづいて、州は三つの地域に区分されている。海岸部から内陸にかけて順番にいうと、マタ、アグレスチ、セルタンの三地域だ。

第一の地域にはいまでも少しだけ海洋性のマタ(森林)が残っているが、ポルトガル人がアメリカ大陸に侵略した一五〇〇年当時は、この地域は文字どおりの森林に覆われていた。雨量が多く、気温が高くて大気はたいへん湿り気をおびている。今日でもポルトガル植民地時代の伝統を引き継いで、この地方では砂糖黍のプランテーション農業がおこなわれているが、これは十六世紀においては、ポルトガル人の巨万の富の源泉となったものだ。この地域の森林の大部分を消失させたのは、一儲けを狙うポルトガルの植民者たちであった。かれらは奴隷を使って木を切り倒し、農園を広げ、当時はまだ独占的な地歩を確保していた商品、すなわち砂糖をヨーロッパ市場に売り込んでいた。その結果、この地域の生態系はかくまでも破壊されつくしてしまったのである。

海岸線から何キロか遠ざかると気象条件はすこしずつ変わっていって、ゾナ・ジ・アグレスチとなる。行くほどに雨と植生はますます疎らになって、ついにはセルタンに到るわけだ。

ここにくると、もう植物はサボテンだけ。とくにハシラサボテンとシケシケで、いわゆるカーティンガ地帯の特徴をなすものだ。日中の気温はきわめて高い。照りつける太陽、雲一つない青空、それでいて夜になると気温はずっと下がる。

雨が少ないから、当然、森はない。何か月も雨が降らないのはつねのことで、ときには日照りが年間をとおしてつづくこともある。

われわれがセッカスと呼んでいるこの旱魃《かんばつ》は、河床を干上げ、飢えと渇きに追い立てられた住民たちはそこにやってきて、河床を「救荒作物」の菜園として利用する。しかしそこもひび割れ、亀裂が走りはじめると、河床は貧者と死んだ家畜たちを迎え入れる死の床となり、南部に移住するか、それとも死ぬかの選択が迫られていることを示すシグナルとなるのだ。

注9

ノルデスチの浜辺を美しく彩っているジャンガーダ(いかだ舟)は、沖合漁業で暮らしを立てる零細漁民の使う小舟である。かれらは日暮れになると、寛大な海のもたらすその日の労働の果実を売って生計を立てる。ブラジルのこの地方の温暖な水は豊潤な海の幸をかれらにもたらすが、とはいえ、それは無償のものではない。危険は大きく、労働は苛酷だ。

ジャンガーダは脆いいかだ舟であるが、木目の粗い木材でつくられているので、浮力は大きい。軽くて多孔質の木でつくられた筏は、海の塩水をかぶっても容易には沈まないのだ。ジャンガーダは五本の丸太で組まれている。「ジャンガーダの棒」と通称されているものだ。長さは四―五メートル。それに上部で抵抗力の強い枝木が張り渡されて船底を形づくっている。横幅は一・五メートルから二メートル。

ジャンガーダは大きな布の帆を具えている。帆の色は昔から白が普通だ。風が帆を「叩いて」、舟は進む。装具はいたって少ない。綱、帆、粗野な木製の舵、水揚げした魚を入れる籠――サンブラーと呼ばれている――、帆を湿らせておくための木製の散水杓、こうしておくと「不透過性を帯びた」帆は、受けた風にたいしてより強い抵抗を示すことになるのだ。碇《いかり》も他の装具と同様にきわめて粗野なもので、カロアの繊維で編んだ綱の先に石を結わいつけ、それを任意の海面に落として舟を停めることになる。海の幸が多いのはどのあたりかを、漁師たちは直観的に察知してそこに碇を下ろすのである。

注10

ノルデスチの漁民は沖合の漁に使う簡単なテクニックを「知恵の漁法」と呼んでいるが、それは以下のようなもので構成されている。

まず三つの地点を照準点にする。二点を、たとえば岡の頂上と教会の塔にしたとしよう。遠くからでも見える何かであることが必要だ。第三点は海岸そのものの、ある一点である。内海なら、この三点が定まれば漁民が海岸にたいしてなるたけ直角に舟を漕ぎだすには十分だ。あらかじめ定めた二点の中間を行っているかどうかを確かめながら、いま何キロくらい沖合かを目測していくのだ。あるところまで来ると、そこが漁師たちの選んだ漁場だ。岸に見えるもののすべては、もうたんなる一点としか見えない。直観と勘がかれに告げたのだ。「ここ、ここ!」「この場所がよさそうだ」と。漁師はそこに簗《やな》を仕掛ける。そうと見分けのつく標識を置くわけではないから、仕掛けた場所は自分にも他人にもまったく判別できないが、漁師は数日後、誤りなく、その同じ場所に引き返すことができるのだ。

この「科学知識」——二等辺三角形の考え方——とそれを使って漁場を「目測」し、決定していく行為そのものを補佐している道具が、簗covoである。簗はしなやかだが丈夫な蔦でできた笊《ざる》で、重石で水底深く沈めておく。選んだ場所に簗を仕掛け、一定時間、そこに放置しておくと、巧妙につくられたその罠のなかに魚、エビなど、海の幸が入り込んで、もう二度と大海原に出ていくことはできなくなってしまうというわけだ。一杯になったら簗を引きあげればよい。

きわめて初歩的なテクニックであるとはいえ、これは海浜民のコモンセンスと世界を読む力のすばらしさを示すもので、かれらは知覚と観察、経験だけにもとづいて、われわれが科学と呼んでいるものにかぎりなく近い知識への道を切り開いているのである。この「知恵の漁法」に代表される民衆知については、カンピナス大学のエスノサイエンティスト、マルシオ・ドルミ・カンポスによってサンパウロ州の漁民をケースにした研究がおこなわれてきた。ここで示したケースとでは若干の違いはあるが。（注36）

注11

海辺の椰子の葉で葺《ふ》いた小屋をノルデスチではカイサーラと呼んでいる。小舟と道具の収納に使っている。漁師たちが仕事のあいだに仲間と雑談したり休憩したりする場所でもある。

注12

父母、教師などの「教育者」が子どもにお仕置きをするときは、手を差し出させて、その手を大抵は椰子の棒でしたたかに叩くのであるが、これは道徳的な加罰というよりも、苦痛を与えることで落としまえをつける、といった趣があって、それは何よりも大きく腫れあがった子どもの掌という形で具体化されることになる。この腫れあがった掌を民衆は、ボロス、つまりケーキと呼んでいる。

お仕置きを受けているあいだに、掌が大きく膨らんでいく、という事実に由来する呼び名らしい。食べ物のケーキのほうも竈《かま》を熱していくと、嵩が大きくなっていくところから、ケーキとなったのだ。

注13

（原注には、軍事政権の歴代の指導者と、その任期が記されているが、省略）

注14

ブラジルの現行の教育制度はもっとも苛烈な軍事独裁の時代（一九七一年）に制定されたもので（九二年九月の現段階では議会で新しい基礎教育法の審議がすすんでいる）、学校は三つの階梯によって構成されている。第一階梯は、かつての小学校と中学校を統合した八年制の学校、第二階梯はコースに応じて修業年数が異なるが、三もしくは四年。第三階梯はいわゆる高等教育もしくは大学教育で、修業期間は三―六年である。

　歴史的にいえばブラジルの伝統的な教育制度は、まず初等教育、ついで普通・商業・師範・農業・工業・航海の各コースによって構成される中等教育ということになるのだが、この六コースのなかの最初のもの、いわゆる普通コースだけは職業教育ではなく、高等教育に進むための予備教育という性格をもっている。大学といわずに高等教育というのは、サンパウロ州によってはじめてサンパウロ大学ＵＳＰが設立されたのは一九三四年のことで、それ以前には大学という名の施設はブラジルにはなかったからである。

　本文に出てくる「小学校」が、七歳から十歳までの全児童を対象とする初等教育の場であることはいうまでもない。

注15

Sulea-los（彼ラヲ南化スル）。ポルトガル語の辞書をひらいても、こんな言葉は出てこないが、フレイレはあえてこの言葉を使うことで、nortear（北ニ向カウ）、nortea-lo, nortear-se, orientação（オリエンテーション、東ニ向カウ）、orientar-seなどの語彙のイデオロギー的な含意に読者の注意を促しているのである。

北は第一世界だ。北は上位にあり、優れた側であり、そこからたえず知識が「したたり落ちて」、南の半球のわれわれは、自らのコンテキストを顧みることもなく北の所産を「鵜呑み」にする。（マルシオ・ドルミ・カンポス「南化の術」A Arte de Sulear-se, テレサ・シャイナー編「環境教育のための博物館とコミュニティの連携」リオ大学九一年度・市民講座テキスト所収を参照されたい。）

「文化」や「文明」のレベルの相違、北と南、創造者と模倣者の文化の格差を示すこれらの語彙のイデオロギー性をフレイレに気づかせたのは、上記の物理学者マルシオ・カンポスで、かれはこのところ、エスノサイエンス、エスノ天文学、環境教育などの研究に打ち込んでいる。

上掲書のカンポス自身の文章を転記しよう。かれはここで、北の人間が知的能力や創造力において本来的にすぐれているという俗説を、かれがどう考え、どう反証してきたかを明らかにしている。


「西欧の科学的伝統にもとづいて理解された世界史や地理は、地球の中心諸国の都合に合わせて、内向きの、イデオロギー的とさえもいえるモノサシを使って、歴史の時間と空間、その諸時代、諸段階を区分している。

こうした状態は周辺諸国、すなわち第三世界の教育にも顕著に現れていて、そのために歴史・地理教育は、本に書かれた知識の一方的な投与という性格を強度に帯びてしまっている。

教材にしても同じことで、たとえば地球儀では北極が上にくる。地図も北半球を中心にして地球を見る因習を踏襲しており、その地図の見方も壁にかけてタテに見るのが普通で、床やテーブルの上に置いて水平に眺めることは少ない。だからリオでは、レシーフェに旅行することをレシーフェに北『上』する、などという人に出くわすし、『北は上にある』のだから、どの山のてっぺんにも『北』があるはずだ、と思い込む人だって出てきかねないのである。

方位、とくに基本方位の問題も重大である。学校で教えられている方位判定の実際的な準則は、北にいる人間にとって実際的なだけで、この準則をもちいることによって北の人間は自らを『北方化』するのである。

同じ因習を南半球のわれわれに押しつけると、上と下、北と南、そしてとりわけ主と副、優と劣といった対立項の混同が定着してしまうのだ。

人間は何かを基準点にして世界を観察する。日の出る方位を基準にすればオリエンタソン、つまりは東方化がもたらされる。北半球では北極星が北方化に途をひらく。南半球では南十字星によって南方化が可能になる。

にもかかわらず、われわれの学校では、依然として北の準則で方位が教えられているのである。右手の方向は東、左手の方向は西、北は前で南は後、というわけだ。この見かけだけ実際的な準則に合わせて、われわれのからだの動かし方も枠づけられてしまった。南十字星が前方の夜空に輝いているのに、われわれはそれに背を向けたままだ。しかしこの星座こそが、われわれが自らを『南化』していくときの指針ではないのか。東を指すときは左手を使うのが、南の人間のより正しい流儀ではないのか」

長い引用になったが、これは省くわけにはいかない。どうか注意深くテキストを読んでいただきたい。言葉少なに、しかし多くのことが、たいへん力をこめて語られている。抽象的な言葉ではない。これらの言葉を基礎づけているのは、ある人びとの行動と態度である。そうした行動や態度を、人びとは具体的な経験をとおして獲得したのだ。

マルシオ・カンポス教授の指摘に便乗して、私はこう自問したい。ブラジル国旗の図柄にもなっている南十字星、われわれにとっての照準点であるはずのこの星に背中を向けるということは、つまりは自らのローカルな知を構築する可能性、自らの土地に密着した具体的な事物を無視し、それを無価値なものとして蔑視することといってよいだろう。どうしてそういうことになるのか。そうした態度が、どういう形で出来《しゅったい》し、どういう仕方でわれわれのなかに浸透したのか。それはだれのためにどのように役立ったのか。なにを妨げたのか。この世界の読み方によって、損失を蒙ったのはだれなのか。

カンポスのいう「見かけだけ実際的な準則」は、もう一つの疎外の形態ではないだろうか。記号やシンボルのレベルに内化された疎外。いわゆる高度な知は、自己に背を向け、目のまえの現実から目をそらす認識態度を生みだすものとして機能した。われわれは、あたかも舶来の記号やシンボルによって満たされる容器のように、ひたすら虚心かつ貪欲に「北」の知識を吸収し、とどのつまりは、「より優れた」「より高い」北の成果をより高度に具備した大陸にこの国を変えようとしてきたのではないだろうか。

注16 ユーリコ・ガスパール・ドゥトラ将軍はヴァルガスの独裁政権が崩壊した後の共和国大統領（在任期間一九四六年一月三十一日—一九五一年一月三十一日）。

ヴァルガスは最初は市民・軍人の協力を得て闘争を展開し、政権を獲得したのであるが、爾後十五年にわたる在任期間中にその支配は独裁に転じていった。

一九四五年十月の時点ではドゥトラは独裁者の遺言執行人の一人であったが、かれが大統領に選出されるとブラジルはただちに、いわゆる「再民主化」の時代を迎えることになる。

注17 ヴァスコダガマはレシーフェ周辺部の人口稠密な貧民居住地区。

注18 ノルデスチでは家と垣根のあいだの空間を oitão と呼んでいる。建物両わきの空き地も同じ名称で呼ばれている。

かくして「教会のオイタン」というときは、教会の左右の空き地を表すが、前と後はふくまれない。

「庭つきの家」というのは、だから一定程度のスペースはあるが、それはさほど広いものではなく——本格的な庭とはいいがたい——、建物と敷地の境界線（垣根）のあいだの空間がここでいうオイタンなのである。

注19

アルノー印の家具は、ノルデスチ地方の中産階級の、五〇年代における購買力を象徴するものだ。戦後のこの層の経済力はひじょうに低かった。アメリカ合衆国やヨーロッパの中産階級と比べてひじょうに低いのはもとよりだが、同じブラジルの南部や南東部と比べても、その格差は顕著であった。

この「貧しい」ノルデスチの中産階級は、なんとか体裁を取り繕うことに砕心し、家に電気器具をとり付けるときなどはことさらに「持てる者」としての地位を誇示して、ブラジルの製造工場の名をひけらかした。かくしてアルノー製ミキサー、電気掃除機、ケーキ撹拌器を買うことのできる人は——大いにひけらかして買うのだが——、ノルデスチの倹しい中産階級のなかの特権階級になったような気分に浸ったし、またそう目されたのである。

注20

ジャボアタンは、ペルナンブコ州都からわずか十八キロの町であるが（現在では合併されている）、交通の便がよくないために三〇年代当時はレシーフェからはかなり離れたところのように感じられていた。グレイト・ウエスタンというイギリス系の鉄道会社が細々と電車を走らせていて、それが唯一の交通手段だったのだ。

失意のフレイレ一家は、再起を期してこの地に移転したのであった。フレイレ家もまた、一九二九年の大恐慌によって没落した数多くのブラジルの家族の一つだったのだ。

一九三四年に夫と死別したドナ・トゥディニャは、毎日のようにここからレシーフェの町に「旅」をして、息子のパウロを受け入れてくれる奨学金つきの学校を探して歩いた。母親が帰宅して「ダメだった、今日も」と呟くごとに、末っ子の息子は、勉学の機会がどんどん自分から遠退いていくように感じられたという。

もう望みを失ったころ、最後の試みとしておこなった願い出に思いがけず「諾」の回答が出たのが一九三七年の初頭で、それをくれたのがアルイシオ・ペソア・ジ・アラウジョ校長だった。

たまたまD・ボスク通り一〇一三番地を通りかかったときに、「ギナジオ・オズワルド・クルス」という標札を見つけたので──四〇年代はまだコレジオという名ではなかった──母親はなかに入ってみた。校長に会いたいと申し出た。母親の願いは即決で了承された。条件はたった一つ、「あなたの息子さんがよく勉強をされるならば」である。

パウロは十一歳から二十歳までを、ジャボアタンで過ごした。お金のない人間にとってのこの世の生きずらさ、夫に早く先立たれてしまった母親の苦境──女性にたいして仕事は閉ざされていた──、自分が痩せこけて角の多い人間であるという引け目意識、無力な、持たざる者にたいして敵対的な世間とのたたかい、さまざまな困難をたっぷりと味わった十年間であった。

しかしジャボアタンの十年は、サッカーの歓びと、ジャボアタン川の川泳ぎの楽しさを感じ、学び、生きた十年間でもあった。川には女たちがいて、しゃがみこんで衣服を洗ったり岩に「打ち」つけたりしていた。自分や家族のための洗濯であったり、もっとゆとりのある家族のための賃仕事であったりした。ここでかれは、歌うこと、口笛を吹くこと──いまでも大好きで思索に疲れると、あるいは日々の心労からの気晴らしを求めて、いつもそうしている習慣を身につけたし、「井戸端」会議の楽しさや、異性の美しさを噂すること、女性を口説いたり、愛したりすることを覚えた。民衆的な語法、ポルトガル語という言語への熱い関心を育んだのも、こうしたジャボアタンでの日々においてであった。

かくしてジャボアタンは、かれの学びの、苦難と歓びの場となり時間となった。フレイレは濃密なその時間を生きることをとおして、持つことと持たざること、存在と非存在、可能と不可能、望むことと望まぬことを見定めて事物に処する平衡感覚を身につけていった。フレイレにとって、かくしてそれはおのれの希望を鍛えていく鍛練の場となった。

注21

レシーフェの市街の名にご注意いただきたい。

その絵のような、地方色豊かで、美しくロマンティックな名の数々は、ジルベルト・フレイレのような知識人・詩人・社会学者の関心を引き付けずにはいなかった。

それらの名は、つねに楽しいというわけではないが、かならず深いいわくが込められている。青地を白で抜いた標識の文字に、私たちはレシーフェの数百年の歴史を読むことができるのである。クリオウラス街、サウダージ街、太陽街とオーロラ街(市の中心部をカピバリーベ川沿いに走る道路、一方は右岸、一方は左岸だ)、グラサス街、アミザージ街、ミラグレス街、コレドール・ド・ビスコ、フロレンティナス街、チョラ・メニーノ広場、七罪街、オスピシオ街、マルティィリオス街、ファーカダ横丁、アフォガドス街などなどだ。

インペラトリス街はレシーフェの人間ならだれでも知っている有名な通りだ。マトリス街、オスピシオ街と合流する地点から発して、ボア・ヴィスタ橋を越し、ノヴァ街に達する街路である。しかしインペラトリス・テレザ・クリスティーナ街が第二代の、そして最後のブラジル皇帝D・ペドロ二世の皇妃を記念して名づけられていることを知る者は少ない。

注22

マサッペ土壌という言葉は『アウレリオ・ポルトガル語辞典』によれば、おそらく**massa**(塊)と**pe**(足)の合成語らしい。歩く人の足にまとわり付く粘土ということだろう。白亜紀の石灰岩が分解してできたノルデスチ特有の土壌で、砂糖黍の栽培に適している。(アウレリオ・ブアルキ・ジ・オランダ・フェレイラ『新ポルトガル語辞典』。)

注23

「くちばし」pinicoというのは、近代的なトイレのない家で、夜、部屋に持ち込んで使う尿《し》ビンのような道具である。

貧しい人びとはこの言葉を比喩にして、雨量の極度に多い地方をpinico do mundoなどと呼んでいる。

注24

パチンコとは、自家製の木製の飛び道具で、この素朴な道具をつくるのは主として子どもたちである。双またの木にゴム紐もしくはゴムホースの切れ端をつないで、その真ん中に小石をあて、獲物の鳥を見つけたら後ろに引っ張って飛ばすのである。玩具としても使われるが、農村地帯の貧しい人びとにとっては食料を捕獲するための大事な道具である。

注25

ここで使われている考古学という言葉がメタファであることは言うまでもない。フレイレ一流の比喩的な語法への好みを反映したものだ。

伝統的な語義を比喩として転用して、フレイレは自分の過去の感情を発掘する「考古学」について語っているのである。過去の感情を生き直すことをとおして、自分を苛《さいな》み、鬱症状に引き込んできた諸感情の古層を「発掘」調査するということだ。

フランスの哲学者のミシェル・フーコーもやはり「考古学」という言葉を使っているが、それを踏襲するものではない。

注26

ノルデスチの人間なら――アフリカの人間なら、とフレイレは付け加えるのだが――、土地の匂いがどういうものかをよく知っているはずだ。

レシーフェでは、フレイレが言及しているように大地はその内部に熱と湿気を秘めていて、いったん雨がそれを浸すと高温と湿り気を帯びた強烈な香りを発散しはじめるのだ。それはあたかも熱帯の官能的な気候に感応して女性たちが、そして男たちが発するあの体臭にも似たものになっていく。

注27

全国識字計画のコーディネーターとしてフレイレを招《しょう》聘《へい》したとき以来、パウロ・ジ・タルソ・サントスはかれと親交を結ぶようになった。

一九六一年の「全国教育基本法」は教育の分権化をめざすものであったから、全国規模での識字カンパニアというのは、その趣旨に背馳する面もあった。しかし当時の大統領のジョアン・グラールはリオ・グランジ・ド・ノルチのアンジコスでおこなわれていた識字学級の卒業式に出席してフレイレたちの実践の目覚ましい成果を目撃し、教育実践を各州のイニシアティブに委ねるという新しい教育政策の方向の見直しを考えるようになった。

こうした大統領の意向と、そのころ教育相に就任したパウロ・ジ・タルソの感性が相乗して——タルソは今日では華麗な絵を描く画家として有名だ。その絵に描かれたブラジリアの風景は六〇年代初めのこの国の反逆的な気運を象徴するものだ——全国識字計画を立ち上げたのである。

フレイレは、向こう二年間で五〇〇万人のブラジル人を識字化するというこの計画をコーディネートすることになった。これは既成の権力関係の均衡を崩すという意図をふくんだ計画であり、そのことは明瞭に表明されてもいた。公に採用されるに至った「パウロ・フレイレの識字方法」は、機械的に文字を覚える方法などではなく、文字を学ぶ人びととの政治化を企図する教育方法であったからだ。

こうした試みが社会の均衡を危うくするものであることを察知した保守的なエリートたち(つまり中産階級の利益を代表する人びと)は、「パウロ・フレイレの方法」をひじょうに不穏で有害なものと見なした。それはそうだっただろう。もっとも被支配者の側から見れば、不穏なことなぞ何もなかったのだが。

支配者たちは、「方法」にたいしても、その創始者にたいしても、はたまたグラールのポピュリスタ政府にたいしても、落胆・恐怖するばかりで、この国の現実的な要請、いまこそ識字への真剣な取り組みを求めているという現実をハナから無視してかかっていた。一九六四年四月一日の軍事クーデタにとって、民衆が書き言葉を獲得することは、イの一番に叩き潰さねばならぬ弾圧目標の一つであった。フレイレの「方法」には、それ以前の識字がもっていたような人を疎外する性格がなかった。まさにそれゆえに全国識字計画は廃棄され、その推進者たちは弾圧された。フレイレをふくむ多くの者が投獄と拷問を逃れて国外に亡命することになった。

注28

寄宿舎都市（ベッドタウン）とは、住民の大多数が日中は仕事に出ている町を表すブラジル語だ。たいていは大港湾に隣接していたり、雇用機会の多い町にとなり合っていたりして、人は夜だけ眠るために帰ってくるのである。

フレイレは明らかに比喩的にこの言葉を使っているのであって、この時期のサンチャゴは世界中のいろいろな地域から知識人たちが流れこんできて、自らの政治意識を研ぎ澄まし、ラテンアメリカについて、チリのキリスト教民主党政権について、侃々諤々《かんかんがくがく》の議論を交わしあう町になっていた、ということだ。

注29

「ごまかしの遁辞」manhaとは、ブラジル人のある種の行動様式を表す語彙で、他人とか厄介な事態とかに正面から向き合いたくないときに、責任回避の言い逃れをしたり、相手の言葉をまぜっ返して事実や情況を巧みに糊塗しようとする態度を意味している。相手やものごとを引き受けるでもなく、さりとて拒絶するでもなく、あいまいな反応でその場しのぎをするわけである。時間を稼ぎ、なんとか自分の真意を探られないようにして、保身にこれ努める。「冗談」や、しばしばおふざけの身振りで、のらりくらりと現実をやり過ごすのだ。

フレイレもmanhaをそうしたものとして理解しているが、さらにいえば、それは被抑圧者の政治的・文化的抵抗に内属する一種必然的な自己防衛の形態でもあるという。

注30 ジョズエ・ジ・カストロはペルナンブコ医療界の重鎮であった。ノルデスチ住民の栄養状態の調査研究に打ち込み、そのために「蟹《かに》のサークル」と称する研究チームを発足させた。

この名称は蟹がマングローブ地帯の典型的な棲息動物で、この地域の貧民の重要な栄養源になっているからである。蟹は、それを食べて暮らしている人びとの住居――マングローブが茂る沼地の上に建てられる水上家屋だ――のすぐ傍らにふんだんにいるし、おまけに栄養価はひじょうに高い。

カストロの主著で、世界的に有名なのは『飢えの地理学』である。カストロは衝撃的なリアリズムでノルデスチの民衆の飢えの様相を描き、生存へのたたかいを叙述している。まさにその生存がノルデスチの住民には許されていないのである。

注31 ミナスジェライスはブラジル南東部の州。南緯一四―二二度、西経四一―五一度に位置する。十八世紀中葉に大金鉱が発見された地域なので、その名がつけられた。以後も数多の貴金属の鉱床がこの地域で発見されている。

注32 ブラジル人のあいだでは、サンパウロ・ポンティフィシア・カトリック大学 Pontifícia Universidade Católica de São Paulo はPUC-SPの略称で知られている。

注33 ブラジルでファヴェーラと呼ばれているのは、建築廃材――古い材木、トタン板、各種屑鉄などを使って建てられたバラック住宅の集合を指すものであった。何年かまえまでは水、電気、下水、ゴミ収集、交通の便宜もまったくない地域であった。

最初のファヴェーラは前世紀末に解放奴隷たちに

よって偶発的に形成されたもので、仕事もなく、道具も資格もない元奴隷たちが大都市周辺の丘陵部にはいり込んで住み着いたものであった。路頭に放りだされた奴隷たちは、生き残りを期して大都市に流れついたのだった。

ブラジルの大都市に広がるファヴェーラの多くは、もはや丘の中腹ばかりではなく、――かつてスラムで占められていた丘陵地は今日ではブルジョア好みの住宅地になってしまっている――、道路、排水路などの周辺、「不法占拠」によって取得した都市の私有地、高速道路や橋の下、要するに大小の家族集団が仕事場の近く、あるいは「文明」の近くで生活するためにバラックを建てることのできる「空き地」があれば、どんなところにでも姿を現すのである。

ブラジル最大のファヴェーラはリオデジャネイロの丘陵部に散在する。解放奴隷の大群がここに集まってきたからである。「ロシーニャ」のファヴェーラには現在五十万人以上の住民がいて、家々が折り重なるように密集している情況はスラムの住民がいかに社会から見捨てられているかを如実に物語っているが、にもかかわらず、人びとは自らを政治的に組織化してきた。カトリック教会の「司牧組織」の支援もあって、人びとは「地区住民」としての結束を固め、公共サービスを要求して行動するようになってきた。

ファヴェーラでは――ファヴェーラに限ったことではないかもしれぬが――暴力と憎悪の気分がますます過激なものになっている。長年にわたって社会から排除され、「その日暮らし」を強いられてきた人びとのレスポンスが、そういう形で示されているといわなければならない。

これはいわば被抑圧者の「復讐」なのであって、抑圧者とともにわれわれも、今日、そのツケを払う立場に追い込まれているのである。ファヴェーラの問題こそはブラジル社会が抱え込んでいる最大の問題の一つであり、他の課題ともども、早急でしかも根本的な解決が要請されているのである。

他の課題ということのなかには、農地改革の問題がふくまれている。ブラジルという国は、ラティフンディウム(封建的大土地所有制)が割拠した十六世紀の昔と同様にあいも変わらずコロニアルでありつづけている。愚かにもポルトガルは、とにかく入植さえおこなえば土地は人口稠密で生産性の高い場所になると期待して、大地主たちに国土を分け与えたのであった。

その結果、ぜんぜん生産的でもなければ、人口も疎らな、ただある家族によって占有されているだけの広大なラティフンディウムが輩出した。資本主義の先端を行く数少ない国家の一つであり、信じがたい話ではあるが、世界の八番目の経済大国ということになっているらしいこの国の土地所有の形態は、しかし、いまもって人間的でもなければ合理的でもない。おまけに本気でその改革にとりくんでいるわけでもない。

実際問題としていま、施政者たちは、とりわけ自治体の長は、どの大都市にもこれ見よがしに増殖する「不法」なバラックの集合にアタマを抱えており、そこで生活せざるをえない人びとに最低限の居住条件を保障するために悪戦苦闘を重ねている。

技術的な方策と結びついた断固とした政治的意志こそが求められている。けだしブラジルの社会・経済体制が今日のままでいるかぎり、全国に散在する何万ものファヴェーラを解消することは不可能であるからだ。

サンパウロの現在の市政はファヴェーラの状態を改善するためのさまざまな施策をおこなってきたが、ただしそれは多数の住宅と人間をささえるに足る地盤が備わっている場所に建てられたスラムにかぎられていて、逆に地崩れを起こしやすい土地にたいしては立地を牽制するという方策がとられている。今日のファヴェーラは、移民たちが安定した収入を得て大都市に定住するまでの「仮の宿」とは、もはやいえないからだ。

政治家であれ、ただの市民であれ、われわれのだれもがよく知っていることは、ファヴェーラは、サンパウロにきて何年にもならぬ労働者が居住できるただ一つの空間である、ということだ。市の人口は飽和状態で「はちきれ」んばかりだ。（センサスによると一〇〇〇万だが、実際には一二〇〇万人以上と見られている。）新しい移民たちは古くからのスラム住民の仲間入りをするほかはない。生活の手段を奪われ、マージナル化されて、百年の長きにわたってこの土地に押し込められて暮らしていた古いファヴェーラの住民に、新たな近年の住民たちが合流するのだ。

サンパウロのファヴェーラの人びとは自分たちの住居――レンガ、コンクリートブロック、そして瓦で造ったバラックだ――の合法化と土地所有権の認証を切に望んでいる。無数の地域互助組織ができていて、市の教育庁の支援のもとに、学校や成人識字グループの運営にあたっている。またそれ以外の行政サービスも市に要求している。

かくして人びとは事実上の所有を正規の居住権に変えていくことを求めてたたかっている。ファヴェーラの住民は、そのことでファヴェーラの都市化が可能となり、既設の公共サービスも改善されると見込んでいる。すでにサンパウロの大部分のファヴェーラには水道・電気、ついで下水の設備が行きわたるようになった。

サンパウロ市の財政規模は、連邦政府、サンパウロ州についで全国でも三番目に大きい。一国の経済の動脈であり、文化の中心であるこの大都市は、反面で、市の調査によると一七九〇のファヴェーラに居住する約一〇〇万の人びとを包摂しているのである。

注34

コルティソス（蜜蜂の巣箱）と呼ばれる一家屋下の集住形態は、ファヴェーラのそれと同様にたんに住宅問題であるだけではなく、より広範で、より重大な社会的病理を示す兆候である。

コルティソスというのは同じ一軒の家にたくさんの家族が混住することでおこってくる現象である。居住者が家主から直接に借りることもあるが、普通にはあいだに立つ人からのまた借りという形で、一つの家の一部の空間を借用するのである。

最初のころのコルティソスは、都心の古い邸宅を使ったものであった。かつては富裕な家族のお屋敷であったところである。そうした家族は、治安上、何かと問題が多く、近年は暴力の巣となってしまった都心やその周辺を避《のが》れて、郊外の高級住宅地に「都落ち」するようになり、その旧宅であった間取りの多い大邸宅は、より貧しい中流家庭の、さらにはもっと下層の階級の住む「長屋」に変じていったのである。今日ではコルティソスは都市のほとんどどこにでもあって、家屋もかつての大邸宅よりももっと粗末な住宅に代わっている。

コルティソスの過密ぶりは明白で、これ自体が大きな問題だが、衛生施設の不足、古い家屋の老朽、もしくは新しいコルティソスの安普請に由来する危険は、きわめて重大である。

サンパウロ市住宅局　SAHAB—HABIの推計によると、一九九二年現在、市には八八二〇〇のコルティソスがあり、そこに総計三〇〇万の人びとが住んでいるという。

ときには一家族が自分用に借りた「部屋」を八時間とか十二時間交替で他の家族と共用することさえもおこる。顧客にとっても魅力的な都心では、とくにそうだ。

サンパウロでもその他の大都市でも、人口のかなりの部分は、この国の不正な土地と家屋の分配によって苦しめられているのだ。

注35

サンパウロにはジャルディンと呼ばれる中産階級や上流階級の居住する一角がある。かつてはアメリカ人屋敷街、ヨーロッパ人屋敷街、パウリスタ屋敷街といったように細分化されていたが、いまでは一括されてジャルディンだ。並木添いに芝生が植えられ、遊歩道があって、花の咲く大きな庭のなかに美しい立派な大邸宅があったり、趣味のよい、豪華でいかにも快適げなアパートメントが建っていたりする一角である。

要するにファヴェーラやコルティソスと好対照を

なしているのがジャルディンなのだ。

注36

エスノサイエンスというのは、Unicamp（サンパウロ・カンピナス大学）の研究者たちが提唱し推進している研究分野で、マルシオ・カンポスをその一員とするこの研究グループの仕事は多岐にわたるものであるとはいえ、その名で概括されるだけの内容的な一貫性がないわけではない。それというのも、この人びとが手がけてきた仕事は異なる文化的コンテクストのもとでの知やテクノロジーの民族誌、エスノテクノロジーといったようなものであったからだ。エスノサイエンスの出発点は他文化研究であり、他文化における科学のありようの研究であった。研究としてはたとえばブラジル各地のインディオの調査、サンパウロ州のカイサラス（この場合のカイサラスとは浜辺の住民たち自身のことだ）の研究などで、これらの人びとが自前の文化に内属する科学とテクノロジーのなかで知識をどのように分節化しているかが問題にされている。

これらの研究の焦点は漁労・採集・農耕・狩猟などで生活するそれらの人びとが観察と生きた経験をとおしてどのようにその知識を構築し、生産や採集の技術としてそれを精緻化していったかに絞り込まれている。体系化されたその知は、一つの科学としても成立しうるものだと、上記の研究者たちは考えている。

保守的なアカデミズムの内部では、この種の知はたんなる「常識」に過ぎず、「科学以前のもの」と見なされているが、民衆知の正しさを理解するエスノサイエンティストたちは、そうした偏見を断固として否定し拒絶する。民衆知もまた、大学における科学と同様に科学なのだ。両者はたんに基盤、プライオリティ、方法において異なるだけで、二つの知的生産の関心の焦点が違っている、ということに過ぎない。両者はそれぞれに異なる、しかしそれぞれに妥当性をもつ世界理解の方法なのであって、そこから生ずる多様な知は、各人の、あるいは各民族の、歴史的な——前・歴史的なんかではけっしてない——

情況と、その意識を担った生きた経験のなかで育まれてきたものだ。

その結果としてエスノサイエンスの研究者たちは、広く環境という視点から論陣を張るにいたっているが、かれらは地球環境の生物的多様性の維持だけを主張するのではなく、社会・文化的多様性の維持が同じように重要だと訴えている。前者の保全は後者によって全うされるのだ。地理的にいっても生物的多様性の守り手の多くを構成しているのは、「熱帯林の森の民」にほかならない。

注37

フレイレはたんにリオといっているが、一般的な呼称はリオデジャネイロである。山と海、森と湖に囲まれたリオは、その比類のない風景の美しさで有名だが、他方、政治・経済・文化の面でもこの国の最重要都市の一つである。リオは植民地時代からのブラジルの首都であった。ノルデスチの砂糖生産が衰退して、いまでいう南東部の「金鉱の時代」がそれにとって代わるようになったころから、一九六〇年、連邦府がブラジリアに移るまで、この町はブラジルの首都でありつづけた。ブラジリアの建設は、ジュセリーノ・クビチェック大統領の英断と、オスカー・ニーマイヤー、ルシオ・コスタといった建築家たちの才能によって実現したものだ。

リオデジャネイロ市は cidade maravilhosa（胸ときめく都市）などと呼ばれ、われわれブラジル人はだれもがこの都市をそんなふうに「歌い上げ」てきたのだが、軍事政権時代のこの都市は、グアナバラ州という名の自治都市州であった。

注38

現在はブラジル文学アカデミーの会員、かつてはコレジオ・オズワルド・クルスの輝ける生徒であったアリアーノ・スアスーナは、パライバ州中部の小さな町、タペルアで生まれた。セラ・ダ・ボルボレーマにほど近いセルタンの町である。

アリアーノ（アーリア人）という名に似つかず、そして肌が白いにもかかわらず、かれは骨の髄までノルデスチの人間だ。暑さを愛し、石と乾いた大地、貧相な植生、そして何よりもこの地の民衆の、思慮分別と抜け目なさを愛してやまぬ人間の一人なのだ。

かれの作品の出発点は、「教育のない」、文盲もしくは半文盲の人びと、乾いた大地と武骨な男たち、強靭な女たちだ。日々の辛酸のなかで鍛えぬかれた人間のしたたかさ、痩せた脂肪とてない身体を来る日も来る年も無慈悲な太陽にさらし、手はタコだらけ、裸足の足は貧しさと渇きにひび割れているこの男たち・女たちは、抑圧や抑圧者に対するときは悪意と狡知を発揮して、相手を欺く力をもっている。

それらの物語は、かれの『行伝』の登場人物たちの素朴な話しぶり、民衆的な語り口と、いかにもノルデスチに特有な状況設定によって、かえって地方文学の壁を破り、ブラジルはもとより世界的にも盛名を博した。その美しい代表作『哀女行伝』を書いたときのアリアーノはまだ青年だった。

注39

フレイレは、私がブラジル識字教育史の研究のなかで開発してきたカテゴリーを念頭において、この「金しばり」interdicao do corpo（直訳＝身体の禁制）という言葉を使っている。

私がその研究のなかで学んだことは、イエズス会のイデオロギー支配がインディオ、植民者、黒人を馴化して、ポルトガル王室、さらには教会自体の富の蓄積に貢献したこと、この修道僧たちは「インディオを教化しカテキズム化（教義問答書によってドグマを注入）する」ことを任務としてこの地に派遣されたのであるが、その機能をきわめて効果的にはたしたので、支配階級はかれらの活動を、社会を再生産するメカニズムとして活用することができた、という事実である。教会が再生産した社会とは、少数の者だけが知識と権力を独占し、多数者の知と力への接近を、いや、かれらの人間存在そのものを排除し禁圧しつづける社会であった。

私はこうしたイデオロギーをさして、「身体の禁制のイデオロギー」と呼んだ。ある人びとが学校という特権化された空間に参入できずにいることを、その人びととの生まれながらの劣位性、無能力のためと説明し、その禁制をもたらしているものの正体を隠蔽するのは、このイデオロギーだ。支配階級のイデオロギーは同時にまた支配的なイデオロギーでもあって、それは支配の現実を隠蔽する。禁制と、人を禁制の状態にしばりつけるイデオロギーとは、現実には社会の政治的・経済的コンテキストのもとで弁証法的に関係しあっているのであって、そのはたらきをとおして社会は自らの存在を生産してきた。

われわれの社会は一八二二年の政治的独立以後においてもコロニアルでありつづけ、その痕跡は今日にいたるもなお、払拭されずにブラジル社会を彩っている。それは、差別・権威主義・選良主義によって価値・行為・規範・上下関係と偏見を枠づけられ、数々の禁止と束縛を土台にして歴史的に形づくられてきた植民地社会なのだ。

歴史の幕開けから今日までブラジルの非識字者が社会的非特権層に集中しているのは、まさにその現れといえよう。いまでも非識字者が目立って多いのは、黒人の男女、そして白人の女性である。どちらも貧しい階層の人びとだ。

ジョアン三世の治世のもとでブラジルでの布教をはじめたころのイエズス会は当時のインディオの近親婚、裸身、人肉嗜食を過大に重要視し、罪の観念を持ち込んで、服従・帰依・順化・ヒエラルヒー・模倣・範例、ヨーロッパ的な価値観、罪の悔悟を迫るキリスト教的な道徳観をこの人びとのなかに内面化したのである。これこそは私が「金しばりのイデオロギー」とよんできたものの始原である。(Ana Maria Araujo Freire. Analfabetismo no Brasil. 本書の書名は、フレイレがすでに本文に記している。)

注40

「ブラジル奴隷制の過去」は現在もなくなってはいない。貴族主義的な階級差別のなかに、人種と性の差別のなかに、それははっきりと現存しているし、宗教差別も、つい数十年まえまでは、われわれのあいだに厳として存在した。

ブラジルはまた、ひとえに白人とその文明によって発見された土地と見なされており、われらの南の半球は「北の文化」が滴り落としてくれる知の雫を飲み下しつづけるものと考えられてきた。

実際には一五〇〇年にブラジルはポルトガルによって「征服」されたのであって、ポルトガルは、この地に、カトリック司祭の祭壇とミサのあいだに、タブーを剥ぎとられた裸身のインディオのあいだに、かれらの旗を突き立てたのだ。抑圧と搾取の「術」を誇る征服者の旗を。

そしてこのアメリカの大地を植民地に、国際分業システムが求める諸物資の生産地に変えていった。スパイスという不可欠の経済財を求めて東方への進出がおこなわれたように、ここでもまたアマゾニアはゴム採集の、ノルデスチは砂糖生産の植民地にされた。

広大な土地に栽培する作物は砂糖キビに決まった。オランダはヨーロッパが求めるこの消費財を精製する工場を建設する資本をもっていたし、ポルトガルはささやかとはいえ、当面の要求にこたえるだけの製糖技術を保有していた。ただ一つ、残された問題があった。だれが砂糖キビを栽培し、だれが、それを工場で絞るのか？　だれが灼熱の大気の下で、当時は繁茂していた海岸林の木材を燃やし、大鍋で砂糖汁を煮立てて、それを蒸留するのか？

解決策は黒人奴隷であった。植民者たちはオランダ商人から、——いわば製糖工場の機械の部品として、アフリカ人の男女を買い付けるようになった。そのころのオランダ人は、アフリカとブラジルを往来して奴隷貿易をおこなっていたのである。

一五三四年から、奴隷貿易が廃止される一八八〇年までのあいだに、年平均五〇〇〇魂の黒い魂がブラジルに輸入されたと推定されている。（「魂」という呼び方はなんとも皮肉きわまるもので、一五四九年にこの地にやってきたイエズス会の坊さんたちは、黒人を魂なき存在と見なしていた。）

奴隷は「製糖地主」たちにとっては最大の投資費目

ではあったが、にもかかわらず、奴隷たちが注意深く取り扱われたという形跡はない。

あまり重労働にさらされない女性たちは「家内奴隷」として、地主とその家族の住む「カサ・グランデ(お屋敷)」の家事につかわれた。

この奴隷制の時代のブラジルでは、白人男性と黒人女性との「交配」はごく普通のことであった。なぜなら白人の男たちは多くの女性を欲したし、自分の子孫を殖やすことで、もっとも高価な財産である奴隷を増殖することができたからである。

こうしてブラジルにはひじょうに権威主義的でエリート主義的な社会が形成されてしまった。差別的なこの社会では、人間と人間の相互に尊重しあう関係は、ほとんど成立していない。著者が指摘しているように、この関係性のゆがみは性・人種・階級相互のあいだに行きわたっており、とりわけ白人と黒人のあいだにおいて顕著である。

注41

キロンボはここでは高度に政治的な意味を含んだ事件として語られている。ブラジルの黒人たちは連帯を全うして集団逃亡をとげ、自分たちの力で都市国家を建設し、奴隷制度という野蛮な抑圧とたたかう真の意味での抵抗の文化の健在を証したのである。

ブラジルで黒人問題のもっとも優れた研究者として知られているデシオ・フレイタスは、その著『パルマーレス:奴隷たちの戦い』のなかで、こう証言している。

「ブラジルには奴隷制度がひかれていたが、奴隷たちはくり返し立ち上がった。かれらの武装反乱の事例は枚挙にいとまなく、その頻度のたかさは新大陸の歴史においても比類を見ない」(11ページ)。

公認の歴史書をいくら読んでも、こうした解釈は出てこないことをことわっておかなければならないだろう。公認の歴史はこれらの反乱の実在を否定している。奴隷の反乱という明白な事実を受け入れず、その政治的・革命的な内容を理解しないのは、それなりの理由あってのことだ。

この態度から漏れ出ているのは権威主義と差別主義の腐臭であり、黒人はつねに歴史の敗者であって、沈黙を守らねばならぬ存在である、という先入観である。

いまだささやかなものであるとはいえ、この国にも、あちらこちらに黒人たちの運動が生起しており、それを指導する黒人たちは、自らのネグリチュード(黒人性)を受け入れて、黒人であることの価値の復権を主張し、ブラジルの黒人の新しい時間と、新しい空間の創造という課題にとりくんでいる。ブラジル人であるという自覚をけっして失っているわけではないが、かれら・彼女たちは意図的に自分たちがアフリカから受け継いだ文化的遺産を強調する。数百年の沈黙を声にとってかえ、自らの歴史を自らのものとして引き受けようとしている。

十六世紀の奴隷たちはたんにアフリカの遺産を保持することだけを目的にして反乱を企てたのではない。自らがその最大の犠牲者である――はっきりそうと自覚していたかどうかは別にして――奴隷制という社会・経済システムに反対して、百年以上もの長い年月を果敢にたたかい抜いたのである。

ペルナンブコ州のカピタニアの南に建設されたパルマレス黒人共和国は、キロンボ反乱のなかでももっとも重要な試みであって、ラティフンディウム所管の砂糖モノカルチャーと植民地経済の基盤をなす奴隷労働に反対して蜂起した黒人たちは、模範的なかれらの社会組織を形成し、かれらの運営した経済もまたきわめて生産的なものであった。

十六世紀から十七世紀末までブラジルのノルデスチで――砂糖生産のおかげで植民地時代においては経済的にもっともダイナミックな地域であったこのノルデスチの地で――百有余年の長きにわたって持ちこたえたこの黒人反乱についての衝撃的で、美しくそして意味深い研究の末尾を、フレイタスは以下のような言葉で結んでいる。

「セルバの山々の頂に出現したキロンボの結社は、その一つ一つが、小さな、無名の叙事詩を創りだしていた。それらを総和して歴史的に評価するならば、数々のキロンボ結社の事績はなによりもまず偉大な叙事詩としてわれわれのもとに残されているといえるだろう。

社会を変えるという試みこそ成功を見なかったけれども、それは叙事詩という特殊な予言をおびただしく生みだし、それらの詩をとおして人は、成否のいかんは別にして、そうしたたたかいの歴史をもつ者として自らを再発見するのだ。この草深い田舎の黒人共和国は社会の底辺に押さえ込まれていた人びとの夢、同胞間の平等の樹立によって体現されるかれらの夢を開示するものであって、それゆえにまた、ブラジルの民衆の革命的伝統の血となり肉となっているものだ。

パルマーレス共和国は、ほぼ三百年のブラジル奴隷制度の歴史に向かって投げかけられたもっとも雄弁な『否』の声であった。奴隷となることを肯ずるよりも死を選んだセラ・ダ・バリーガの態度は、パルマーレスの黒人たちが、その夜の底からわれわれに送っているメッセージの神髄をつたえるものだ。われわれは、ヘーゲルの省察をふたたび思い起こさざるをえない。ヘーゲルはいう。〈主人は、おのれを主人と認めてくれる奴隷を所有しないかぎり、主人たることはできない〉と」。（デシオ・フレイタス『パルマーレス：奴隷たちの戦い』第二版、リオデジャネイロ、GRAAL、一九七八年・二一〇ページ。）

注42

ブラジルは権威主義的な差別の横行する社会であるから、非識字者は、考えることも、決定することも、選択することもできない存在であると決めつけられてきた。この連中に選挙権を認めるなんて、とんでもないことだったのだ。文盲によって選出されたのだから、選出された議員もやはり文盲で、国に「害をなす」輩の片割れであるに相違ない、と、いまにいたってもそんなことが言われているのである。

こんなことを考えている人びとは、非識字者は文字こそ書けないが、オーラルな言語を使えないわけではない、という事実を忘れている。語を読むことに先立って、世界を読むという行為があるにもかかわらず、その事実も看過ごされている。――これはまさにフレイレがわれわれに語っていることだ。

植民地時代の奴隷制的生産様式のもとで形成されたわれわれの歴史的伝統は、このフレイレの著作の注釈のなかで私が縷々《るる》のべてきたように、一つの社会を、極度に権威主義的で、選良的・差別的な社会たらしめてきたのである。

帝政時代のブラジルでは選挙人は「有識者 homens bons」だけであった。この homens bons とは、要するに財産 bons を所有している人、ということに他ならない。一八九一年の最初の共和国憲法は、物乞い・女性・下級兵士とならんで非識字者にたいしても投票権を認めなかった。当然の結果として民主主義の経験は育たず、そのひ弱な民主主義のもとで選挙することも選択の経験も未成熟の状態がつづいていた。

女性がはじめて投票権を獲得し、また被選挙人となることができるようになるのは、なんと一九三三年にいたってからである。

やっと一九八五年に、もし希望するならば、という但し書きで、非識字者でも投票ができるようになった。とはいえそれは、ブラジル生まれの、もしくはブラジルに帰化した十八歳以上の識字者の場合のように、投票を義務として規定するものではなかった。

一九八九年の選挙からは識字者であることが明らかな場合は十六歳以上の男女が投票権をもつことになった。

「貴族主義とエリート主義の腐臭」を漂わせたこうしたブラジルの史的伝統を思いあわせれば、選挙ともなると何かにつけて噴出するエリートたちの狼狽、拒絶、恐怖は容易に理解できる性質のものだ。

注43

ルイザ・エルンディナはサンパウロ市長。彼女は労働党員であり、彼女の当選によってこの一千万都市に労働党政権が成立したことになる。

労働党は新しい政党だ。最近、結成されたという意味での新しさと、そのめざすイデオロギーの新しさと、二重の意味において新しい政党だ。献身的な活動家を数多くかかえているために、地方自治体の首長を多く選出しているだけでなく、国政レベルでも影響力を日増しに増大している。

注44

サンパウロ市は、憲法の規定上そうなっているのだが、主として八年間の初等教育(市内学校数三五五)に重点的にとりくんでいる。その他に、中等教育段階の学校が一つ、幼稚園もしくは就学前教育をおこなう学校も数多くかかえている(三二四校)。高等教育機関はないが、視聴覚障害者のための「特殊教育」の学校が五校、これは小中校併設になっている。

ブラジルには連邦・州・市町村という三つの権力の審級があり、連邦は主として高等教育、州は中等教育、市は主要に初等教育を管轄する、という仕方で無償教育を維持・運営している。

主要に、というのは、実際には連邦のどこかの州が初等教育をおこなう学校を設けたり、高等教育機関を設置したりする(サンパウロ州がそのよい例だ)ことも、ありうるからである。市レベルで三つの教育機関の全部を設置している場合もある。連邦が高等教育以外の学校を設置するのは、今日ではきわめて稀である。

この公立学校のネットワーク——そこには標準的な教育機関とそれを補う変形的な学校があるわけだが——に、さらに私立の学校のネットワークが加わって、それらも国が規定する三つの階梯のいずれかの教育をおこなっていることを指摘しておかなければならない。

それらの特別な教育施設も、上記のそれぞれの行政権力に所属する公的機関から規制と財政的援助を受けており、その目的と基本原則は、当然、ブラジルの学校教育の根幹を規定している「全国基礎教育法」Lei de Diretrizes e Bases da Educação Nacionalに従っている。

注45

権威主義的で中央集権的な体質がこれほどに深くブラジル社会に染みついている以上、それがどの審級にも見られるのは当然である。教育とてもまた、その例外ではありうべくもない。

一九六一年に三段階の教育を統括する教育法がはじめて国会で承認される以前は(教育にかんするすべての案件は一八二二年から一九六一年までは法令もしくは政令によって決定されていた)、学科目とそれぞれの内容、目標と評価基準、とりわけ知識細目——いわゆる学習プログラム——は、教育相が大統領の承認のもとで発令するさまざまな法令によって一律に決定されていた。

一九六一年の教育基本法によって地方行政府や教育機関は、もはや法律の条文に従って一律に教授細目を決定するのではなく、またたんなる例外措置として自己決定を承認されるのでもなく、ある限度においてではあるが、自らの判断で教育内容を定めることができるようになったのである。

教育の民主主義化という実験を、はじめて本格的に開始したのはルイザ・エルンディナ市政下でのサンパウロであった。その推進力になったのが、パウロ・フレイレの教育的・政治的指導力、かれの専門的な権威と力量であった。

これはまことに困難で気骨の折れる仕事であった。権威主義的で禁止づくめの旧体制は打破しなければならないが、さりとて放縦でなんでもありの自由放任に陥ってもならない。これこそがフレイレの心を砕いたところで、かれは一九八九年の一月一日から一九九一年の五月二十七日にいたる教育長在職期間を通じて、じつに粘り強くこの課題にとりくんだのであった。

かくしてサンパウロの市立校の生徒たちが学ぶ教育内容は、この新しい民主主義的な自治の経験そのものであるが、また同時に、それはコミュニティの生活の必要により深く根ざしたものになっていく。

生徒たちは教師の教えを介して、多様な領域の知識をきわめて啓発的な仕方で学んでいくのである。

学ぶ分野の多様化と研究テーマの選択は教育の民主化の重要な一部であるが、その結果はまことに刮《かつ》目《もく》すべきものだ。子どもたちは、かれらが学校にもちこんでくる経験知やコモンセンスから出発して学問知そのものを獲得していくのだ。

さらにまた子どもの成長にとってこれは基本的なことだが、かれらは事物の多様性のなかに統一を見、世界の全体性とのかかわりにおいて見ることで、自らの解釈の偏りを自覚していくのである。

サンパウロ市の教育長としてのパウロ・フレイレは徹底的にデモクラティックなその施政を通じて、この大都市において分権化が可能であるのみか、政策決定を確かなものにしていくうえでも、大変に望ましいものであることを実証した。さまざまなコミュニティが存在し、階級差も明瞭なこの大都市の多様な住民の諸要求を調整し、まとめあげていくうえで、分権化はかえってもたらすものが多いのである。


市庁内部の専門家チームに権限を委譲してパウロ・フレイレは、自治体の教育活動の中核である学校の運営にかかわって、その多様な諸案件を熟考するためのさまざまな委員会を結成した。

この委員会には、生徒・教師・校長・視学官・オリエンテーター・父母たち、要するに学校の活動をささえているすべての人びと、さらには教育に関心をもつすべての人びとが参加するようになった。

注46

フレイレの教育内容についての関心はつとに最初の著作以来のものであって、ここでも一九六〇年以前の自分の著作についてもっと語ってもよかったのではないかと思う。

私がいっているのは、一九五八年七月六―十六日にリオデジャネイロで開かれた第二回全国識字教育協議会に出席したパウロ・フレイレがペルナンブコ委員会のために用意して発表した「第二分科会」報告のことだ。

最近(一九九二年九月三―六日)、ミナスジェライスのポソズ・ジ・カルダスで開かれたパウロ・フレイレ思想シンポジウムで、私はこの問題を提起した。一九五八年のこの仕事は、フレイレがその革命的なテーゼを引っさげて成人識字教育協議会に臨んだときのもので、ブラジル教育史に新たなページを開いたといってもよいような重要な著作だ、と。

このフレイレ報告は、おそらくは、その後のかれのすべての著作の種子となったものだが、この著作それ自体も、大きな価値をふくんだものだ。

水銀鉱山にほど近いあのミナスジェライスの美しい鉱泉地の小村で、私はまたつぎのように主張した。『被抑圧者の教育学』が刊行されたのは一九七〇年だが、皮肉なことに、あの本は著者の言語であるポルトガル語ではなく、アメリカ合衆国で、英語で出版されたのであって、私の推測では、そのことでかれの仕事は広く世界の教育史のなかで認知されるようになったのだ、と。

この本は最初の読者たちがそれを読んだときから今日まで、つねに革命的な書物でありつづけてきた。人間と世界の関係に注目して教育をとらえる著者の視点、それがまことに革命的なのである。自らの歴史を省察の対象としてとらえること、自らの問題を「距離をおいてとらえかえし」、それと向きあうこと、そのことによってすべての人間にたいして解放の可能性が開かれる。夢見る人である被抑圧者が、自らを解放することによって抑圧者をも解放していくとき、かつては望むべくもない不可能事とされてきたことが、かれらの夢の追求をとおして、「未然の可能性」へと転換していくのである。

それぞれの社会において研究され、省察され、克服されるべき諸問題、あるいは諸テーマこそが、解放の実践にとりくもうとしている人びとにとっての、生きた教育内容となるのだ。

いま本書『希望の教育学』において、フレイレはお得意のこのテーマをさらに深めて、より成熟した形で提示している。それというのも、これらの諸テーマは批判的・解放的教育学を構成する有機的な要素であって、そういうものとして、それらを客観的な分析に付する必要があるからである。この仕事はわれわれに、より高度な厳密さと、よりヒューマニスティックな目的性、そしてより深くコミットした主観性において、よりよくフレイレの教育思想を理解する道を開いてくれるものだ。フレイレの著作においては、それらは相互に結びついて教育の創造的な革新をもたらす原動力になっている。

フレイレは、われわれにたんに『被抑圧者の教育学』の一本を遺贈しているのではない。かれは、対話とユートピア、人間の解放への志向を「張らせた」希望の教育学そのものを手渡しているのである。

話を第二分科会報告に戻すと、教育省によって主催されたこの会議の論題は、「成人とマージナル地域の住民の教育について」というものであった。マージナルな地域としてあげられているのは「ファヴェーラ、モカンボ、コルティソス、そして外国人居住区域など」である。パウロ・フレイレはこの当時としてはまったく斬新で進歩的で革新的な政治と教育の言語によってモカンボ地帯の成人教育は非識字者の具体的な日常の現実についての意識に立脚したものでなければならず、たんに機械的に、生活と無関係に、文字を覚えることであってはならないと問題提起したのである。教育内容は人びとによって生きられたこの日常の現実のなかから立ち現れてくるものでなければならない。（モカンボとは、ちがやと粘土でつくった住居のこと。小屋は乾いた椰子の葉で覆われている。）

この報告のなかでフレイレはプログラムの重要性を——当時は一般にプログラムと呼ばれていた教育内容の重要性を——語っている。報告末尾の「結論と提言」から一節を引用しよう。議論の全体を総括した部分であるが、たんにかれの考えを集約しているだけでなく、解決のための方法をも示唆しているからである。

「教育内容」もしくは「プログラム」は、識字にかかわるすべての人びとが参加して、民主主義的に選定されることが重要である、と、かれは主張するのであるが、それをもっとパラフレイズしていえば、

e――コースのプログラムはつねに地域なり国なりのローカルな現実にそくして決定されねばならず、その場合に、**被教育者たちがその策定過程に何らかのかたちで参加していること**が望ましい。少なくとも、プログラムは柔軟で弾力的な態度で策定したい。

（1）衛生・道徳・宗教・娯楽・経済面での地域の生活。

（2）とりわけ一国の発展とかかわって地域・国がかかえている生活上の諸問題。

（3）地域における民主主義的リーダーシップの発展とその活用。

（4）連帯と理解の精神にもとづき、家族・近隣・地区・地方自治体に、あらたな態度で向きあうこと。（ゴチは注釈者によるもの。）

かくのごとく、フレイレはすでに五〇年代から識字と学習内容、そして教育という政治行為を相互に弁証法的に関係しあうものとして捉え、この三つ目の要素を、最初の二つの要素と一体のものと考えていたのである。

注47

ブラジルでいうbate-papo（漫談）とは、とりとめのない、仲間同士の、他愛のない会話のこと。

注48

このわれわれの時代、どの社会を見ても破れ目だらけで、だからこそ『被抑圧者の教育学』がもつ意義は根本的に甚大なものにならざるをえないのだが、しかしだからこそ、この著作は世界のあちらでもこちらでも締め出しの対象となり、発刊を禁止されてきたのである。

かくして七〇年代のポルトガル、スペイン、ラテンアメリカでは、ウルトラに権威主義的な、しかし民衆の支持をまったく欠いていた非正統的な支配者たちは、『被抑圧者の教育学』を「毒草」として排除してきたのである。

私の資料綴りには、ポルトガルでのフレイレの著作の発売を禁じた公文書が保管されている。一九七四年のカーネーション革命までは、この国は、サラザールの独裁の軛《くびき》につながれていたのだ。

一九七三年二月二十一日付けのこの文書には、情報・観光省の一部局である情報局の通達が記載されていて、これを要約するに、指令第56-DGI/Sによって保安部総長は「ポルトガルの国益のため、パウロ・フレイレ著、ジョアン・バロッチ編になる『被抑圧者の教育学』の出版を差し止める方向での措置」を命じたものだ。通達が理由としてあげているのは、当該書が「政治理論を述べた著作であり、人民を革命に向けて洗脳する試みであるから」ということだ。『被抑圧者の教育学』が「一概にマルクス主義者のものとはいえない」ことは理解されていたようだが、とはいえ、フレイレのこの著作には明らかに「マルクス主義の影響が濃厚に」見てとれると、上記の文書は断じている。

ポルトガル当局は他方で、この著作の発行部数が僅少で、言語が「難解」であるために、ポルトガル国内での危険はさして大きなものにならぬだろうと踏んでいる。

かれらが見落としていたことがある。この本は秘かにコピーされて、それがかなりの部数になっていたこと、言語の障壁もさして大きなものではなかったことだ。アフリカのポルトガル植民地がそのよい例だ。アフリカ人たちの苦い経験は、フレイレの思想と言語を、人びとにとってきわめて理解しやすいものにしていたのである。

注49

ティアーゴ・デ・メーロは、アマゾンの詩人だ。華麗にして創造的なアマゾン河讃歌『水の国』を書き、いまも、マナウスから船で二十四時間ほど航行したこの河のほとりで暮らしている。

この河のほとりで、この河とともに、そしてこの河のために生きたこの詩人は、同時にまたアマゾンの森をも深く愛した。両者はともに驚異に満ちていた。

花と動物たち、ポロロッカ(上潮時の河口の水面隆起）――河の水と大西洋の水が出会う轟然とした物音――、水を被《かぶ》った森、銅色の肌の男女（カボクロと呼ばれる白人とインディオの混血だ）、これらのただならぬ豊饒さをたたえた、エクゾチックな風物のただなかで、ティアーゴ・デ・メーロはおびただしい数の人びとによって織りなされる生を生きた。

しかし六〇年代のかれはブラジル大使館文化担当官としてチリに在住し、自宅にたくさんのブラジル人――大部分が亡命者としてこの隣国にやってきた人びとだ――を招いておこなった集会で、パウロ・フレイレは自分がブラジルでとりくんできた成人識字教育の話をしたのである。集会後、メーロはかれのもっとも感動的な詩の一つをつくることになる。深く心を動かされたメーロは、会が終わってからも、その夜は興奮で寝付かれなかったという。フレイレの成人識字教育はそれほどの驚きをかれにもたらしたのである。文字を読むことを阻まれてきた無数の人びとに思いを馳せて、メーロは一九六四年のこの夏の日に『喜びの詩のためのバラード』を書き、それはブラジル版『自由の実践としての教育』のなかに付録として収録されている。

この詩には、フレイレの方法に接した詩人の喜ばしい驚き、にもかかわらず、それが危険視されてしまう事態への悲しい驚き、とはいっても、それは希望に向けての胸のときめきを告げるものであることが歌いあげられている。

注50

ブラジル大統領ジョアン・ベルチオール・マルケス・グラールは、事態の急変に対処すべく中国から首都ブラジリアにとって返し、一九六一年七月七日、ただちに国家元首の座に就いた。かれは選挙で副大統領に選出されており、中国への旅は副大統領としての公式訪問だったのだが、大統領のジャニオ・クァドロスがわずか七か月の在任期間の後に本人の意に反して辞任を迫られたために、――この大統領には民衆の熱狂的な支持と期待が寄せられていた――、その後を襲《つ》ぐべく訪問の旅を中断したのである。

グラールのそれもいま一つのポピュリスタ政権だと、とりわけ共産党あたりからは誤解されたようであるが、この政権は、じつはブラジルの軍部、支配階級、北部の「大地主」の厳重な監視のもとで成立した政権にすぎなかった。

国にとってはどうしても必要な、従属的な社会層にとっても、それゆえにまた進歩的な人びとにとっても利するところ大きい基本的な社会改革にたいしては、この政権はじつに優柔不断であり、ために左翼の不満を招くことになったが、同時に右翼のほうでも、グラール大統領は「あの連中」に譲歩し過ぎるとの声が高かった。

ストライキの続発。水兵や国軍の士官たちさえもがストライキをはじめていた。農民組織の発展。とくに「農民同盟」の活躍がめざましかった。民衆教育運動と民衆文化運動。「不生産的なラティフンディウム」の足元での土地改革の動き。農村労働者の社会立法を求める動き。政権の参与者たちがさまざまな機会に吐く、ときには街頭の公衆をまえにして放つ無責任で扇情的な言辞。長く学校から疎外されてきた社会階層の利益に応えるものとなった全国成人識字計画。何ほどか右翼の憤激を鎮めることになった農相カルヴァーリョの辞職。それらの一切合財に他の要因が加わって、ついにあの軍事クーデタを暴発させることになったのである。国家転覆(?)、物価騰貴(当時のインフレ率は年間一〇〇%。今日では一〇〇〇%だ)、汚職(!!)を正すという名目で遂行されたこのクーデタによって、ブラジルとその人民は一九六四年四月一日から一九八五年三月十五日にいたる冬の時代を迎えることになったのである。

注51 全国識字計画 Programa Nacional de Alfabetização については、注7、27、49を参照。

注52 この町は数年まえにサン・サルバドルの軍の手にかかって暗殺されたイエズス会司祭の名にちなんでセグンド・モンテスと呼ばれている。

住民たちがこの町の建設の経緯を私たちに語ってくれたのだが、かれら自身も長年、国軍による大量虐殺を逃れてホンデュラスに避難しなければならなかったのだそうだ。国軍は女であれ、子どもであれ、男たちであれ、かならずしも革命闘争に参加しているわけではない人間であっても、見境なしに虐殺したのである。ペルキンではただの農民たちが二千人以上も虐殺され、その屍は小さな一画に積まれて山をなした。これはすべての闘争の放棄をうながす見せしめのための虐殺であった。闘争を放棄せよということは、**SER MAIS**（よりよき存在）であろうとする闘争を放棄せよ、ということだ。

生き残った人びとは隣国への苦しい旅路についた。そしてほんの少しまえ、いまや十年の歳月をその顔に刻んだ同じ人びとは、和平の使命をおびて着任した柔和な国連軍に護衛されて、日に日を継ぎ、いくつもの山と谷をこえて、不安と苦悩に苛まれながら、祖国を再建するための帰国の道を選んだのである。

かれらが帰国したのは、モラサンという地方で、かつての居住地にもほど近いところだったが、しかしかれらは、血塗られた故郷をさけて他の場所に自らの町を建設した。死ではなく、生きるための場を、山から吹き下ろす風に森の木々が立ち騒ぐこのあらたな土地に建設せんとしたのである。かくして誕生したのが、セグンド・モンテスであった。

セグンド・モンテスの人びとは、食用作物を栽培し、衣料用の動物たちを飼い、共同体をどう組織するかを議論し、自分たちの音楽を歌い、成人の識字と子どもたちの教育にとりくんでいる。男も女も正義とヒューマニズムの精神をもって世界の解読に勤しみ、司祭セグンド・モンテス☆がめざしたあのもう一つの世界を創りだそうと心を燃やしている。

☆——原注への注。**Segundo Montes** らの虐殺とエルサルバドルの「解放の神学」のたたかいについてはジョン・ソブリノ、SJ『エルサルバドルの殉教者』（山田経三監訳・柘植書房）が詳しい。セグンド・モンテスはカトリック大学の人権研究所長をつとめた社会学者で、難民問題の専門家であった。

このイエズス会士と五人の仲間たちは、睡眠中を叩き起こされ、これから自分たちが一列に並んで銃殺されるという苛酷な事実を知ったのである。

暗殺命令は、けっしてその証拠を残さない。だから神父の家で家事に服していた女にたいしても、その十五歳の娘にたいしても、悪魔の手は容赦がなかった。

この虐殺、この非情な手管は、国軍によっておこなわれたもので、かれらのこうした威迫行為はD・ロメオ司教の暗殺だけにとどまるものではなかったのだ。周知のようにロメオ司教はサン・サルバドールのカテドラルでミサを挙行しているその最中に銃撃されて命を落としたのであった。

右翼の政府はイエズス宣教師の大虐殺によって左のゲリラ闘争が一挙に後退すると期待したようだ。結果は裏目に出て、ゲリラ闘争はかえって強化されたのである。

セグンド・モンテス。スペインに生まれて、サルバドルの地で殉教したこの司祭の魂は、町の名もさることながら、何よりも人びとがその名を褒めたたえて数分おきに叫ぶ〝VIVA!〟の声のなかに、もっとも生き生きとした形で息づいている。あるいは、かれらがかくも求め、かくも飢えつづけてきた教育への止みがたい願いをこめて、とどろく大音響で唱和するVIVA LA EDUCACION POPULAR!の声のなかに、というべきか。

訳者あとがき

本書は、Paulo Freire Pedagogia da Esperança Um reencomtro com a pedagogia do oprimido.の全訳です。底本としては、Paz e Terra発行の第2版を使いました。

一九七〇年に刊行された『被抑圧者の教育学』（日本語版―亜紀書房・一九七九年）は、世界中のいたるところで読みつがれて教育思想の「現代の古典」となっていますが、今日の状況とのかかわりをとおして、著者自身がそれをあらたに「再読」した記録が、この本といえましょう。自著を再読する、ということは、それをくりかえしrecreateする、ということでもあるわけです。同時にこの本には『被抑圧者の教育学』の成立の経緯なども語られていて、第三世界の激動する歴史の証言としても重要なものでしょう。

原テキストは息の長い、いく筋もの想念がうねるように撚り合わされていく、構文的にもかなり手の込んだ文章です。その意味では難文といってもよいのでしょうが、ブラジルの読者の多くは、このテキストから聞こえてくるフレイレの「声」に耳を傾けているのだと思います。国文学者の広末保氏は『元禄期の文学と俗』のなかで、「西鶴は書くことによって、話術を、読むことのできる話術として再現した」と指摘していますが、フレイレのこの本も「読むものをして、話を聞いているような気にさせてしまうかきかた」で書かれています。それはたんに「話術」を文字に書き取るということではなくて、「読まれる話しことば」「書かれる話しことば」を、あらたに開発していく試みでもあるでしょう。

ついでながら広末氏は、さらにつづけてこのように記しています。

しかし、これには読み手の能力も関係していた。聞くように読む能力である。聞くと読むとが完全に分化していない段階の読み、ということも考えられはするが、その未分化性は、ただ未分化状態に止まっているというものではなく、「話術を読む」能力へと転換されていなければならなかった。というよりも、そのような読みの可能性を導き出したのが、西鶴の散文であった。現在、西鶴の作品はむつかしいといわれる。その一つの大きい原因として、われわれが「聞くようにして読む」能力を失ったということがある。そしてそれは発想を一義的に論理化しようとする能率的な国語教育からもきている。徒に元禄の夢見ていうのではない。われわれは、われわれにふさわしい「芸」を発見するほかない。

広末氏がここで「芸」といっているのは、すでに書かれたことばを場のなかで生きたことばとして再生(再創造)する能力、ことばとからだの出会いをつくりだす能力、といったようなものでしょう。

もっぱら書物ばかりでポルトガル語に接してきた私のような者には、フレイレのテキストを「聞くようにして読む」ことは望むべくもありませんが、著者の息づかいを感じながら読んでいけば、難文に見えるかれの文章は意外に明快・平易なものである、ということになるのかもしれません。フレイレの識字教育は、ことばをからだに還していく実験でもありましたが、その面目が本書にはよく表れています。

翻訳の過程で多くのかたがたのご助力をいただきました。ブラジルの人名・地名にかんしては田村梨花さんから、たくさんのご教示をいただきました。太郎次郎社の浅川満さんは、本書の刊行を実現してくださいました。多大な困難にもかかわらず、本書が陽の目を見ることができたのは、氏の英断とご努力の賜物です。

二〇〇一年九月

里見　実

パウロ・フレイレ

希望の教育学

里見実 訳

二〇〇一年十一月二十日 初版発行
二〇二一年四月二十五日 第四刷発行

発行所——株式会社太郎次郎社エディタス
東京都文京区本郷三—四—三—八F 〒一一三—〇〇三三
電話 〇三—三八一五—〇六〇五
ホームページ http://www.tarojiro.co.jp/
eメール tarojiro@tarojiro.co.jp

デザイン——赤崎正一

印字・印刷・製本——モリモト印刷株式会社

定価——カバーに表示してあります。

ISBN978-4-8118-0663-1 C0037

訳者紹介

里見実（さとみ・みのる）

教育学専攻。国学院大学教員。前『ひと』編集委員。本書に関連する著作・翻訳として、『パウロ・フレイレ「被抑圧者の教育学」を読む』、『学ぶことを学ぶ』（太郎次郎社エディタス）、「フレイレとボアール」（国学院大学教育学研究室紀要 第20号）、『ラテンアメリカの新しい伝統』（晶文社）、フレイレ『伝達か対話か』（共訳 亜紀書房）、ガドッチ『パウロ・フレイレを読む』（共訳 亜紀書房）などがある。